管景斌　马　琳　名誉主编

GMP

药品GMP厂房设施设备
现场检查指南

李永辉　李晓鹏　主编

U0319555

化学工业出版社
·北京·

内容简介

《药品GMP厂房设施设备现场检查指南》全书共9章，主要内容包括：厂房设施与设备概述（第一章）及基本检查要点（第二章）、化学药品各剂型检查要点（第三章）、生物制品检查要点（第四章）、血液制品检查要点（第五章）、中药检查要点（第六章）、特殊药品检查要点（第七章）、仪器仪表检查要点（第八章）以及公用系统检查要点（第九章）。随着制药工业的发展，监管水平的不断提升，法规要求、技术指南等也将随之更新，全书以最新的法规要求、技术指南等为检查依据，以满足形势发展的需求。

《药品GMP厂房设施设备现场检查指南》可作为检查员现场检查的参考书籍，也可供制药企业QA、生产、设备人员学习使用。

图书在版编目（CIP）数据

药品GMP厂房设施设备现场检查指南/李永辉，李晓鹏主编 . —北京：化学工业出版社，2024.4
ISBN 978-7-122-44975-7

Ⅰ.①药…　Ⅱ.①李…②李…　Ⅲ.①制药厂-厂房-质量管理-中国-指南②制药厂-化工制药机械-质量管理-中国-指南　Ⅳ.①F426.7-62

中国国家版本馆CIP数据核字（2024）第072704号

责任编辑：褚红喜　　　文字编辑：孙钦炜
责任校对：宋　玮　　　装帧设计：张　辉

出版发行：化学工业出版社
　　　　　（北京市东城区青年湖南街13号　邮政编码100011）
印　　装：三河市延风印装有限公司
787mm×1092mm　1/16　印张13½　字数321千字
2024年7月北京第1版第1次印刷

购书咨询：010-64518888　　售后服务：010-64518899
网　　址：http://www.cip.com.cn
凡购买本书，如有缺损质量问题，本社销售中心负责调换。

定　　价：88.00元　　　　版权所有　违者必究

《药品 GMP 厂房设施设备现场检查指南》编委组

名誉主编：管景斌　马　琳

主　　编：李永辉　李晓鹏

副 主 编：李丽平　赵立新

编写人员（按姓氏拼音排序）：

安志远　安国红　柴倩雯　程　浩　杜永再　段哲昂

耿革霞　郭雄伟　郝　宁　贾欣秒　李为华　李　岩

李英丽　刘宇红　穆　琰　戚鹏飞　屈云萍　王欣明

王瑶瑶　杨丹娅　杨　琇　于韩飞　于　洲　曾成林

张浩楠　张　珊　赵振坤　赵海栋　仇正权　陈巧茹

戴　兵

审核人员（按姓氏拼音排序）：

崔保合　代红丽　郝晓芳　胡鹏飞　金　鹏　李　奔

刘卫平　孙　蕊　王　敏　许海鹰　赵　靓　赵　盼

GMP

厂房设施与设备是药品生产的基本条件，由于药品特性及标准不同，不同种类药品（如化学药品、生物制品、血液制品等）对生产厂房设施和设备的要求有所不同。厂房设施与设备管理的目的在于：一是确保药品生产过程中所用的厂房设施和设备符合药品生产的使用要求，为药品生产提供基础保证；二是建立厂房设施及设备日常运行、使用及维护等管理文件并通过实施有效防止药品生产过程中混淆、差错、污染和交叉污染的风险。

本检查指南以厂房设施设备为主要内容，分别从厂房设施、设备、空调净化系统、制药用水、压缩气体等几个方面，结合目前厂房设施设备方面发展现状，介绍厂房设施在生产区、仓储区与质量控制区等不同区域的检查要点与实施，并分剂型介绍了设备安装、运行、性能确认及验证、使用、维护等全过程的检查要点与实施。此外，该指南通篇从设施设备工作原理、检查要点、典型缺陷及分析方面进行阐述，为药品 GMP 检查人员提供科学的依据和参考。随着制药工业的发展，监管水平的不断提升，法规要求、技术指南等也将随之更新，作为检查员现场检查的参考书籍，本指南收载了部分现行相关法律法规的要求，本书将以最新的法规要求、技术指南等为检查依据，以满足形势发展的需求。

因编者能力水平有限，本指南难免存在疏漏之处，恳请批评指正。

编者
2024 年 4 月

目录

GMP

第八章　仪器仪表检查要点　/ 188

第九章　公用系统检查要点　/ 190

参考资料 / 205

GMP

第一章
厂房设施与设备

第一节 概 述

　　厂房设施与设备管理是依据《药品生产质量管理规范》（2010 年修订），下文简称为药品 GMP，以及国家相关政策规定，遵循"质量源于设计"的原则进行合理的设计，按照药品 GMP 要求进行安装、运行、性能确认和必要的验证，依据相关管理规定进行厂房设施和设备的使用、维护和保养，确保厂房设施和设备持续处于验证状态，从而保证生产药品的质量。

　　本书分别从厂房设施、空调净化系统、制药用水及纯蒸汽系统、压缩气体及设备等几个方面，分剂型介绍了厂房设施在生产区、仓储区与质量控制区等不同区域的检查要点与实施；介绍了空调净化系统、制药用水系统及纯蒸汽系统等在布局设计、确认与再确认、日常维护、监测结果评价等方面的检查要点与实施；分剂型介绍了设备安装、运行、性能确认及验证、使用、维护等全过程的检查要点与实施。本章节主要介绍通用检查要点与实施，不同剂型的其他特殊要求，详见各剂型对应章节下的检查要点与实施。

第二节 范 围

一、厂房设施

　　药品生产企业厂房设施主要包括：厂区建筑物实体（含门、窗），道路，绿化草坪，围护结构；生产厂房附属公用设施，如洁净空调和除尘装置，照明设备，消防喷淋系统，上、下水管网，洁净公用工程（如纯化水，注射用水，洁净气体的生产及其管网等）。厂房按功能区分为生产区、仓储区、质量控制区、辅助区等。

1. 总体布局

● 厂房的选址、设计、布局、建造、改造和维护必须符合药品生产要求，应当能够最大限度地避免污染、交叉污染、混淆和差错，便于清洁、操作和维护。

● 应当根据厂房及生产防护措施综合考虑选址，厂房所处的环境应当能够最大限度地降低物料或产品遭受污染的风险。

● 企业应当有整洁的生产环境；厂区的地面、路面及运输等不应当对药品的生产造成污染；生产、行政、生活和辅助区的总体布局应当合理，不得互相妨碍；厂区和厂房内的人流、物流走向应当合理。

● 应当对厂房进行适当维护，并确保维修活动不影响药品的质量。应当按照详细的书面操作规程对厂房进行清洁或必要的消毒。

● 厂房应当有适当的照明、温度、湿度和通风，确保生产和贮存的产品质量以及相关设备性能不会直接或间接地受到影响。

● 厂房、设施的设计和安装应当能够有效防止昆虫或其他动物进入。应当采取必要的措施，避免所使用的灭鼠药、杀虫剂、烟熏剂等对设备、物料、产品造成污染。

● 应当采取适当措施，防止未经批准人员的进入。生产、贮存和质量控制区不应当作为非本区工作人员的直接通道。

● 应当保存厂房、公用设施、固定管道建造或改造后的竣工图纸。

● 企业的厂房、设施、设备和检验仪器应当经过确认，应当采用经过验证的生产工艺、操作规程和检验方法进行生产、操作和检验，并保持持续的验证状态。

● 应当建立确认与验证的文件和记录，并能以文件和记录证明达到以下预定的目标：

① 设计确认应当证明厂房、设施、设备的设计符合预定用途和药品 GMP 要求；

② 安装确认应当证明厂房、设施、设备的建造和安装符合设计标准；

③ 运行确认应当证明厂房、设施、设备的运行符合设计标准；

④ 性能确认应当证明厂房、设施、设备在正常操作方法和工艺条件下能够持续符合标准；

⑤ 工艺验证应当证明一个生产工艺按照规定的工艺参数能够持续生产出符合预定用途和注册要求的产品。

2. 生产区

● 为降低污染和交叉污染的风险，厂房、生产设施和设备应当根据所生产药品的特性、工艺流程及相应洁净度级别要求合理设计、布局和使用，并符合下列要求：

① 应当综合考虑药品的特性、工艺和预定用途等因素，确定厂房、生产设施和设备多产品共用的可行性，并有相应评估报告；

② 生产特殊性质的药品，如高致敏性药品（如青霉素类）或生物制品（如卡介苗、结核菌素类或其他用活性微生物制备而成的药品），必须采用专用和独立的厂房、生产设施和设备。青霉素类药品产尘量大的操作区域应当保持相对负压，排至室外的废气应当经过净化处理并符合要求，排风口应当远离其他空气净化系统的进风口；

③ 生产 β-内酰胺结构类药品、性激素类避孕药品必须使用专用设施（如独立的空气净化系统）和设备，并与其他药品生产区严格分开；

④ 生产某些激素类、细胞毒性类、高活性化学药品应当使用专用设施（如独立的空气净化系统）和设备；特殊情况下，如采取特别防护和清洁措施并经过必要的验证，上述药品制剂则可通过阶段性生产方式共用同一生产设施和设备；

⑤ 生产放射性类药品，卡介苗、结核菌素、芽孢杆菌类等生物制品，血液或动物脏器、组织类制品等生产设备必须专用；

⑥ 炭疽杆菌、肉毒梭状芽孢杆菌、破伤风梭状芽孢杆菌应使用专用生产设施生产；

⑦ 含不同核素的放射性药品生产区必须与其他药品生产区严格分开；

⑧ 药品生产厂房不得用于生产对药品质量有不利影响的非药用产品；

⑨ 用于上述第②、③、④项的空气净化系统，其排风应当经过净化处理。

● 下列生物制品的原料和成品，不得同时在同一生产区域内加工和灌装：

① 生产用菌毒种与非生产用菌毒种；

② 生产用细胞与非生产用细胞；

③ 强毒制品与非强毒制品；

④ 脱毒前制品与脱毒后制品；

⑤ 死毒制品与活毒制品；

⑥ 活疫苗与灭活疫苗；

⑦ 不同种类的人血液制品；

⑧ 预防类与治疗类制品。

● 生产区和贮存区应当有足够的空间，确保有序地存放设备、物料、中间产品、待包装产品和成品，避免不同产品或物料的混淆、交叉污染，避免生产或质量控制操作发生遗漏或差错。

● 应当根据药品品种、生产操作要求及外部环境状况等配置空调净化系统，使生产区有效通风，并有温度、湿度控制和空气净化过滤，保证药品的生产环境符合要求。

● 洁净区与非洁净区之间、不同级别洁净区之间的压差应当不低于10Pa。必要时，相同洁净度级别的不同功能区域（操作间）之间也应当保持适当的压差梯度。

● 口服液体和固体制剂、腔道用药（含直肠用药）、表皮外用药品等非无菌制剂生产的暴露工序区域及其直接接触药品的包装材料最终处理的暴露工序区域，应当参照药品GMP"无菌药品"附录中D级洁净区的要求设置，企业可根据产品的标准和特性对该区域采取适当的微生物监控措施。

● 洁净区的内表面（墙壁、地面、天棚）应当平整光滑、无裂缝、接口严密、无颗粒物脱落，避免积尘，便于有效清洁，必要时应当进行消毒。

● 各种管道、照明设施、风口和其他公用设施的设计和安装应当避免出现不易清洁的部位，应当尽可能在生产区外部对其进行维护。

● 排水设施应当大小适宜，并安装防止倒灌的装置。应当尽可能避免明沟排水；不可避免时，明沟宜浅，以方便清洁和消毒。

● 制剂的原辅料称量通常应当在专门设计的称量室内进行。

● 产尘操作间（如干燥物料或产品的取样、称量、混合、包装等操作间）应当保持相对负压或采取专门的措施，防止粉尘扩散、避免交叉污染并便于清洁。

● 用于药品包装的厂房或区域应当合理设计和布局，以避免混淆或交叉污染。如同一区域内有数条包装线，应当有隔离措施。

- 生产区应当有适度的照明，目视操作区域的照明应当满足操作要求。
- 生产区内可设中间控制区域，但中间控制操作不得给药品带来质量风险。

3. 仓储区

- 仓储区应当有足够的空间，确保有序存放待验、合格、不合格、退货或召回的原辅料、包装材料、中间产品、待包装产品和成品等各类物料和产品。
- 仓储区的设计和建造应当确保良好的仓储条件，并有通风和照明设施。仓储区应当能够满足物料或产品的贮存条件（如温湿度、避光）和安全贮存的要求，并进行检查和监控。
- 高活性的物料或产品以及印刷包装材料应当贮存于安全的区域。
- 接收、发放和发运区域应当能够保护物料、产品免受外界天气（如雨、雪）的影响。接收区的布局和设施应当能够确保到货物料在进入仓储区前可对外包装进行必要的清洁。
- 如采用单独的隔离区域贮存待验物料，待验区应当有醒目的标识，且只限于经批准的人员出入。不合格、退货或召回的物料或产品应当隔离存放。
- 如果采用其他方法替代物理隔离，则该方法应当具有同等的安全性。
- 通常应当有单独的物料取样区。取样区的空气洁净度级别应当与生产要求一致。如在其他区域或采用其他方式取样，应当能够防止污染或交叉污染。

4. 质量控制区

- 质量控制实验室通常应当与生产区分开。生物检定、微生物和放射性同位素的实验室还应当彼此分开。
- 实验室的设计应当确保其适用于预定的用途，并能够避免混淆和交叉污染，应当有足够的区域用于样品处置、留样和稳定性考察样品的存放以及记录的保存。
- 必要时，应当设置专门的仪器室，使灵敏度高的仪器免受静电、震动、潮湿或其他外界因素的干扰。
- 处理生物样品或放射性样品等特殊物品的实验室应当符合国家的有关要求。
- 实验动物房应当与其他区域严格分开，其设计、建造应当符合国家有关规定，并设有独立的空气处理设施以及动物的专用通道。

5. 辅助区

- 休息室的设置不应当对生产区、仓储区和质量控制区造成不良影响。
- 更衣室和盥洗室应当方便人员进出，并与使用人数相适应。盥洗室不得与生产区和仓储区直接相通。
- 维修间应当尽可能远离生产区。存放在洁净区内的维修用备件和工具，应当放置在专门的房间或工具柜中。

6. 医疗用毒性药品和易制毒化学品厂房设施的特殊要求

- 收购、经营、加工、使用毒性药品的单位必须建立健全保管、验收、领发、核对等制度，严防收假、发错，严禁与其他药品混杂，做到划定仓间或仓位，专柜加锁并由专人保管。
- 毒性药品的包装容器上必须印有毒药标志。在运输毒性药品的过程中，应当采取有效措施，防止发生事故。

● 申请生产第一类易制毒化学品，应当有符合国家标准的生产设备、仓储设施和污染物处理设施。申请生产第一类中的药品类易制毒化学品，还应当在仓储场所等重点区域设置电视监控设施以及与公安机关联网的报警装置。

7. 麻醉药品和精神药品厂房设施的特殊要求

● 麻醉药品定点生产企业应当设置储存麻醉药品和第一类精神药品的专库。该专库应当符合下列要求：

① 安装专用防盗门，实行双人双锁管理；

② 具有相应的防火设施；

③ 具有监控设施和报警装置，报警装置应当与公安机关报警系统联网。

● 麻醉药品定点生产企业应当将麻醉药品原料药和制剂分别存放。

● 托运、承运和自行运输麻醉药品和精神药品的，应当采取安全保障措施，防止麻醉药品和精神药品在运输过程中被盗、被抢、丢失。

● 通过铁路运输麻醉药品和第一类精神药品的，应当使用集装箱或者铁路行李车运输，具体办法由国家药品监督管理局会同国家铁路局制定。

● 没有铁路需要通过公路或者水路运输麻醉药品和第一类精神药品的，应当由专人负责押运。

● 麻醉药品、第一类精神药品专用仓库必须位于库区建筑群之内，不靠外墙，仓库采用无窗建筑形式，整体为钢筋混凝土结构，具有抗撞击能力，入口采用钢制保险库门。第二类精神药品原料药以及制剂应当在药品库中设立独立的专库存放。

● 生产麻醉药品、第一类精神药品的药品生产企业，应当设立电视监控中心（室），统一管理监控系统与防火防盗自动报警设施。企业应当定期检查监控系统和报警设施，保证正常运行。

● 生产区、生产车间、仓库出入口以及仓库内部等关键部位应当安装摄像装置，监控生产的主要活动并记录。仓库应当安装自动报警系统，并与中华人民共和国公安部报警系统联网。

● 麻醉药品和精神药品原料药需要在车间暂存的，要设麻醉药品和精神药品原料药专库（柜）。

● 专库、生产车间暂存库（柜）以及留样室实行双人双锁管理。

8. 放射性药品厂房设施的特殊要求

● 厂房设施应根据生产工艺及辐射安全等各方面的要求，综合考虑，合理布局。

● 厂房应与生产工艺相适应，符合国家辐射防护的有关规定，取得中华人民共和国生态环境部核发的辐射安全许可证明文件。

● 放射性工作区与非放射性工作区应有效隔离。不同放射性核素生产操作区应严格分开，防止混淆。

● 无菌放射性药品生产应当在专门区域内进行，并符合洁净度级别要求。操作放射性核素应在相对负压、具备辐射防护措施的封闭环境下进行。操作挥发性放射性核素还应具有专用设施，排风口具备有效的去污处理措施。即时标记生产中使用的单向流工作台可在正压的情况下操作。无菌放射性药品的操作区，其周围应当是相对正压的洁净区。

- 除有充分风险评估依据，来自放射性洁净区的空气不可循环使用。放射性洁净区的空气如循环使用，应采取有效措施避免污染和交叉污染。即时标记药品洁净区空气可以循环使用。
- 放射性核素工作场所的地面和工作台应便于去污。
- 放射性药品生产、检验、包装、运输应配备与放射性剂量相适应的防护装置。
- 放射性药品生产区出入口应设置去污洗涤和更衣的设施，出口应设置放射性污染检测设备。
- 动态监测可能造成尘埃粒子计数器损坏、环境污染等危害时，可在设备调试、维护和模拟操作期间进行净化空气悬浮粒子和微生物测试。
- 放射性生产区空气净化系统的送风、压差应能有效防止放射性核素外溢。
- 贮存放射性物质的场所应安全可靠，具有防火、防盗、防泄漏等安全防护措施。

二、公用系统

(一) 空调净化系统

1. 空调净化系统的定义与用途

采暖通风与空气调节（heating, ventilation and air conditioning, HVAC）系统，在药品 GMP 中称为空调净化系统。作为药品生产质量控制系统的重要组成部分，药品生产企业 HVAC 系统主要通过对药品生产环境的空气温度、湿度、悬浮粒子、微生物等的控制和监测，确保环境参数符合药品生产要求，避免污染和交叉污染的发生，同时为操作人员提供舒适的环境。

在药品全生命周期内，空调净化系统管理应遵从"质量源于设计"（QbD）理念，建立基于质量风险管理的科学方法。充分了解产品和工艺过程是空调净化系统设计良好的关键。

企业应关注空调净化系统对产品的关键质量属性（CQAs）的影响程度，考虑具体生产环境污染控制策略及相关产品的风险特点与预定用途，在质量体系下进行妥善的设计、建造、调试/确认、持续运行/维护、变更、退役管理，最终达到确保患者安全、产品质量稳定、相关数据可靠的目的。同时企业应兼顾降低工厂初期的投资成本和后期的运行成本。

空调净化系统一般由医药工业洁净厂房和净化空调系统两部分组成。

2. 医药工业洁净厂房简介及控制要求

医药工业洁净厂房包括区域范围内诸如吊顶、墙面、地面、圆弧角、灯具照明、电器、门窗、送风高效过滤器、排风格栅、消防报警、维修通道等设施及配件。必要时还包括诸如用以监测和控制的建筑物管理系统（BMS）、环境监测系统（EMS）等在线监控系统。

制药洁净室按照产品暴露风险压差要求可分为：正压洁净室和负压洁净室。

制药洁净区域按照产品制造洁净度级别可分为：A 级区、B 级区、C 级区与 D 级区以及洁净未分级区域。各洁净度级别悬浮粒子控制标准及微生物监测的动态标准如表 1-1 及表 1-2 所示。

表 1-1　各洁净度级别悬浮粒子控制标准

洁净度级别	悬浮粒子最大允许数/(个/m³)			
	静态		动态	
	$\geqslant 0.5\mu m$	$\geqslant 5.0\mu m$	$\geqslant 0.5\mu m$	$\geqslant 5.0\mu m$
A 级	3520	20	3520	20
B 级	3520	29	352000	2900
C 级	352000	2900	3520000	29000
D 级	3520000	29000	不做规定	不做规定

表 1-2　各洁净度级别微生物监测的动态标准

洁净度级别	浮游菌/(cfu/m³)	沉降菌(φ90mm)/(cfu/4h)	表面微生物	
			接触(φ55mm)/(cfu/碟)	5指手套/(cfu/手套)
A 级	<1	<1	<1	<1
B 级	10	5	5	5
C 级	100	50	25	—
D 级	200	100	50	—

3. 空调净化系统原理及简要流程图

空调净化系统由初效过滤器、表冷段、加热段、加湿段、中效过滤器、高效过滤器（HEPA 过滤器）等，辅以风管、风阀、消声段及其保温、风口、除尘排风装置，消防安全装置，监测与自控装置等构成。

按照空气处理流程，空调净化系统分为：新风系统，送风系统，回/排风系统。

按照回风形式不同，空调净化系统分为：一次回风系统，二次回风系统，全新风系统，全循环系统等。若回风回到初效过滤器前，应有防止倒灌的措施。另外，B级区采风可采用回风墙或者竖井的方式。

部分类型空调净化系统的结构如图 1-1、图 1-2、图 1-3 所示。

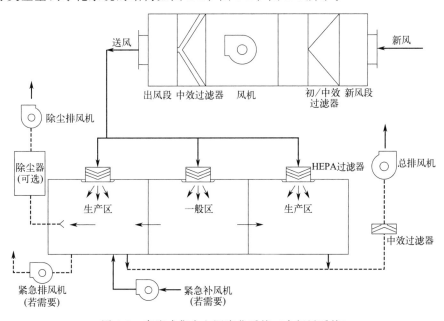

图 1-1　直流式集中空调净化系统（全新风系统）

HEPA 过滤器：high efficiency particulate air filter，即高效过滤器

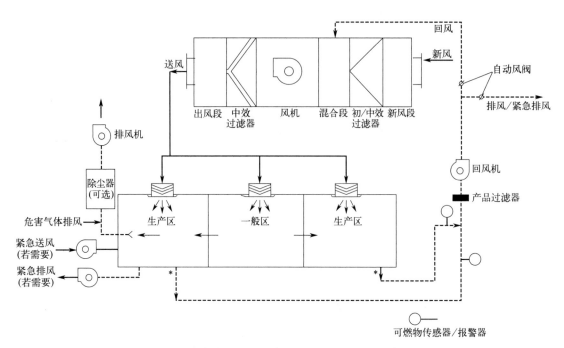

图 1-2　集中回风空调净化系统（一次回风系统）

（1. 为防止污染回风管道，室内端可设产品过滤器；2. 为补偿过滤器负荷的变化，需对回风量和风机进行控制）

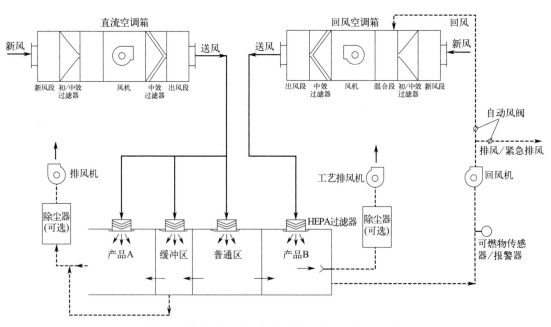

图 1-3　专用回风空调净化系统（对于多产品区域）

（1. 为防止污染回风管道，室内端可设产品过滤器；2. 为补偿过滤器负荷的变化，需对回风量和风机进行控制）

4. 自控系统（EMS、 BMS 等）

对空调净化系统的监测和控制，一般是通过监测系统（传感器、变送器、指示仪、记录仪、报警器等）对所确定的关键参数进行监控。一般推荐环境监测系统（EMS）、建筑物管理系统（BMS）等在线监控系统。

① 环境监测系统（environmental monitoring systems，EMS）：从工程的角度来看，自动环境监测系统应提供对空调净化系统整体性能的反馈，环境监测出现异常时应能及时报警，应将系统输出与确认结果进行比较，以评估性能的任何变化。建议使用自动环境监测系统提供关键环境参数的记录。自动环境监测系统应经过验证，以确保系统产生的数据和记录的准确性，另外，当空调出现故障时，应能进行报警。

② 空调控制系统 [建筑物自动化系统（building automation system，BAS）或建筑物管理系统（building management system，BMS）]：在考虑空调控制系统时，必须将其视为另一个支持环境条件控制的系统。自动控制器可能间接影响患者安全和产品质量，但性能可以由经确认的 EMS 进行监控。空调自动控制可用于控制变量，例如温度、湿度、房间压差、恒定的送风和排风（或回风）风机容量控制（通常用于补偿空气过滤器的负荷）等。

5. 确认和验证

（1）概述

作为质量风险管理的一部分，空调净化系统确认/验证的范围与程度应基于风险评估的结果，且应当覆盖空调净化系统的生命周期。

确认活动应当由经适当培训并考核合格的人员按照验证计划进行，不但要获得可靠的数据，而且需要关注验证项目的完整性、流程及逻辑的合理性。

企业应遵循"质量源于设计"原则，全程关注如何有效防止空气的交叉污染，如过滤器等级、压差梯度、气流组织、清洁消毒、监测报警等，定期更新污染控制策略。企业还应深入了解如何由空调关键工艺参数影响产品关键质量属性及其影响程度，根据药品品种、生产操作要求及外部环境状况等配置空调净化系统。

（2）用户需求说明（URS）

空调净化系统确认/验证的第一个步骤是建立核心的 HVAC 系统用户需求说明（user requirement specification，URS），需要用户根据生产工艺和产品质量标准，参照药品 GMP 的要求，确定关键的 HVAC 系统性能参数，由此确定工厂设计的空调机组及洁净室环境要求。

URS 主要内容应包括：①系统概述、目的及范围介绍；②结合法规、组织机构、所属地的操作要求和健康/环保/安全的要求；③考虑企业生产地址的气候状态特点，覆盖极端气候条件如高温、高湿、沙尘、低温下空调设备的正常运行及洁净环境保障方式；④关键设计参数，如过滤器的规格、过滤器的位置、进/回风和排风的位置、温度、湿度、换气次数、压差、除尘设计、气流流型、报警系统等；⑤初步的空调机组数量及区域划分要求；⑥主要部件细节，如材质、类型、尺寸、重量等；⑦设备、设施的清洁、消毒、灭菌要求；⑧工艺相关操作和功能要求；⑨维修和维护要求；⑩系统施工工艺及管理要求；⑪参与人员培训及后期维护需求；⑫供应商资料、验证文件、验证内容等系统验证要求；⑬包括系统自控和数据可靠性的 GxP 其他相关需求。

（3）设计确认（DQ）

对于非标准定制的空调净化系统或部件，设计确认（design qualification，DQ）应证明设计理念符合药品 GMP，有达到预定用途的相应的文件，并进行记录。确认过程中，企业应当核实 URS 的要求，设计过程可通过有专业资质的设计公司完成。DQ 的主要内容为：①设计因素应包括工艺条件，如功能、技术参数、工艺、操作控制、环境消毒、环境监测、EHS、文件资料、建造等方面的需求；②设计确认应重点关注通过对设计图纸、功能说明和技术手册等设计资料的检查来确认洁净室周围环境、生产区域、质量控制（QC）生化区域功能布局能否满足需求；③常规设计文件包括但不限于总体设计图，生产车间工艺设备平面布局图，空调净化系统原理图（P&ID 图），空调净化系统分区图，洁净区域分区图，压差温湿度图、人流物流图、空调（送风、回风、排风风口）平面布局图，空调新风、送风、回风、排风、排烟风管平面布局图等，以上图纸应在系统整个生命周期中被保存；④风管道、送风口、回风口的位置和数量设计应当考虑避免出现难以清洁的位置及涡流区，维修区域设计尽可能放于洁净制造区外部；⑤洁净室平面布置设计确认能否满足药品生产要求，以及工艺流程是否清晰，不应有污染和交叉污染的设计缺陷存在；⑥空调机组加湿程序选择的方式，应能有效避免微生物滋生；⑦对于产尘或有生物扩散风险的房间，应当设计为相对负压；⑧对于生产高毒性、高活性、产品区域的空调净化系统（包括排风系统）应有有效气流控制方式，确保多产品共用的可能性，必要时考虑区域隔离、设备专用、耗材专用等方式，如青霉素生产、加工和包装的空气输送系统应与其他人用药品的空气输送系统完全分开；⑨对于二次设计的变更，应当有文档予以追溯并确保资料完整。

（4）安装确认（IQ）

空调净化系统安装确认（installation qualification，IQ）需通过文件及记录的形式证明所安装或改造的设备设施符合用户需求说明，主要部件正确安装并与设计要求一致。

IQ 的主要内容包括：①前序工作已完成或未完成项目不影响安装确认执行，有已批准、可追溯的文件与记录；②必要时，由供应商主导的调试工作，如工厂验收测试（FAT）和/或现场验收测试（SAT）已完成的项目内容应经用户确认，相关调试人员需经过培训且考核合格；③确认所使用仪器仪表经过校准合格，避免由于机组震动导致读数波动的情形；④随设备自带的技术资料在转移过程中应关注交付资料数据的完整性，如操作与运行说明书、维护要求、备件耗材清单等应齐备；⑤机组设备安装位置应便于后期维护保养及耗材更换；⑥建造使用材质与需求应一致，洁净室内材料应采用能最大限度减少颗粒物且耐受消毒的材质，天花板密封能够防止上部夹层空间污染；⑦空调机组表冷段凝水排放应有空气隔断或防倒吸措施以避免外界污染，管路管径及液封高度应通过计算满足理论要求，并有出口关闭阀门；⑧机组检修门开启方向，应当与外界压力方向相反；⑨加湿段安装应同过滤器位置保持一定距离，避免液体打湿过滤器造成微生物滋生；⑩洁净室布局检查，空调机组、洁净厂房、公用连接就位装配检查，照明灯、门窗等附件布局检查，送风、回风、排风风管（风口）、过滤器布局就位检查安排合理；⑪设备设施、部件、仪表、管道型号规格与设计内容要求一致，信息完整，在可能的情况下，应该对管道、管道连接件、传感器和其他部件进行清晰的标记，以便于识别，并适当地指示流动的位置和方向；⑫设备、部件等按照设计图纸和设计说明位置及要求正确安装，管线、通风管道及其他公共设施应尽量避免在洁净区内，如不可避免，安装时不应产生不易清洁的表面并对外表面清洁和消毒。

（5）运行确认（OQ）

空调净化系统运行确认（operation qualification，OQ）需通过文件及记录的形式，证明所安装或改造的设备设施在其整个预期设计运行参数范围之内可正常运行，以确定实际运行范围符合设计标准。

OQ 的主要内容包括：①前工序工作已完成或未完成项目不影响运行确认执行，有已批准、可追溯的文件与记录；②测试挑战空调净化系统设定最高与最低的运行限度，尤其是评估影响 CQAs 的关键工艺参数（CPPs），如温湿度、压差、风量/风速/换气次数、关键区域静态气流流型流向、过滤器完整性、照度、噪声，并能覆盖一定运行周期；③确认自控仪器仪表及监控系统的正常运行，及时报警响应，尤其是洁净区互锁装置、人员权限控制系统、温湿度压差异常报警、风机故障报警的挑战测试应合格；④分析关键部件的失效形式和影响，应包括由于风机故障而引起的可能的房间压力变化，如排风机组有单向阀起到防倒灌作用，并与送风机组联动有合理开关逻辑顺序；⑤应挑战部分系统关闭可能对逃生门的开启带来的影响；⑥通过运行确认，能够开发系统的标准操作与清洁规程，满足操作人员培训及预防性维护要求。

（6）性能确认（PQ）

空调净化系统性能确认（performance qualification，PQ）需通过文件及记录的形式证明设备设施在其预期或严苛的工艺条件负载下，系统持续稳定运行且符合标准，确定正常运行水平和监测频率。

PQ 的主要内容包括：①前序工作已完成或未完成项目不影响性能确认执行，有已批准、可追溯的文件与记录；②确认静态洁净度等级悬浮粒子、微生物（浮游微生物/沉降微生物/表面微生物）、自净时间、温湿度、压差等，以及动态条件洁净度等级悬浮粒子、微生物（浮游微生物/沉降微生物/表面微生物）、温湿度、压差等符合标准；③空调净化系统能够持续稳定运行，维持相应的洁净度级别；④表面微生物监测位置应当经过评估确认，包括但不限于操作人员关键部位、墙面、地面、门把手、软帘、设备表面、操作屏；⑤动态气流流型、流向测试，气流流型研究可与风速测量测试位置相同；⑥性能确认阶段，建议同步严苛条件下进行，如最大人数挑战测试、物料暴露阶段；⑦基于人员操作、设备运转、物料特性、生产流程确定关键房间；⑧所确定的日常监测项目、监测频率、关键点能够鉴别出系统潜在的缺陷；⑨根据洁净度级别和空调净化系统确认的结果，通过质量风险管理评估制定具有统计学意义的日常悬浮粒子/微生物监测点位、警戒限和纠偏限。

（7）再确认及周期的确定

再确认的目的是持续评估空调净化系统的运行状况，确保系统处于受控状态。

再确认时，对于 A 级区，建议再确认的最长时间间隔为 6 个月；对于 B 级区，企业可参考 A 级区，也可根据风险评估确定再确认周期；对于 C 级区和 D 级区，再确认的最长时间间隔为 12 个月。

此阶段 PQ 中测试项目应包括温湿度、压差、风量/风速/换气次数，关键区域气流流型流向，过滤器完整性、照度、自净时间、噪声、洁净度等级悬浮粒子/微生物（浮游微生物/沉降微生物/表面微生物）等。空调净化系统确认周期应基于质量风险管理，通过系统变更控制和定期审核，确保系统处于受控状态。

此外，作为持续确认的一部分，遇有下列情形应考虑进行再确认：①定期审核结果认为应当或有必要时；②法规或行业新要求认为当前无法满足时；③外部审核组织或单位基于风险评估认为有期望或必要时；④为纠正不合格设备或设施状况而采取的补救措施完成之后，或在设备、设施或工艺发生变更之后。

（8）日常维护和保养

为了尽量减少管道内微生物的生长，应进行内部清洁，并在装配、安装后进行密封。基于预过滤的性能，通常不需要定期清洗管道系统。为了控制微生物，可能需要熏蒸。系统设计应允许通过空调净化系统进行熏蒸。

维护工作应该尽可能从无菌区域之外进行，空调设计师应了解计划的设施维护理念，有效和快速反应的故障维修计划可以尽量减少计划外的影响。空调维修人员应接受有关系统及其对产品/工艺的影响的培训。系统中影响患者安全和产品质量的关键部件的更换应按照变更控制程序进行。

（二）制药用水系统及纯蒸汽系统

1. 制药用水（汽）的定义与用途

制药用水通常指制药工艺过程中用到的各种质量标准的水。对制药用水的定义和用途，通常以药典为准。各国药典对制药用水通常有不同的定义、不同的用途规定。

现行版《中国药典》中所收载的制药用水，因其使用的范围不同而分为饮用水、纯化水、注射用水和灭菌注射用水。制药用水应当适合其用途，并符合《中国药典》的质量标准及相关要求。一般应根据各生产工序或使用目的与要求选用适宜的制药用水。药品生产企业应确保制药用水的质量符合预期用途的要求。制药用水至少应当采用饮用水。

纯蒸汽的制备过程与用蒸馏制备注射用水的过程相同，可使用同一台多效蒸馏水机或单独的纯蒸汽发生器，故将纯蒸汽与制药用水一起讨论。

（1）饮用水

饮用水为天然水经净化处理所得的水，其质量必须符合现行中华人民共和国国家标准《生活饮用水卫生标准》。

饮用水可作为药品包装材料粗洗用水，中药材和中药饮片的清洗、浸润、提取等用水。《中国药典》同时说明：饮用水可作为药材净制时的漂洗、制药用具的粗洗用水。除另有规定外，也可作为饮片的提取溶剂。

（2）纯化水

纯化水为饮用水经蒸馏法、离子交换法、反渗透法或其他适宜的方法制备的制药用水。不含任何附加剂，其质量应符合《中国药典》"纯化水"项下的规定。

纯化水在药品生产过程中的应用范围包括：非无菌药品的配料、非无菌原料药精制工艺用水、制备注射用水的水源等，也可以用作配制普通药物制剂用的溶剂或试验用水，中药注射剂、滴眼剂等灭菌制剂所用饮片的提取溶剂，口服、外用制剂配制用溶剂或稀释剂，非灭菌制剂用器具的精洗用水，非灭菌制剂所用饮片的提取溶剂，QC实验室用纯化水等。

（3）注射用水

注射用水为纯化水经蒸馏所得的水，应符合细菌内毒素试验要求。注射用水必须在防止细菌内毒素产生的设计条件下生产、贮藏及分配。其质量应符合《中国药典》"注射用水"项下的规定。

注射用水的应用范围为：直接接触无菌药品的包装材料的最后一次精洗用水、无菌原料药精制工艺用水、直接接触无菌原料药的包装材料的最后洗涤用水、无菌制剂的配料用水以及配制无菌制剂的容器的精洗用水等。

（4）纯蒸汽

纯蒸汽通常指以纯化水为原料水，通过纯蒸汽发生器或多效蒸馏水机的第一效蒸发器产生的蒸汽，纯蒸汽的冷凝水应满足注射用水的要求。软化水、去离子水和纯化水都可作为纯蒸汽发生器的原料水，经蒸发、分离（去除微粒及细菌内毒素等污染物）后，在一定压力下输送到使用点。纯蒸汽可用于湿热灭菌和其他工艺，如设备和管道的灭菌，其冷凝物直接与设备或物品表面接触，或者接触到用以分析物品性质的物料。纯蒸汽还用于洁净厂房的空气加湿。

2. 制药用水（汽）的要求及质量标准

- 水处理设备及其输送系统的设计、安装、运行和维护应当确保制药用水达到设定的质量标准。水处理设备的运行不得超出其设计能力。
- 应当对制药用水及原水的水质进行定期监测，并有相应的记录。
- 饮用水应符合现行中华人民共和国国家标准《生活饮用水卫生标准》要求。
- 纯化水应符合现行版《中国药典》"纯化水"要求。关键控制指标为酸碱度、电导率、总有机碳（TOC）、易氧化物、微生物限度等。
- 注射用水应符合现行版《中国药典》"注射用水"要求，关键控制指标为 pH 值、电导率、TOC、微生物限度、细菌内毒素等。
- 纯蒸汽冷凝水应符合《中国药典》"注射用水"标准，需检测 pH 值、电导率、TOC、微生物限度等，除此之外，还应进行非冷凝气体、过热度和干燥度的检测。
- 必要时，应当定期监测制药用水的细菌内毒素，保存监测结果及所采取纠偏措施的相关记录。

3. 制药用水（汽）的法定制备要求

（1）纯化水制备

纯化水以饮用水作为原水并采用合适的单元操作或组合方法制备而成，纯化水制备系统流程包括膜过滤、离子交换、连续电除盐技术（EDI）、蒸馏等，其中膜过滤又可细分为微滤、超滤、纳滤、反渗透（RO）。常见的纯化水制备前处理系统包括石英砂过滤→活性炭过滤→离子交换树脂，经保安过滤器过滤后再进行的处理包括 RO→RO→EDI、RO→RO、RO→EDI 等多种工艺。纯化水制备系统流程见图 1-4。

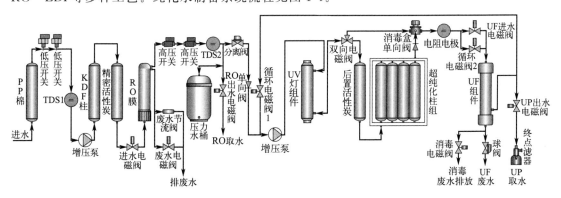

图 1-4　纯化水制备系统流程图

TDS：total dissolved solids，溶解性固体总量；UF：ultra filtration，超滤膜；

KDF：kinetic degradation fluxion，铜锌合金水处理滤料

（2）注射用水制备

《中国药典》规定注射用水为纯化水经蒸馏所得的水，因此，蒸馏法是目前我国药典认可的制取注射用水的唯一方法，原水必须采用符合《中国药典》标准的纯化水。

注射用水的制备通常通过三种蒸馏方式获得：①单效蒸馏；②多效蒸馏；③热压式蒸馏。

单效蒸馏水机主要用于实验室或科研机构的注射用水制备，通常情况下产量较低。由于单效蒸馏只蒸发一次，加热蒸汽消耗量较高，因此单效蒸馏水机在我国属于明令淘汰的产品。目前国内药厂选择节能、高效的多效蒸馏水机用于注射用水的生产。

下文对制备注射用水最常用的多效蒸馏水机及热压式蒸馏水机进行介绍。

多效蒸馏水机通常由两个或更多的蒸发换热器、分离装置、预热器、冷凝器、阀门、仪表和控制部分等组成，让经充分预热的纯化水通过多级蒸发和冷凝，排除不凝性气体和杂质，从而获得高纯度的注射用水。为防止系统产生交叉污染，多效蒸馏水机的第一效蒸发器、全部的预热器和冷凝器均需采用双端板管式设计。

典型的多效蒸馏水机工作原理为原水在二效冷凝器被含纯蒸汽及蒸馏水的汽-液混合体加热，进入各效预热器被二次蒸汽及蒸馏水加热，然后在第一效柱蒸发器顶部经分配装置去除不凝性气体，均匀地分布进入蒸发列管，在蒸发列管内形成均匀的液膜，同时与列管外壁流动的工业蒸汽进行热交换，从而迅速蒸发成蒸汽，在压力差的作用下蒸汽往柱体下部运动，未被蒸发的液体进入下一效，直到最后一效仍未被蒸发的液体将作为废水排放。原水被蒸发为纯蒸汽，继续在蒸发器底部的汽-液分离装置进入纯蒸汽管路作为下一效的热源，蒸汽在下一效被吸收热量后凝结成注射用水，各效过程与此相似。注射用水和纯蒸汽混合物经过第二级冷却（纯化水为冷介质）和第一级冷却（冷却水为冷介质）后，成为设定温度的注射用水，经电导率仪在线检测合格的蒸馏水作为注射用水输出，不合格的蒸馏水将被自动排放。多效蒸馏水机设备及工作原理如图 1-5 所示。

热压式蒸馏水机是根据热泵蒸馏理论应用于注射用水（WFI）生产的高效节能设备。如图 1-6 所示，其主要工作原理是进水在蒸发器的作用下被蒸发，产生的蒸汽进入分离空间后再通过分离装置进入压缩机，因为蒸汽不停地被抽走，蒸发面被减压而更容易使水汽化，再利用蒸汽压缩机（热泵），将一次蒸发后产生的二次蒸汽压缩，提高其热焓量及温度，使其中本来由于压力较低而无法利用的潜热得到再利用，然后将压缩后的二次蒸汽再送回蒸发器的壳程（立式）或管程（卧式），作为主要的加热源来加热未被蒸发的原水，经热能交换后，其本身冷凝下来成为注射用水。

（3）纯蒸汽制备

纯蒸汽发生器通常由蒸发器、分离装置、预热器、取样冷却器、阀门、仪表和控制部分等组成。分离空间和分离装置可以与蒸发器安装在一个容器中，也可以安装在不同的容器中。

纯蒸汽发生器通常由工业蒸汽作为热源采用蒸发器（换热器）和分离装置（蒸馏柱）进行热量交换并产生蒸汽，从而进行有效的汽-液分离以获取纯蒸汽。

纯蒸汽发生器设置取样冷却器，用于在线检测纯蒸汽的质量。其检验标准是纯蒸汽冷凝水是否符合注射用水的标准。在线检测的项目主要是温度和电导率，另外，纯蒸汽还应进行非冷凝气体、干燥度等指标的检测。

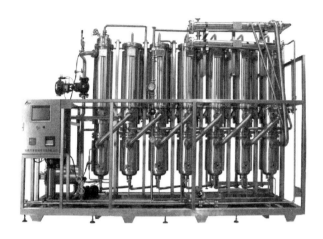

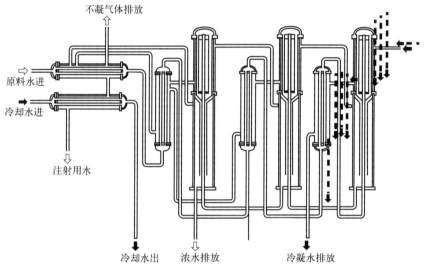

不凝气体排放

原料水进

冷却水进

注射用水

冷却水出　　浓水排放　　　　冷凝水排放

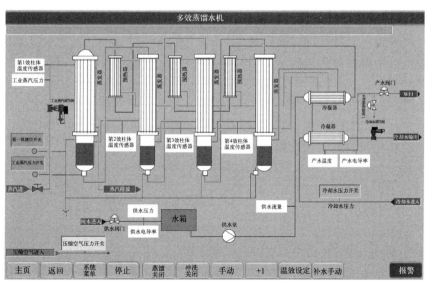

图 1-5　多效蒸馏水机设备及工作原理示意图

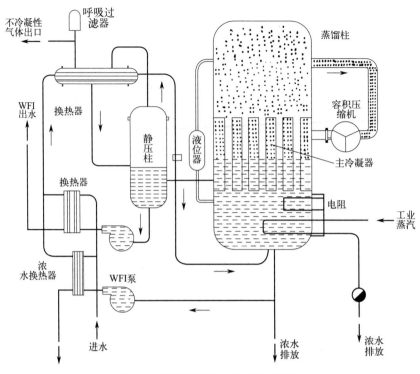

图 1-6　热压式蒸馏水机工作原理图

纯蒸汽发生器设备及工作原理如图 1-7 所示。

4. 制药用水（汽）的储存和分配系统

药品 GMP 第九十八条规定，纯化水、注射用水储罐和输送管道所用材料应当无毒、耐腐蚀；储罐的通气口应当安装不脱落纤维的疏水性除菌滤器；管道的设计和安装应当避免死角、盲管。

药品 GMP 第九十九条规定，纯化水、注射用水的制备、贮存和分配应当能够防止微生物的滋生。纯化水可采用循环，注射用水可采用 70℃以上保温循环。

（1）纯化水的储存、分配系统

纯化水的储存、分配系统通常由纯化水储罐、循环泵、循环管路及不同使用点组成。纯化水储罐的大小应该可承受纯化水的峰值流量，它和纯化水设备产水能力有一定平衡关系。循环泵的流量应该大于峰值流量和回流流量之和。另外，系统中应设有相关仪表在线检测水质，一旦水质低于标准要求即可报警。

纯化水作为一种卫生洁净的物料，其储存、分配系统的设计与施工均应按卫生级产品的标准进行。

纯化水分配系统在整个纯化水储存、分配系统中所使用的泵、阀门、管道、管接件均应选择卫生型，连接方式也应为卡式快开型。纯化水分配系统中不应存在死角、积水区。

纯化水应循环使用，回路中不宜设置中间储罐，以防止微生物滋生。为了防止纯化水储罐、管道及过滤器膜表面微生物的滋生，在纯化水分配系统中可以设置臭氧发生器及紫外线消毒装置或采取其他适宜措施（如过热水灭菌等）对纯化水消毒，并进行监测，确保纯化水在分配、输送过程中符合纯化水标准要求。

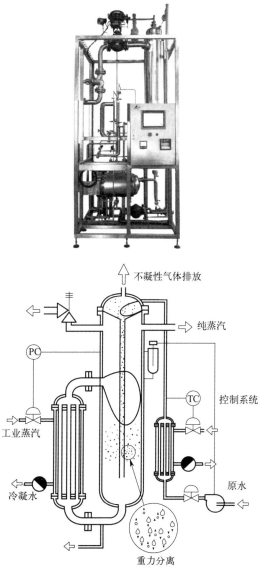

不凝性气体排放

纯蒸汽

控制系统

工业蒸汽

冷凝水

原水

重力分离

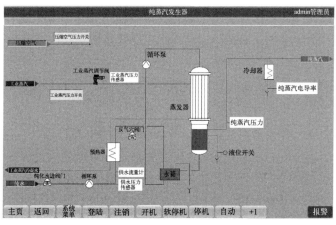

图 1-7 纯蒸汽发生器设备示意图及工作原理图

（2）注射用水的储存、分配系统

注射用水的储存、分配系统将蒸馏水机制得的注射用水进行循环分配，满足不同使用点的取水需求。其由注射用水储罐（罐体、回水喷淋球及液位计等）、循环输送泵、分配管道、换热器、使用点阀门及检测设备等构成。

注射用水储存、分配系统应采用循环式管路，并应依据风险评估的结果决定系统控制策略，以避免系统受到不正确使用或污染。虽然循环温度大于80℃的系统被认为属于自净系统，但需要特别关注高温条件下系统管路产生的锈对系统的不良影响。

注射用水储存、分配系统的设计应避免产生死角、盲管，至少符合"3D"规则〔即$L/D<3$，L指流动侧主管网内壁到支路盲板（或使用点阀门中心）的距离，D指非流动侧支路管道的内径。〕，以防止水滞留而滋生微生物。该系统在设计上应能有效防止微生物及细菌内毒素的滋生和污染，便于系统灭菌，满足无菌要求。

注射用水储存、分配系统的整体设计要求主要包括：

① 系统应能实现完全排空（配有压缩空气装置进行管道吹干），水平管道应保证0.5%～1%的斜度（视水平管道的长短而定）；

② 系统应能始终维持相对正压；

③ 系统能实现灭菌功能；

④ 系统在回水电导率超标、TOC不合格时，管道有自动排放的功能；

⑤ 系统应有可靠的保温措施，保温材料应该是非纤维性的材料。

（3）纯蒸汽的分配系统

纯蒸汽分配系统主要包括分配管网和使用点，其主要功能为以一定流速将纯蒸汽输送到所需的工艺岗位，满足使用点流量、压力和温度等需求，并维持纯蒸汽质量符合《中国药典》与药品GMP要求。

由于热量流失和自然分离作用，冷凝物易从纯蒸汽系统中分离出来成为水。系统中的管道设计应防止冷凝物累积，避免危险的水击现象，减少能使细菌增长的区域。任何长度的没有存水弯的垂直管道会很快填满冷凝物，如果任由冷凝物停留，其将成为细菌滋生的"温床"。细菌可能会被夹带回主要分配集管并污染下游的使用点。对冷凝物清除效果最差的位置，应每月取样检验有无细菌。

纯蒸汽分配系统设计的特殊性包括：①有保温、减压设施、安装洁净夹带汽水分离器；②支撑间距、坡度坡向要合理，防止不当的积水；③管路的设计应方便冷凝水排放；④安装必要、适当的疏水阀以除去空气和冷凝水。

5. 自动控制系统

（1）自动化水平

制药用水（汽）系统控制策略的选择应当考虑进水质量和可靠性，制备和/或储存、分配系统的复杂性、劳动成本、职工技能水平和能力，以及要求的文件和报告。自动控制系统的自动化控制选项包括：①手动控制。该选项中，结合仪器、周期性取样、目视检查来监控关键工艺参数。由于手动收集和记录数据，分析和确定趋势的能力受到限制，建议关键工艺参数偏离可接受的范围时能够启动现场警报来减少水质不达标的风险。手动控制需要大量的人为干涉，因此需要详细的操作程序和关键工艺参数的记录。手动控制选项成本最低，但是劳动力密度高，会受人为错误的影响。②半自动化控制。该选项使用现场操作者控制面板、传替逻辑控制、现场记录和部分需要手动收集的数据来监控制药用水（汽）系统。这种选项的劳动力密度要求比手动控制的低，但是由于控制工艺需要手动收集部分数据和监控，劳动力密度也比较高。③自动化控制。自动化控制使用电脑［可编程逻辑控制器（PLC）或分散控制系统（DCS）］或电脑组监控制药用水（汽）系统。电脑系统使用适当的工艺监控仪器（电导率探头、流量计等）来收集数据并自动对系统做出调整。自动化控制仅需要较少的操作者干涉，但是制药用水（汽）系统及电脑的维护需更加到位，工程人员需要经过更加严格的培训。④综合自动化控制系统。这种选项属于完全自动化控制，同时需要厂房内或现场电脑的广域网连接，其允许中央场地监控、自动化电子数据收集、产生自动化记录以及及时回应和报告的中央警报监控。

不管选择哪种自动化水平控制选项，验证工作都应当确保整个系统的操作和运行，包括卖方提供的副系统。

（2）控制系统/软件

控制系统/软件用于测量、监测、控制或记录关键工艺参数，控制系统的软件组成包括：①固件、操作系统和应用软件。这类软件永远存在记忆库中，使用者不一定能看到。虽然控制系统的功能被分为关键和非关键，却不可能分开或独立固件、操作系统、应用软件和相联系的硬件的功能。因此，如果控制系统的有些功能被认为是关键的，所有上述软件都会被认为是关键的，企业应当进行验证。②使用者可配置的软件。使用者可配置的软件的功能可能被定义为关键或非关键。关键的功能或模块需要提前记录，包括验证。有些情况下，可能不能有效地分割和隔离软件。这种情况下，如果有些功能是关键的，则有必要验证所有的软件。

控制系统的软件类型基于所需的工艺控制需求确定，主要考虑的因素包括：①输入/输出点的数量；②必要的数学或统计功能；③必要的报告功能（尤其是在控制系统融入到更高级别的系统中）；④是否需要更先进的控制技术（例如模糊逻辑控制器或故障时间补偿）。

（3）控制硬件和操作界面

关键软件需要提前记录，应当根据生命周期设计和检验。制药用水（汽）系统、现场仪器和控制要求都会影响控制硬件的选择。

控制硬件用于搭载控制系统软件，并执行各种测量、监控、控制或记录关键工艺参数的动作。

控制硬件一般包括以下几类。

① 可编程逻辑控制器（PLC）：PLC是药用制水系统的核心控制器，负责逻辑运算、顺序控制、定时、计数和算术运算等操作。它可以根据预设的程序和实时输入信号，控制整个系统的运行。

② 传感器与执行器：

a. 水质传感器，如电导率传感器、pH传感器、浊度传感器等，用于实时监测水质参数。

b. 流量传感器，用于监测水的流量。

c. 压力传感器，监测系统的压力。

d. 执行器，如电磁阀、泵、加药装置等，根据PLC的指令执行相应的动作。

③ 触摸屏或人机界面（HMI）：提供直观的操作界面，操作人员可以通过触摸屏进行参数设置、监控和故障排除。

④ 数据记录与通信系统：用于收集、存储和传输系统数据，以便进行后续分析和管理。

操作界面一般包括以下几个方面。

① 主屏幕：通常显示系统的状态、水质参数、流量、压力等重要信息。

② 参数设置：允许操作人员调整系统的运行参数，如电导率、pH 值、流量等。

③ 系统监控：提供实时数据监控功能，包括水质参数、设备运行状态、故障报警等。

④ 报警与故障处理：当系统出现故障或水质异常时，操作界面会显示相应的报警信息，并提供故障排除的指导。

⑤ 历史数据查询：允许操作人员查看过去一段时间内的系统数据，以便进行质量追溯和性能分析。

⑥ 用户权限管理：为确保系统的安全运行，操作界面通常设有用户权限管理功能，只有具备相应权限的用户才能进行某些操作。

6. 确认和验证

制药用水（汽）系统是对药品质量有直接影响的关键系统。制药用水（汽）的制备和储存、分配系统应进行适当的设计、安装、试运行、验收和维护，以保证合格制药用水（汽）的持续稳定生产。

企业应对制药用水（汽）的生产工艺进行验证，保证不超出制药用水（汽）系统的设计能力并符合质量标准的要求。制药用水（汽）系统初次投入使用应按照要求进行"4Q"（设计确认、安装确认、运行确认、性能确认）验证，以证明有关操作的关键要素能够得到有效控制。制药用水（汽）系统应经过验证后建立日常监控、检测和报告制度，并保持持续的验证状态，有完善的原始记录。

（1）设计确认

设计确认是为确认设施、系统和设备的设计方案符合期望目标所做的各种查证及文件记录。

制药用水（汽）系统的设计确认应根据 URS 和设计单位或待购设备的供应商提供的设计相关文件，逐条确认项目是否按照既定用途和药品 GMP 及相关法律法规要求设计。设计确认应当证明设计满足 URS 的要求，并经审核、批准，有相应的文件。

（2）安装确认

安装确认是为确认安装或改造后的设施、系统和设备符合已批准的设计及制造商建议所做的各种查证及文件记录。

安装确认前应确保：制药用水（汽）系统设备已经就位并完成安装；FAT/SAT 调试已经完成，所有偏差已经关闭；企业根据用户需求说明和设计确认中的技术要求对制药用水（汽）系统设备进行验收并记录。

安装确认应至少包括以下方面：①根据最新的工程图纸和技术要求，检查设备、管道、公用设施和仪器的安装是否符合设计标准；②收集及整理（归档）由供应商提供的操作指南、维护保养手册；③相应的仪器仪表应进行必要的校准。

（3）运行确认

运行确认是为确认已安装或改造后的设施、系统和设备能在预期的范围内正常运行所做的试车、查证及文件记录。

制药用水（汽）系统设备的运行应符合设计标准。运行确认应至少包括以下方面：①根据设施、设备的设计标准制定运行测试项目；②试验/测试应在一种或一组运行条件之下进行，包括设备运行的上下限，必要时选择"最差条件"。运行确认完成后，应当建立必要的操作、清洁、校准和预防性维护保养的操作规程，并对相关人员培训。

（4）性能确认

性能确认是为确认已安装连接的设施、系统和设备能够根据批准的生产方法和产品的技术要求，有效、稳定（重现性好）地运行所做的试车、查证及文件记录。

安装和运行确认完成并符合要求后，方可进行性能确认。性能确认的目的是整合制药用水（汽）系统运行所需的程序、人员、系统，证明制药用水（汽）系统能持续满足 URS 提出的水质要求。通常，PQ 阶段取样程序一般分为三个阶段。第一阶段和第二阶段测试通常为短期、高频率测试，第三阶段则是持续一年时间保持 PQ 测试。各阶段内容如下。

① 第一阶段：每个取样点每天取样，时间一般为 2～4 周，按照《中国药典》检测项目进行全检；目的是证明制药用水（汽）系统能够持续产生和分配符合要求的纯化水或者注射用水，同时为制药用水（汽）系统的操作、消毒、维护的标准操作规程（SOP）的更新和批准提供支持。

② 第二阶段：每个取样点每天取样，时间一般为 2～4 周，目的是证明制药用水（汽）系统在按照相应的 SOP 操作后能持续生产和分配符合要求的纯化水或者注射用水。

③ 第三阶段：时间为一年，根据已批准的 SOP 对纯化水或者注射用水系统进行日常监控，从而证明系统长期的可靠性，以评估季节变化对水质的影响。每个取样点每月至少取样一次，一个月内所有取样点都应被取样，储罐及总出水口和回收口等应增加取样频率，每周至少监测一次。

7. 日常维护和保养

对于日常维护和保养，应当：①制定制药用水（汽）系统的预防性维护计划和操作规程，维护和维修应当有相应的记录。设备的维护和维修不得影响产品质量。②按照操作规程对纯化水、注射用水管道进行清洗消毒，并有相关记录。发现制药用水微生物污染达到警戒限度、纠偏限度时应当按照操作规程处理。

（三）压缩气体系统

1. 压缩气体的定义与用途

压缩空气是经空气压缩机做机械功使空气本身体积缩小、压力提高后的空气。

洁净压缩空气是经除油、除水、除颗粒、除微生物等净化处理的压缩空气，如用于原料药或口服制剂生产的洁净压缩空气以及用于无菌药品生产的压缩空气。

通常可根据药品生产的不同洁净要求或使用目的选用适宜的压缩空气。药品生产企业应确保药用洁净压缩空气的质量符合预期用途的要求。洁净压缩空气主要应用在物料输送、干燥、吹扫、生物发酵用气等方面，例如：内包材和药品容器的清洗后吹干；无菌软包材的成型；口服固体制剂的泡罩；一般制剂的出料和加料；过滤器的检漏，还有其他用作气源的情况，如臭氧发生器的气源、氮气制备的气源，有洁净要求的气动仪表、气动装置等也使用洁净压缩空气。

仪表用压缩空气是经除油、除水、除颗粒净化处理后，为气动仪表、气动装置、自动控制等提供动力的压缩空气。仪表用压缩空气主要应用在气动阀、调压阀、真空发生器、包装线、气密封装置等。

压缩氮气是通过制氮设备制备，经除油、除水、除颗粒、除微生物净化处理的洁净气体。压缩氮气主要应用在药品生产过程中的防氧化保护、置换以及其他不适宜使用压缩空气的物料输送、干燥、吹扫等过程。除自行制备外，企业也可购置符合标准要求的压缩氮气直接使用。

2. 压缩气体的质量标准

压缩气体在部分用途下需要与药品直接接触，其质量会对药品质量产生直接的影响，应建立适宜的压缩气体质量标准，并进行检测，同时应使用风险评估来制定采样点的取样频次和检测项目，充分考虑所使用的压缩气体中颗粒物和微生物带来的危害。

一般情况下，洁净压缩空气检验项目可按照表 1-3 中内容执行。

表 1-3　洁净压缩空气检验项目

取样点	检验项目
总送气点	水含量、油含量
储罐过滤器后	水含量、油含量、悬浮粒子、浮游菌
各使用点	悬浮粒子、浮游菌

不同洁净度级别用洁净压缩空气的取样测试方法及质量标准推荐如表 1-4 所示。

表 1-4　洁净压缩空气取样测试方法及标准

检测项目		取样测试方法	D 级标准	C 级标准	B 级标准	A 级标准
水含量		德尔格水检测管方法	$\leqslant 1.07 \text{g/m}^3$	$\leqslant 1.07 \text{g/m}^3$	$\leqslant 1.07 \text{g/m}^3$	$\leqslant 0.176 \text{g/m}^3$
		露点法	-20℃	-20℃	-20℃	-40℃
油含量		德尔格油检测管方法	$\leqslant 0.1 \text{mg/m}^3$	$\leqslant 0.1 \text{mg/m}^3$	$\leqslant 0.1 \text{mg/m}^3$	$\leqslant 0.1 \text{mg/m}^3$
悬浮粒子	$\geqslant 0.5\mu\text{m}$	粒子计数器法	$\leqslant 3520000$ 个/m³	$\leqslant 352000$ 个/m³	$\leqslant 3520$ 个/m³	$\leqslant 3520$ 个/m³
	$\geqslant 5.0\mu\text{m}$		$\leqslant 29000$ 个/m³	$\leqslant 2900$ 个/m³	$\leqslant 29$ 个/m³	$\leqslant 20$ 个/m³
浮游菌		浮游菌采样器法	$\leqslant 200\text{cfu/m}^3$	$\leqslant 100\text{cfu/m}^3$	$\leqslant 10\text{cfu/m}^3$	$< 1\text{cfu/m}^3$

压缩氮气除符合上述洁净压缩空气的常规质量标准外，还应符合现行版《欧洲药典》制药用氮气标准的要求，关键控制指标包括氮气纯度、氧气含量、一氧化碳含量、二氧化碳含量、水含量，如表 1-5 所示。

表 1-5　《欧洲药典》制药用氮气标准

检测项目	限度
氮气纯度	不得小于 99.5%
氧气含量	不大于 50ppm V/V
一氧化碳含量	不大于 5ppm V/V
二氧化碳含量	不大于 300ppm V/V
水含量	不大于 67ppm V/V

《药品生产质量管理规范》（2010 年修订）中"无菌药品"附录第四十二条中规定：进入无菌生产区的生产用气体（如压缩空气、氮气，但不包括可燃性气体）均应经过除菌过滤，应当定期检查除菌过滤器和呼吸过滤器的完整性。

压缩气体的取样仪器一般包括尘埃粒子计数器、浮游菌采样器、压缩空气质量检测仪，常用取样仪器及其配件见表 1-6。

表 1-6　压缩气体取样仪器示例

仪器	公用配件	配件
尘埃粒子计数器	16mm、12mm、10mm、8mm、6mm 压缩空气管各 20cm；16mm-12mm、12mm-10mm、10mm-8mm、8mm-6mm 快速接头变径各一个	高压气体扩散器
M Air T 浮游菌采样器		减压阀、培养皿
德尔格压缩空气质量检测仪		减压阀、水检测管、油检测盒

3. 洁净压缩空气的制备要求

通常采用无油空气压缩机将空气压缩，经冷却器冷却、分子筛除水、管道过滤器过滤除去绝大部分颗粒后，得到干燥、清洁的压缩空气。

无菌生产工艺使用的压缩空气，需要在使用点前经过 $0.22\mu m$ 孔径的终端气体过滤器过滤除去可能存在的微生物和微粒。

（1）压缩空气系统的基本组成

压缩空气系统由制备单元和储存与分配系统两部分组成。

制备单元一般分为制备设备和干燥设备：①制备设备是对空气做功使其压缩的设备，根据压缩原理的不同可分为容积式压缩机和动力式压缩机两大类，其中最常见的有离心压缩机、螺杆压缩机、活塞压缩机等（图 1-8）；②干燥设备是指去除压缩空气中所含水的设备，按照干燥原理的不同分为吸附式干燥器、渗膜式干燥器、冷冻式干燥器、组合式干燥器、吸收式干燥器、过压缩式干燥器、内置式干燥器。

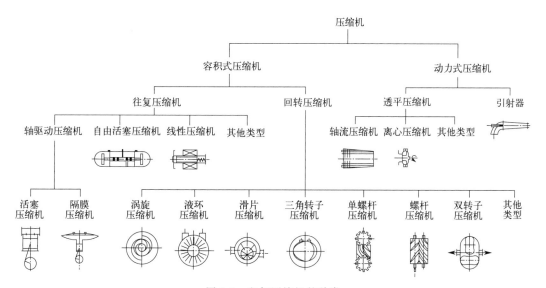

图 1-8　空气压缩机的种类

储存与分配系统一般包括储罐、过滤器及管网等。

（2）制备原理

空气经过空气压缩机做机械功使其体积缩小，压力提高，从而形成压缩状态的空气。

（3）制备设备

① 空气压缩机：空气压缩机通常使用离心压缩机和螺杆压缩机两种。离心压缩机是一种动力式气体压缩机械设备，由叶轮带动气体做高速旋转，使气体受离心力作用，并且由于气体在叶轮里的扩压流动，气体通过叶轮后的流速和压力得到提高。螺杆压缩机是一种容积式气体压缩机械设备，借助压缩机的一对转子在机壳内做回转运动来改变容积，通过吸气、压缩、排气等流程实现气体的体积压缩及压力升高。

压缩机输出的压缩空气中含有较多的尘埃、金属磨损污垢、冷凝水、润滑剂、酸性冷凝液、油雾及其他碳氢化合物等，需按照不同需求经各级过滤器过滤后才可使用。

② 压缩空气过滤器：它是通过拦截、惯性、重力、扩散及吸附等效应，阻隔截留压缩空气中的水汽、尘埃、油雾及化学异味物质的装置。一般常见的压缩空气过滤器根据性能和使用场合的不同可以分为以下几个等级。

a. 粗过滤器：可以滤除 $1\mu m$ 及以上的固态与液态颗粒，残留油含量不超过 0.5ppm w/w。压缩空气质量符合 ISO8573.1 中固体颗粒等级 2 级、油含量等级 3 级的标准。进气口最大液体负载为 2000ppm w/w。一般应用在后冷却器的下游，冷冻式干燥器的上游。

b. 精过滤器：可以滤除 $0.01\mu m$ 及以上的固态与液态颗粒、99.99% 油雾，残留油含量 0.01ppm w/w。压缩空气质量符合 ISO8573.1 中固体颗粒等级 1 级，油含量等级 2 级的标准。进气口最大液体负载为 1000ppm w/w。一般应用在吸附式干燥器的上游，冷冻式干燥器的下游。

c. 高效过滤器：可以滤除 $0.01\mu m$ 及以上的固态与液态颗粒、99.99% 油雾，残留油含量 0.001ppm w/w。压缩空气质量符合 ISO8573.1 中固体颗粒等级 1 级，油含量等级 1 级的标准。进气口最大液体负载为 100ppm w/w。一般应用在吸附式干燥器的上游，冷冻式干燥器的下游。

d. 除尘过滤器：用于滤除 $1\mu m$ 以上的灰尘颗粒，一般应用在吸附式干燥器的下游。

e. 高效除尘过滤器：用于滤除 $0.01\mu m$ 以上的灰尘颗粒，一般应用在吸附式干燥器的下游。

f. 活性炭过滤器：可以滤除 $0.01\mu m$ 及以上的油雾及其他碳氢化合物，残留油含量 0.003×10^{-6}。压缩空气质量符合 ISO8573.1 中固体颗粒等级 1 级，油含量等级 1 级的标准。一般应用在高效过滤器的下游，应特别注意过滤器进气口不可有液体，防止液态油污染。

③ 干燥设备：过滤器可以去除压缩空气中的液态水，但对于气态水的去除效果不太理想。因此要选用合适的干燥设备去除压缩空气中的气态水，降低压缩空气的露点温度。一般常见的干燥设备按照性能和使用场合的不同可以分为以下几类。

a. 冷冻式干燥器：利用冷冻剂与压缩空气进行热交换，将压缩空气中的水蒸气冷凝排出，一般可以将压缩空气的露点降到 2~10℃。按照冷凝器的冷却方式又可以分为风冷式干燥器和水冷式干燥器。

b. 无热吸附式干燥器：它是采用变压吸附和无热再生的方法对压缩空气进行干燥的一种设备。吸附塔中填充的三氧化二铝和分子筛具有多孔性和较大的比表面积，在高的水汽分压加压气流中填充的吸附剂表面富集吸附水汽，在低的水汽分压减压气流中释放吸附剂表面的水汽。工作时，一只吸附塔加压吸附，另一只减压，用少部分的已干燥的空气进行再生，从而实现连续吸附。该干燥器干燥后的压缩空气的压力露点可达到−40～−60℃，再生耗气量为13％～15％。

c. 微热吸附式干燥器：它是在无热吸附式干燥器的基础上升级得到的一种设备。该干燥器将部分干燥的空气加热后用于再生，将再生耗气量降低至6％～8％。此外，也有一些干燥器使用余热或压缩热对再生空气加热，或直接使用额外的鼓风气流加热后用于再生，它们均是通过降低再生空气的损耗节约能源消耗。

（4）制备方法

① 洁净压缩空气制备：洁净压缩空气一般使用无油空气压缩机制备。外界空气经粗过滤器除掉空气中大颗粒物后进入空气压缩机组，压缩机组利用内部阴阳转子将空气压缩，产生的压缩空气经耐压管道输送至缓冲罐进行缓冲，再利用干燥器除湿，然后分别经过1μm、0.01μm及活性炭过滤器过滤，除去压缩空气中的固体颗粒、油水混合物、异味等，使压缩空气净化后进入储罐，之后通过耐压管道输送至除菌过滤器，经除菌过滤器过滤后再输送至各使用点；各使用点根据工艺用途选择是否安装终端过滤器，见图1-9。

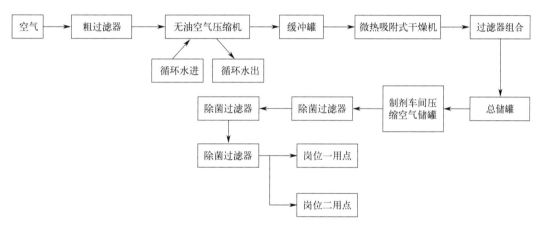

图 1-9　洁净压缩空气制备示意图

②仪表用压缩空气制备：仪表用压缩空气一般使用微油空气压缩机制备。外界空气经粗过滤器除掉空气中大颗粒物后进入空气压缩机组，压缩机组利用内部阴阳转子将空气压缩，产生的压缩空气经耐压管道输送至缓冲罐进行缓冲，再利用干燥器除湿，然后分别经过1μm、0.01μm过滤器过滤，除去压缩空气中的固体颗粒、油水混合物等，使压缩空气净化后进入储罐，经除尘过滤器过滤后输送至各使用点，见图1-10。

压缩空气制备过程中，各级储罐压力一般维持在0.6～0.8MPa，储罐上安装安全阀，并应对安全阀进行定期校验，建议安装压力超标自动报警装置，确保储罐压力维持在正常压力范围。

4. 压缩氮气的制备要求

通常以压缩空气为气源，经碳分子筛吸附，利用加压吸附、降压解吸的原理从空气中吸附和释放氧气，从而分离出氮气。

无菌生产工艺使用的氮气，需要在使用点前经过0.22μm孔径的终端气体过滤器过滤除

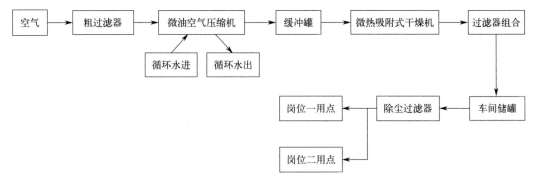

图 1-10 仪表用压缩空气制备示意图

去可能存在的微生物和微粒。

（1）压缩氮气系统的基本组成

压缩氮气系统由制备单元和储存与分配系统两部分组成。制备单元一般分为变压吸附式制氮设备、深冷空分制氮设备、膜分离制氮设备等；储存与分配系统一般包括储罐、过滤器及管网等。

（2）氮气制备原理

变压吸附式制氮机是常用的自动化氮气制备设备，其以压缩空气为原料、碳分子筛为吸附剂，利用加压吸附、降压解吸的原理从空气中吸附和释放氧气，从而分离出氮气。

（3）氮气制备方法

干燥的压缩空气经活性炭除油器过滤后进入空气工艺储罐，交替工作的吸附塔将提取出的氮气输送至氮气工艺储罐，并将其余富氧气体排出。氮气由氮气工艺储罐经精过滤器过滤后进入氮气储罐，之后分配至各生产车间。

进入生产车间氮气储罐的氮气，经两级除菌过滤器过滤后，分配至各岗位使用点，经除菌过滤后使用（图 1-11）。

5. 洁净压缩空气、仪表用压缩空气的确认与验证

（1）用户需求说明（URS）

用户需求说明（URS）应对压缩空气设备关键技术指标、参数、功能做出详细而明确的描述，它是用于采购合同、设备设计、制造、安装、调试、验收的技术文件。

（2）设计确认

设计确认应当确认洁净压缩空气及仪表用压缩空气的设计符合预定用途和药品 GMP 要求，以科学的理论和实践确认设计结果满足用户需求说明。

（3）安装确认

安装确认应按照设计要求和安装图纸，对洁净压缩空气及仪表用压缩空气系统工程图纸、供应商提供的文件及技术报告、辅助设备、备品备件、公用工程、管道、仪表等进行实地确认。

（4）运行确认

运行确认应按照设计要求对压缩空气系统运行中空气压缩机系统访问、空气压缩机人机界面控制流程、运行检查、空气压缩机动态噪声水平等进行实地测试，验证其结果符合药品

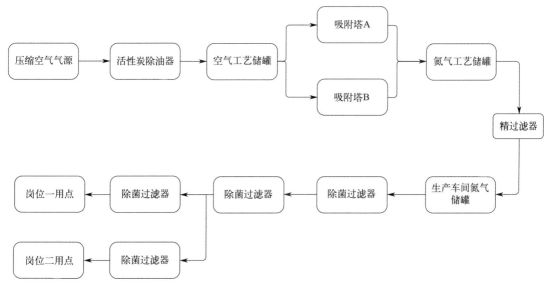

图 1-11　压缩氮气制备示意图

GMP 要求。

（5）性能确认

性能确认应确认所有相关的标准操作规程准确完整、所有必要仪器设备均已校验、压缩空气系统性能符合用户要求。

（6）再确认/变更确认

若压缩空气质量出现异常情况或不良趋势时，企业需要进行调查或者再验证。

若分配系统出现重大变更（增加使用点，使用压力变更，用途变更），企业需要根据风险评估结果进行再验证。

一般情况下，企业应每年进行压缩空气系统评估，评估范围包括系统确认/验证文件、仪器仪表校验记录、预防性维护记录、监测数据趋势、报警记录、日志、变更记录、偏差记录等，应重点关注油含量、水含量、悬浮粒子、浮游菌等检测指标的变化趋势。

6. 压缩氮气的确认与验证

（1）用户需求说明（URS）

用户需求说明（URS）应包括对压缩氮气制备设备关键技术指标、参数、功能做详细而明确的描述，它是用于采购合同、设备设计、制造、安装、调试、验收的技术文件。

（2）设计确认

设计确认应当确认压缩氮气的设计符合预定用途和药品 GMP 要求，是以科学的理论和实践确认设计结果已完全满足用户需求说明。

（3）安装确认

安装确认应按照设计要求和安装图纸，对氮气制备系统工程图纸、供应商提供的文件及技术报告、辅助设备、备品备件、公用工程、管道、仪表等进行实地确认。

（4）运行确认

运行确认应按照设计要求对系统运行中制氮机访问、制氮机人机界面控制流程、运行检查、制氮机动态噪声水平等进行实地测试，验证其结果符合药品 GMP 要求。

（5）性能确认

性能确认应包括所有相关的标准操作规程准确完整、所有必要仪器设备均已校验、氮气系统性能符合用户要求。

（6）再确认/变更确认

若公用系统或工艺发生改变、其他经评估后认为需要再确认的情况，需要再验证。

若分配系统出现重大变更（增加使用点，使用压力变更，用途变更）需要根据风险评估结果进行再验证。

一般情况下，每年进行氮气系统评估，评估范围包括系统确认/验证文件、仪器仪表校验记录、预防性维护记录、监测数据趋势、报警记录、日志、变更记录、偏差记录等。应重点关注油含量、水含量、悬浮粒子、浮游菌等检测指标的变化趋势。

7. 日常维护和保养

对于压缩气体系统的日常维护和保养，应当：①制定设备的预防性维护计划和操作规程，设备的维护和维修应当有相应的记录。②设备的维护和维修不得影响产品质量。

（四）其他系统

1. 电力系统

（1）概述

在药品生产过程中，电力一般来源于国家电网，经输、变电系统及配电系统将电能供应到各负荷中心，应用于照明设备、控制系统设备、电加热器等所有用电设备以及各种设备电机的拖动。

（2）基本组成部分

制药企业电力系统由电源（一般为 10kV、双电源供电）进线，电力电缆，高压开关柜，电容补偿器，直流屏，高、低压配电柜，变压器，启动柜，用电设备及相应控制、保护和计量系统构成。为了保证制药用设备的安全运转，一般采用多回路供电。

制药企业用电设备电压一般分为 10kV、380V、220V、36V、12V 等。其中 36V 以上为强电，36V 以下为弱电。为了满足工艺控制要求，设备电机可以按需选用普通电机和变频电机，例如，结晶罐搅拌器选用变频电机以实现变速运转，洁净区空调净化系统中的风机配置变频电机进行送风、变风量的控制。

2. 冷却系统

（1）概述

冷却系统主要应用于生产设备降温、物料降温、空调等辅助系统降温、浓缩冷凝、压缩空气除水等。常用的冷却系统有循环水冷却系统、12℃水冷却系统、7℃水冷却系统、−5℃水冷却系统、−10℃水冷却系统等。其主要原理为通过循环水泵将水箱内的载冷剂打入冷水机组蒸发器中进行换热降温，通过管道输送至各使用点对设备或物料进行热交换，较高温度的载冷剂返回至水箱。常用的载冷剂有饮用水、乙二醇水溶液、氯化钙水溶液等。常用的冷水机组分为离心式冷水机组和螺杆式冷水机组。

（2）基本组成部分

冷却系统由凉水塔（包括风机、填料、布水管、水池等）或储水箱、循环水泵、冷水机组（包括压缩机、冷凝器、节流装置、蒸发器）、换热设备、单向阀、旁滤器、加药系统等组成。7℃水冷却系统及循环水冷却系统的组成及工作流程分别如图1-12、图1-13所示。

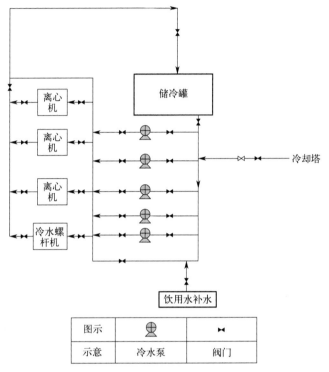

图示	⊕	▶◀
示意	冷水泵	阀门

图 1-12　7℃水冷却系统流程图

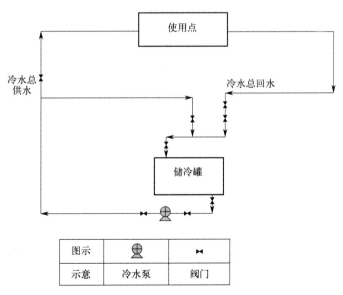

图示	⊕	▶◀
示意	冷水泵	阀门

图 1-13　循环水冷却系统流程图

3. 工业蒸汽系统

（1）概述

根据工况蒸汽一般分为过热蒸汽、饱和蒸汽和不饱和蒸汽。工业蒸汽来源于热电厂发电过程中汽轮机抽出或排出的过热蒸汽。工业蒸汽进入厂区后，经过流量计、蒸汽分配缸、输送管道被输送至各使用点。其主要应用于药品生产过程中的物料加热、消毒与灭菌、蒸发浓缩、空调加热等。其中，饱和蒸汽热穿透力最强，适合于设备的灭菌。

（2）基本组成

工业蒸汽系统由蒸汽分配缸、疏水阀、减压阀、换热设备等组成。

三、设备

（一）制药设备总体范围

制药设备是指药品生产企业为进行产品生产所采用的各种机械设备，其中包括制药专用设备和非制药专用的其他设备。按照常规的化学原料药、化学药物制剂、中药饮片及中成药产品的生产设备用途，制药设备可分为原料药关键生产工艺设备、药物制剂关键生产工艺设备、药用粉碎机械设备、中药饮片关键生产工艺设备、制药用水设备、药品包装机械设备、药物检测设备、其他制药辅助设备八种类型。其中产品外观质量自动检测设备、生产用工器具及无菌衣等清洗/灭菌设备、生产设备外置在线清洗（CIP）/在线灭菌（SIP）设备单元、无菌转运设备、洁净环境灭菌设备、环境自动监测设备，以上设备相关计算机化系统、相配套辅机、工艺管道，以及新兴的人工智能药品制造控制系统［如制造执行系统（MES）、数据采集与监视控制系统（SCADA 系统）、自动称重配料系统（ACS）、设备资产管理系统（EAM 系统）、仓库管理系统（WMS）等］，可列入辅助设备管理，也可与直接关联设备一并管理。

（二）制药设备总体要求

1. 生命周期管理

从设备的设计、安装、验证、使用、改造和维护，直至设备淘汰报废，整个设备的生命周期应有完善的公司管理制度对设备进行管理：

① 规定设备管理职责，规定设备选型、计划采购、安装、调试、验收、日常操作使用、维护保养、点检定修、报废更新等内容；

② 规定设备选型、采购、安装、调试、验收、验证等相关程序，规定设备档案资料的管理等；

③ 规定设备日常使用台账、设备编号管理、设备使用操作规程和使用日志要求等；设备使用日志或其他相关记录应记录重大维修及可能增加产品受污染风险的其他问题；

④ 规定设备定期预防性维护保养检修计划的要求和内容，规定建立不同设备维护检修SOP 以及填写记录的要求等，规定设备润滑剂、冷却剂的使用要求；

⑤ 规定不同状态设备标识的管理，如运行、停用、清洁、待清洁、已清洁等，规定固定管线内容物标识的管理等；

⑥ 规定设备报废管理的程序。

另外，企业应有持续的、经确认的文件支持和证明设备整个生命周期内具备生产合格产品的能力。

2. 共线生产管理

在设计共线生产控制策略时，企业应当从风险与收益整体平衡角度考量相关设施、设备情况，制定合理的清洁验证残留限度标准，监控清洁关键工艺参数等内容，同时要充分考虑可操作性；并全面审核生产设施、设备的组装、运行、干预、拆卸、维修和清洁时需要的操作，还应当正确使用风险管理工具，识别出需要降低风险的区域和操作，采取适当且适度的风险控制措施。在药品共线生产过程中应注意以下几个方面以避免产生污染和交叉污染。

（1）设备设计

● 设备的设计应便于清洁和清洁确认（如目视检查/外观检查、擦拭取样）。

● 辅助设备和材料在不同功能间和不同区域之间的移动应当得到充分控制。

● 在线清洁或离线清洁系统的设计应当适用。

● 设备的管道设计需考虑坡度和排空，以便于生产和清洁过程中将管道中的液体排尽，并应在验证阶段予以确认。

（2）设备使用

● 对于开放式或敞口操作的设备，需要安装捕尘装置或采取适合的防护措施，降低粉尘扩散。

● 难清洁的零件采取专用或一次性的方式使用。

（3）设备清洁

● 充分评估设备上难以清洁的部件，并提供支持数据。

● 对已不在生产活动中使用，但无法从该区域移除的设备进行充分保护，并应当在使用前重新清洁。

● 对于与工艺或产品相关的污染物（即灰尘、粉末、微粒等），应当采用适宜的清洁设备和清洁程序进行处理。

● 已受污染或待清洁的设备移至公共清洁区域之前，需要对其进行必要的预清洁或保护，避免对环境和其他设备造成污染。

（4）设备状态

● 设备状态应当清晰、明确、易读。

● 专用设备/部件应有清楚的标识，并应对其进行适当的控制。

● 设备使用时间应当进行管理，如连续使用时间、脏设备放置时间和清洁后设备放置时间等。

（5）设备维护

● 应对设备进行预防性维护。

● 规范设备维护、过程控制和取样（包括设备、个人防护设备/衣物、工具和更换零件）等可能带来交叉污染的操作行为，对管线泄露进行预防性维护（如管道/设备气密性的测试或检查、生产工艺管线使用前在线检漏或检查、阀门的定期点检、对设备连接的快速接口的检查及紧固等）。

● 药品生产企业应综合考虑药品的特性、生产过程、预定用途、厂房设施与设备等因素，评估多产品共线生产的可行性，并形成共线生产风险评估报告。

● 当药品具有如下风险时，需要采用专用设施或设备进行生产：

① 毒理学评价得出的科学数据不支持交叉污染风险可控；

② 无法通过清洁验证证明清洁方法有效性，如毒理学评价得到的相关残留限度不能通过已验证的分析方法检出；

③ 污染和交叉污染风险不能通过技术措施和/或操作过程及流程管理得到充分控制。

3. 确认与验证

企业应当确定需要进行的确认或验证工作，以证明有关操作的关键要素能够得到有效控制。确认或验证的范围和程度应当经过风险评估来确定。

企业的厂房、设施、设备和检验仪器应当经过确认，应当采用经过验证的生产工艺、操作规程和检验方法进行生产、操作和检验，并保持持续的验证状态。

企业应当建立确认与验证的文件和记录。

（1）设计确认

企业应当对新的或改造的厂房、设施、设备按照预定用途和药品 GMP 及相关法律法规要求制定用户需求说明，并经审核、批准。

设计确认应当证明设计符合用户需求说明，并有相应的文件。

（2）安装确认

新的或改造的厂房、设施、设备需进行安装确认。

企业应当根据用户需求说明和设计确认中的技术要求对厂房、设施、设备进行验收并记录。安装确认应至少包括以下方面：

① 根据最新的工程图纸和技术要求，检查设备、管道、公用设施和仪器的安装是否符合设计标准；

② 收集及整理（归档）由供应商提供的操作指南、维护保养手册；

③ 相应的仪器仪表应进行必要的校准。

（3）运行确认

企业应当证明厂房、设施、设备的运行符合设计标准。运行确认应至少包括以下方面：

① 根据设施、设备的设计标准制定运行测试项目；

② 试验/测试应在一种或一组运行条件之下进行，包括设备运行的上下限，必要时选择"最差条件"。

③ 运行确认完成后，应当建立必要的操作、清洁、校准和预防性维护保养的操作规程，并对相关人员培训。

（4）性能确认

● 安装和运行确认完成并符合要求后，方可进行性能确认。在某些情况下，性能确认可与运行确认或工艺验证结合进行。

● 应当根据已有的生产工艺、设施和设备的相关知识制定性能确认方案，使用生产物料、适当的替代品或者模拟产品来进行试验/测试；应当评估测试过程中所需的取样频率。

● 采用新的生产处方或生产工艺前，应当验证其常规生产的适用性。生产工艺在使用规定的原辅料和设备条件下，应当能够始终生产出符合预定用途和注册要求的产品。

● 当影响产品质量的主要因素，如原辅料、与药品直接接触的包装材料、生产设备、生产环境（或厂房）、生产工艺、检验方法等发生变更时，应当进行确认或验证。必要时，还应当经国家药品监督管理局批准。

● 确认和验证不是一次性的行为。首次确认或验证后，应当根据产品质量回顾分析情况进行再确认或再验证。关键的生产工艺和操作规程应当定期进行再验证，确保其能够达到预期结果。

● 企业应当制定验证总计划，以文件形式说明确认与验证工作的关键信息。

● 验证总计划或其他相关文件中应当作出规定，确保厂房、设施、设备、检验仪器、生产工艺、操作规程和检验方法等能够保持持续稳定。

● 应当根据确认或验证的对象制定确认或验证方案，并经审核、批准。确认或验证方案应当明确职责。

● 确认或验证应当按照预先确定和批准的方案实施，并有记录。确认或验证工作完成后，应当写出报告，并经审核、批准。确认或验证的结果和结论（包括评价和建议）应当有记录并存档。

● 应当根据验证的结果确认工艺规程和操作规程。

● 企业应建立验证相关的管理程序和文件，根据其验证总计划进行相关的验证；所进行的验证项目应涵盖国家法规的要求和药品所对应的风险要求；企业进行的验证项目和遵从的标准应符合国家法定标准要求，验证在技术上可行，所采取的验证方法合理；验证文件记录完整有效，验证设定的关键参数与实际应用的参数一致，能够确保维持持续的验证状态。

（5）清洁验证

● 清洁方法应当经过验证，证实其清洁的效果，以有效防止污染和交叉污染。清洁验证应当综合考虑设备使用情况、所使用的清洁剂和消毒剂、取样方法和位置以及相应的取样回收率、残留物的性质和限度、残留物检验方法的灵敏度等因素。

● 为确认与产品直接接触设备的清洁操作规程的有效性，应当进行清洁验证。应当根据所涉及的物料，合理地确定活性物质残留、清洁剂和微生物污染的限度标准。

● 在清洁验证中，不能采用反复清洗至清洁的方法。目视检查是一个很重要的标准，但通常不能作为单一可接受标准使用。

● 清洁验证的次数应当根据风险评估确定，通常应当至少进行连续三次。

● 清洁验证计划完成需要一定的时间，验证过程中每个批次后的清洁效果需及时进行确认。必要时，企业在清洁验证后应当对设备的清洁效果进行持续确认。

● 验证应当考虑清洁方法的自动化程度。当采用自动化清洁方法时，应当对所用清洁设备设定的正常操作范围进行验证；当使用人工清洁程序时，应当评估影响清洁效果的各种因素，如操作人员、清洁规程详细程度（如淋洗时间等），对于人工操作而言，如果明确了可变因素，在清洁验证过程中应当考虑相应的最差条件。

● 活性物质残留限度标准应当基于毒理试验数据或毒理学文献资料的评估建立。如使用清洁剂，其去除方法及残留量应当进行确认。可接受标准应当考虑工艺设备链中多个设备潜在的累积效应。

● 应当在清洁验证过程中对潜在的微生物污染进行评价，如需要，还应当评价细菌内毒素污染。应当考虑设备使用后至清洁前的间隔时间以及设备清洁后的保存时限对清洁验证的影响。

● 当采用阶段性生产方式时，应当综合考虑阶段性生产的最长时间和最大批次数量，以作为清洁验证的评价依据。

● 当采用最差条件产品的方法进行清洁验证模式时，应当对最差条件产品的选择依据进行评价，当生产线引入新产品时，需再次进行评价。如多用途设备没有单一的最差条件产品时，最差条件的确定应当考虑产品毒性、允许日接触剂量和溶解度等。每个使用的清洁方法都应当进行最差条件验证。

● 在同一个工艺步骤中，使用多台同型设备生产，企业可在评估后选择有代表性的设备进行清洁验证。

● 清洁验证方案应当详细描述取样的位置、所选取的取样位置的理由以及可接受标准。

● 应当采用擦拭取样和（或）对清洁最后阶段的淋洗液取样，或者根据取样位置确定的其他取样方法取样。擦拭用的材料不应当对结果有影响。如果采用淋洗的方法，应当在清洁程序的最后淋洗时进行取样。企业应当评估取样的方法有效性。

● 对于处于研发阶段的药物或不经常生产的产品，可采用每批生产后确认清洁效果的方式替代清洁验证。每批生产后的清洁确认应当根据药品 GMP 确认与验证附录的相关要求进行。

● 如无法采用清洁验证的方式来评价设备清洁效果，则产品应当采用专用设备生产。

4. 维护及保养

● 应当制定设备的预防性维护计划和操作规程，设备的维护和维修应当有相应的记录。

● 设备的维护和维修不得影响产品质量。

● 设备所用的润滑剂、冷却剂等不得对药品或容器造成污染，应当尽可能使用食用级或级别相当的润滑剂。

● 经改造或重大维修的设备应当进行再确认，符合要求后方可用于生产。

● 如果可能，应当将故障的设备移出生产区和质量控制区，或至少有清晰的故障标识。

● 在洁净区内进行设备维修时，如洁净度或无菌状态遭到破坏，应当对该区域进行必要的清洁、消毒或灭菌，待监测合格方可重新开始生产操作。

● 所有设备如灭菌柜、空气处理及过滤系统、呼吸过滤器和气体过滤器、水的处理、生产、贮存和配送系统等，都必须验证并定期维修保养；维修保养后，经批准方可投入使用。

5. 仪器仪表校准

● 应当配备有适当量程和精度的衡器、量具、仪器和仪表。

● 应当按照操作规程和校准计划定期对生产和检验用衡器、量具、仪表、记录和控制设备以及仪器进行校准和检查，并保存相关记录。校准的量程范围应当涵盖实际生产和检验的使用范围。

● 应当确保生产和检验使用的关键衡器、量具、仪表、记录和控制设备以及仪器经过校准，所得出的数据准确、可靠。

● 应当使用计量标准器具进行校准，且所用计量标准器具应当符合国家有关规定。校准记录应当标明所用计量标准器具的名称、编号、校准有效期和计量合格证明编号，确保记录的可追溯性。

- 衡器、量具、仪表、用于记录和控制的设备以及仪器应当有明显的标识，标明其校准有效期。
- 不得使用未经校准、超过校准有效期、失准的衡器、量具、仪表以及用于记录和控制的设备、仪器。
- 在生产、包装、仓储过程中使用自动或电子设备的，应当按照操作规程定期进行校准和检查，确保其操作功能正常。校准和检查应当有相应的记录。
- 校验的记录须加以保存。
- 经校验不合格的仪器不得使用。
- 若重要仪器校验发现存在偏差，应对其进行调查研究以确定自最近一次的合格校验以来，这些偏差是否对中间体或药物活性成分的质量有影响。

6. 其他要求

- 放射性物质包装容器如需重复使用，应有专用的去污处理场所。

GMP

第二章

厂房设施、设备基本检查要点

第一节　厂房布局基本要求及检查要点

厂房与设施的总体要求为厂房的选址、设计、布局、建造、改造和维护必须符合药品生产要求，应当能够最大限度地避免污染、交叉污染、混淆和差错，便于清洁、操作和维护。

厂房与设施按照功能区分为生产区、仓储区、质量控制区、辅助区等。

生产区厂房、生产设施和设备应当根据所生产药品的特性、工艺流程及相应洁净度级别要求合理设计、布局和使用；仓储区应当有足够的空间，仓储区的设计和建造应当确保良好的仓储条件，高活性的物料或产品以及印刷包装材料应当贮存于安全的区域，接收、发放和发运区域应当能够保护物料、产品免受外界天气（如雨、雪等）的影响，通常应当有单独的物料取样区，取样区的空气洁净度级别应当与生产要求一致；质量控制区中，质量控制实验室通常应当与生产区分开，实验室的设计应当确保其适用于预定的用途，并能够避免混淆和交叉污染，实验动物房应当与其他区域严格分开，其设计、建造应当符合国家有关规定，并设有独立的空气处理设施以及动物的专用通道；辅助区，如休息室、更衣室和盥洗室、维修间不应当对生产区、仓储区和质量控制区造成不良影响。医疗用毒性药品和易制毒化学品、麻醉药品和精神药品、放射性药品的厂房设施应当符合国家相关规定要求。

本节将首先介绍药品生产企业的外部环境（周围环境和厂区）及厂房内部环境两个方面的基本要求及检查要点，其次从生产区、仓储区、质量控制区和辅助区四个方面介绍功能区域通用检查要点。无菌药品、口服制剂、原料药/无菌原料药、生物制品等具体剂型产品的厂房与设施的特殊检查要点将在后续章节展开介绍。

一、基本要求

企业应根据产品和剂型的要求，设置相应的生产环境，最大限度避免污染、交叉污染、混淆和差错的发生，将各种外界污染和不良影响减少到最低，为药品生产创造良好条件。

1. 厂房选址

企业在选择厂址时，应充分考虑周边环境可能带来的空气质量、震动、噪声等影响，并采取有效的技术手段避免周边环境对物料或产品造成影响。

厂址的选择应符合下列要求：

① 应在大气含尘、含菌浓度低，无有害气体，自然环境好，对药品质量无有害因素，卫生条件较好的区域。

② 应远离铁路、码头、机场、交通要道以及散发大量粉尘和有害气体的工厂（如化工厂、染料厂、火电厂、垃圾处理厂、屠宰厂等）、贮仓、堆场等有严重空气污染、水质污染、震动和噪声干扰的区域。当不能远离严重空气污染时，应位于该区域最大频率风向上风侧，或全年最小频率风向下风侧。

③ 药品生产厂房与市政交通干道之间距离不宜小于 50m。

④ 排水良好，应无洪水淹没危险。

⑤ 目前可预见的市政区域规划，不会使厂址环境产生不利于药品质量的影响。

⑥ 水、电、燃料、排污、物料供应和服务条件在目前和未来的发展中能够有效地得到保持和改善。

2. 厂房设计、布局

① 厂区人流、物流应分开，路线清晰，不得混淆。

② 厂区内布局应合理，各个功能区域之间的相互影响应降到最低。

③ 厂区所有"裸土"地面应进行绿化或硬化处理，应当做到"土不见天"。

④ 生产区、仓储区、质量控制区、行政区、生活区和辅助区总体布局应合理，不相互妨碍。厂房建筑布局应考虑风向的影响，动物房、锅炉房、产尘车间等潜在污染源应位于下风侧。

⑤ 锅炉房、危险品库、实验动物房位置应合理，便于管理，不易对生产造成污染；危险品库应远离生产区，设于厂区安全位置，并有防冻、降温、防爆、消防措施；麻醉药品、剧毒药品应当设专用仓库，并有防盗、报警措施；实验动物房的设置应符合国家颁布的有关规定，并有专用的排污、空调设施。

⑥ 药品生产厂房周围不宜设排水明沟；停车场应远离药品生产厂房；生产废弃物的回收应当独立设置。厂区垃圾集中存放，其中生产垃圾和生活垃圾应分类存放，便于区分。

⑦ 兼有原料药和制剂生产的药厂，原料药生产区应位于制剂生产区全年最小频率风向的上风侧；兼有高致敏性药品（如青霉素类）或生物制品（如卡介苗或其他用活性微生物制备而成的药品）生产的药厂，高致敏性药品生产区域排风口应远离其他生产区域空调系统的进风口。

⑧ 防虫鼠措施：厂房设计时要考虑防止昆虫或其他动物进入的装置，避免使用化学方

法进行灭鼠、灭虫，对产品产生污染；企业应有防止昆虫和其他动物进入厂房、设施的措施及相应的文件规定，规定灭鼠、杀虫等设施使用方法和注意事项、维护周期等，并有相应记录；企业应对使用灭鼠药、杀虫剂、烟熏剂等对设备、物料、产品是否造成污染进行相应的风险评估及验证确认；建立详细的防虫鼠设施使用的操作规程，包括存储区域、使用注意事项和防护要求、相关的记录等；企业各种工艺管线/道进入厂房等穿墙部位应密封，不能存在虫、鼠进入的隐患点。

⑨ 厂区总平面布局图应标明比例和方向，标明厂区的主要人流、物流，实际厂房建筑设施应与平面布局图一致。

⑩ 进入厂房、设施的人员受控管理要求：企业厂房设计图纸中生产区、仓储区和质量控制区不应设有非本区工作人员的直接通道；企业应有对有关人员进入生产区、仓储区及质量控制区进行权限限制的管理规定，并按要求执行；参观人员和未经培训的人员不得进入生产区和质量控制区，特殊情况确需进入的，应当事先对个人卫生、更衣等事项进行指导；企业可采取门禁或中央监控系统等措施控制人员进入并按照规定执行。

3. 厂房建造、改造和维护

① 企业应具备符合生产工艺和产品要求的照明、温湿度控制和通风设备设施，洁净厂房换气次数符合设计要求和技术标准〔标准参见《医药工业洁净厂房设计标准》（GB 50457—2019）〕；

② 企业应制定洁净室（区）温湿度控制的管理文件，设置调控设施并在代表性位置安装监测设施，定期监测，有监测记录；应制定温湿度监控装置的使用、维护、校验的相关书面程序并记录；

③ 有防爆要求的洁净车间，照明灯具及其安装应符合国家安全规定；

④ 对于洁净厂房内设置防微振的精密设备、仪器或产品生产过程中要求防微振时，厂房建造、改造和维护应确定不会对设备、仪器的使用产生不良影响，必要时在厂房设计时进行风险评估并采取相应的措施，厂房施工完毕后，验收的相关记录和证据应与设计一致；

⑤ 厂房设计、建造应当符合清洁、操作和维护要求；

⑥ 企业应当建立厂房设施的日常检查流程，制定厂房设施完好标准，并按照流程规定执行各项检查及维护；

⑦ 企业应制定维修计划，并对厂房定期进行维修保养，确保厂房在运行中始终能够满足生产工艺要求；

⑧ 相关的检查、维护行动应有记录，如对生产造成影响应有适当的风险评估措施，并在维修后进行风险评估。

4. 竣工图纸

① 企业应当保存厂房、公用设施、固定管道建造或改造后的竣工图纸。该图纸可以追溯厂房变更改造过程，了解企业的变更管理情况。

② 企业应对图纸受控管理，图纸的信息应与实际布局一致。

③ 企业厂房、设施若有变更应当进行风险评估，充分评估改造对现有生产过程的影响。

5. 厂房设施的确认与验证

① 企业的厂房、设施应经过确认。如果厂房设施进行变更，应进行再确认。

② 企业厂房、设施确认的范围应符合要求，且通过预防性维护保养、校验等措施来保持持续的验证状态。

③ 企业应保存完整清晰的验证文件和记录（包括原始记录），以证明验证过程可以达到预定目标。验证文件包括验证方案和报告。验证方案应根据预定用途制定，包括并明确叙述应当确认或验证的关键步骤与操作，制定科学合理的可接受标准。

④ 企业应对验证过程中出现的各种偏差与变更进行调查并记录，并评估对验证结论的影响。

⑤ 企业应将各确认过程进行记录，各类记录应形成一个证据链条以证实确认得到了执行。必要时，企业可使用视频、照片等影像资料作为记录。企业可以针对相应的确认方案单独建立相应的记录，该记录的批准可以同验证方案一并进行。

⑥ 验证过程中发生的变更，应根据变更过程对验证结论影响程度的评估结果来确认验证继续实施还是重新制定方案再实施。

二、通用检查要点

1. 生产区

① 检查是否有新建厂房洁净室（区）施工、验收文件，使用材料的材质是否符合规定；核对厂房施工、验收文件，每步验收是否均有记录。

② 检查在人流、物流设计时是否考虑了以下可能存在的风险：物料和产品特性对人体的伤害，包括物料和产品的暴露等级和对人体的危害等级；人流、物流、容器流及废物流可能造成的交叉污染；产品的质量受影响；生产设备的工艺水平降低。

③ 检查是否有对厂房、设施、设备多产品共用的风险评估，评估报告内容是否包括共用设施和设备生产的产品的药理学数据、毒理学数据、适应证、处方成分的分析、设施与设备结构、清洁方法、残留水平及检验方法灵敏度等项目，以确定多产品共用设施与设备的可行性。

④ 检查洁净区布局是否合理：空气洁净度相同的房间或区域是否相对集中；空气洁净度高的房间面积是否合理；不同空气洁净度的房间之间是否有防止污染的措施，如气锁或传递窗；气锁（闸）室或传递窗、风淋室的两侧门是否有不能同时打开的装置（措施）及必要的延迟锁定时间。

⑤ 检查车间洁净室（区）的气密性，包括窗户、天棚及进入室内的管道、风口、灯具与墙壁或天棚的连接部位的密封性是否良好；是否能够防止虫鼠进入；洁净室墙壁、顶棚和地面的表面是否无裂缝、光洁、平整、不起灰、耐腐蚀、耐冲击、易清洗/清洁；洁净室的门窗造型是否简单、不易积尘、易于清洗、密封性良好，门窗是否平整、未采用易引起微生物繁殖的材料；洁净室是否未设门槛，不留窗台；洁净室门的宽度是否满足生产设备的安装、修理、更换的需要；车间洁净区的维护、清洁、消毒的管理规程及相关记录是否完整；洁净区内货架、柜子、设备等是否存在不易清洁的部位。

⑥ 洁净室（C级区、D级区）内设置水池和地漏时，检查地漏材质是否不易腐蚀，地漏内表面是否光洁，地漏是否清洁且易于清洁，是否有密封盖，是否耐消毒；检查生产设备或水池是否不与地漏直接相连，地面排水管路是否设隔离装置或水封，防止倒灌；检查生产

车间是否有排水明沟，如有，查看其深浅程度是否能够满足清洁和消毒的要求。

⑦ 检查空调净化系统送风、回风或排风段的过滤器，拆卸、清洗（如有）和存放是否通过有效措施避免对环境、人员和其他产品使用的空气净化过滤器造成污染；结合空调净化系统运行及监控标准操作规程及平面布置图、洁净区换气次数（或风速）、温湿度监控标准，检查现场产品生产工序环境是否与要求一致；洁净区压差梯度分布标准是否满足要求；检查是否有监控环境微生物的措施；现场压差表是否在控制范围内，查看压差表校验合格证是否在合格时效内、可调节旋钮有无受控管理；企业是否有洁净区定期监测的文件规定及记录；检查是否有监控记录，包括过滤器完整性检查、压差检查及过滤器更换的记录；监测数据超过限度时是否有处理措施及记录，是否有对定期监测结果进行分析、评估的资料；设有 EMS/BMS 的洁净区，其不同洁净度级别之间、高风险等级与低风险等级之间的压差报警设定值是否不存在交叉，如同处于 B 级区的灌装间及轧盖间的绝对压差设定区间应不存在交叉；关键区域的空调净化系统是否有报警装置。

⑧ 检查是否根据称量物料允许的暴露等级（即洁净度级别），设置专门的称量设施，如层流罩、手套箱、称量操作单元等；称量设施是否能有效控制粉尘扩散、交叉污染并保护操作人员；是否有称量装置的书面规程：操作、清洁、维护并配有相关记录、状态标识等；检查称量用器具的校验及量程的选择等是否符合要求；称量装置是否进行相关的确认，有相关确认文件。

⑨ 检查车间内产尘操作间是否设计为相对负压，是否进行有效监控以满足要求；捕尘设施是否包含能有效地防止空气倒灌的装置，通过查看压差监控装置和监测数据，判断是否能够形成和保持合理的压差梯度；若无相对负压，是否采用其他有效的专门措施来控制粉尘扩散，如独立的除尘系统等；包装操作区的布局设计是否满足生产要求。

⑩ 检查若同一区域内有数条包装线，是否采取有效的隔离措施，是否建立有序的人流和物流，减少交叉；生产用模具存储环境是否与产品生产洁净度级别相适应，并建立相应的管理制度及记录。

⑪ 对于有防爆要求的洁净车间，照明灯具及其安装是否符合国家安全规定。

⑫ 生产区是否有充足的照明，以便生产操作、清洗、设备维护保养等；对于有避光要求的产品，照明光源是否符合要求；生产区照明设施的照度检测数据是否齐全，应尤其注意对照度有特殊要求的生产及检测（如灯检）环节的检查。

⑬ 车间中间控制区域是否不会对生产操作区域产生影响，且不带来药品质量风险；生产操作是否不对中间控制操作产生影响。

⑭ 检查生产区是否有足够的空间，关注生产规模和流转情况；生产操作区的面积是否能满足生产规模的要求，物料、中间产品、成品贮存区域的面积和空间是否与生产规模相适应；重点关注生产操作区、物料和产品中转站、物料缓冲间、物流走廊、模具间、容器具存放间等，检查其面积及空间是否与生产规模相适应，是否有与特殊物料储存要求（如低温、避光、遮光或精神药品、麻醉药品等的储存要求）相适应的设施；是否分别设置人员和物料进出生产区域的通道；极易造成污染的物料，是否设置专用出入口；输送人员和物料的电梯是否分开，电梯是否设在洁净区内，如设置在洁净区内，电梯前是否设置气闸室或其他确保洁净区空气洁净度的措施；人流如不是单向流，是否能减少与物流的交叉；是否有防止混淆、交叉污染、差错或遗漏的有效措施。

⑮ 生产区的物料和产品是否做到"有序存放"，有无货位卡和标识签；生产区域高活性的物料或产品以及印刷包装材料的存放区域，是否符合安全防护、防盗、防丢失的安全贮存要求。

⑯ 进入有空气洁净度要求区域的原辅料、包装材料等是否有清洁措施。

⑰ 是否有对相关设施进行定期检查、维护的文件规定，并有定期检查、维护记录，相关的维护工作是否在生产区外部进行，如在生产区内部进行，是否对产品和生产区环境造成影响；洁净区内的配电设备是否不易积尘、便于擦拭，外壳是否耐锈蚀；洁净区内是否未设置大型落地安装的配电设备；洁净区与外界保持联系的通信设备，是否不易积尘、便于擦拭、易于消毒或灭菌。

⑱ 若设有门禁系统，门禁系统是否分权限进行管理。

⑲ 检查送风设备是否有故障报警系统，企业对报警原理、报警设置是否熟悉，对报警装置是否进行定期测试，测试结果是否正常。

⑳ 是否对厂房设施进行确认，相关确认记录是否齐全。

2. 仓储区

① 仓储区是否设置接收、发放和发运区域，并设置相应的保护措施，使物料、产品不受外界天气（如雨、雪等）的影响；是否设置一定的区域，使物料在进入仓储区前可对外包装进行必要的清洁。

② 仓储区是否有足够的空间用于储存物料和产品；仓储区平面布局图是否完整，是否包含温湿度监测、防虫鼠设施的布点；根据企业常年生产情况、在库物料及成品周转情况，查看仓储区空间是否能够满足企业各类物料和产品的储存需求。

③ 待验区、不合格品区、退货或召回产品区的标识是否醒目，是否单独设置；防止待验状态物料、不合格品、退货或召回产品混淆的隔离措施是否有效；待验区人员出入是否有管理规定并严格执行；对不合格、退货或召回的物料或产品是否进行隔离存放，如果企业采用其他方法替代物理隔离，该方法是否经过风险评估或验证，以证明该方法具有同等的安全性。

④ 仓储区各类物料和产品是否按照品种、规格、生产批次、质量状态等有序存放；各类物料和产品的储存是否能够有效防止污染、交叉污染、混淆和差错。

⑤ 是否建立相关的管理制度，规定各类物料和产品的储存要求和温湿度控制要求；是否有不合格、退货或召回的物料和产品的控制要求。

⑥ 仓库内温湿度的监控标准是否基于物料和产品对环境条件的要求制定；仓库的储存条件是否满足物料、产品的储存条件（如温湿度、光照）和安全贮存的要求；现场温度计、湿度计放置位置是否合理，温湿度调控措施和照明、通风设施及特殊储存条件是否符合要求；温度计、湿度计监控点的选择是否有代表性，监控点是否通过温湿度分布验证并进行适当评估后确定；温湿度是否定期监测并记录，监控记录是否连续可追踪。

⑦ 取样区是否单独设置，该区域空气洁净度级别的设置是否与生产要求一致；取样区环境是否定期监测并记录；取样区的位置、设施、条件，是否便于操作；取样过程中是否存在对物料污染、交叉污染、混淆和差错的风险；是否建立取样区使用、清洁、维护等相关管理文件及相应的记录。

⑧ 是否建立了防虫、防鼠措施的管理文件及相应记录，是否定期按照文件要求进行防

虫鼠控制；是否对发现的虫鼠情况进行汇总分析。

⑨ 采用计算机化系统管理立体仓库的相关检查要点：WMS中原辅料、包材是否根据需求量先进先出，是否符合近效期先出、已取样先出的原则；在库物料/成品系统中显示的数量/换算率、储存状态、效期与实际状态是否保持一致；人员权限管理的新增、变更及注销账户及密码更改周期的管理是否符合要求；计算机化系统上的时间是否锁定。

⑩ 医疗用毒性药品及易制毒化学品、麻醉药品、精神药品、放射性药品仓储要求相关检查要点见后续章节。

3. 质量控制区

① 企业质量控制区是否与生产区分开；生物检定、微生物和放射性同位素的实验室是否彼此分开；微生物限度、无菌检查、阳性检测等实验室的设置是否符合现行版《中华人民共和国药典》相关的规定。

② 实验室布局设计是否合理，是否与内部设施和仪器相适应，空间是否满足仪器摆放和实验空间的需求，各分区之间和内部是否能够避免混淆和交叉污染；检测仪器的布局是否考虑了干湿分开便于防潮、冷热分开便于节能、恒温集中便于管理、天平集中便于称量取样的原则；有特殊要求（如环境温湿度、气流、震动、静电等）的检验仪器（如红外光谱仪、原子吸收光谱仪、电子天平等）的摆放和运行环境是否能够避免受到外界干扰，或者放置在设有相应控制措施的专门的仪器室内；某些需要使用高纯度气体的仪器，是否设置独立的特殊气体存储间，并符合相关安全环保规定。

③ 送检样品、实验室试剂、标准品（对照品）、培养基、菌种等接收与贮存区域是否具备良好的通风设施，普通化学试剂和毒性、易制毒类化学试剂是否分开存放，对照品、基准试剂是否按规定存放，并有专人管理，是否有使用及配制记录；有温度、湿度储存要求的场所是否有温度、湿度调控设施，并及时进行温度、湿度记录；样品处置区、留样区、稳定性考察区域中是否有足够空间存放样品并有相应记录。

④ 用于试管等清洗的清洁洗涤区的设置是否靠近相应实验室，以便于清洗容器的送洗和取用；放置烘箱、马弗炉等高温设备的高温实验室是否远离试剂室及冷藏室，房间是否设置温感报警器，是否设置机械排风。

⑤ 当微生物限度试验、生物负荷检查在同一室进行时，是否有书面操作规程及防止污染的措施；当孢子 D 值测定、污染菌鉴别和阳性对照试验在同一室进行时，是否使用不同的层流操作台，是否有书面操作规程及防止污染的措施。

⑥ 是否根据生物安全等级使用生物安全柜；使用的层流柜是否是垂直流；阳性对照室的回风是否经过处理后直排；抗生素效价检测房间是否有高效过滤器，检测过程是否不受微生物和抗生素的污染。

⑦ 实验动物房是否与其他区域严格分开；动物房的设计、建造及动物饲养管理要求等，是否符合实验动物管理的相关规定，并设有独立的空气处理设施以及动物的专用通道；实验动物房布局是否合理；实验动物是否有符合国家有关规定的证明文件，如清洁级、SPF 级等动物；如有委托检验项目，是否签订委托协议书，是否建立委托检验监控管理文件，受托方的实验设施及实验动物是否符合国家有关规定；用于生物制品生产的动物房、质量检定动物房、生产区是否各自分开。

4. 辅助区

① 生产区、仓储区和质量控制区内的休息室设置是否合理，是否不对生产、储存、检验造成污染及其他不良影响。

② 生产区、仓储区内的盥洗室与生产区和仓储区是否不直接相通，其设置是否能够方便人员进出，其面积与人员数量是否相适应；盥洗室是否干净、通风、无积水，是否根据实际情况设置缓冲和排风设施。

③ 维修操作是否远离生产区；是否建立维修工器具进入生产区及洁净区的管理流程，是否有专门放置维修设备及工具的房间和工具柜，是否有清洁和相应标识；洁净区维修工器具的选用、保管是否符合相关要求。

三、典型缺陷及分析

【缺陷一】检查发现某质量控制区布局不合理：

① QC实验室精度为十万分之一的电子天平放置在理化实验室；

② 原子吸收分光光度计、气相色谱仪与酸度计、电导率仪等多种检验仪器同放一室。

分析：实验室的设计应确保其适用于预定的用途。必要时，应当设置专门的仪器室，使灵敏度高的仪器免受静电、震动、潮湿或其他外界因素的干扰。多种检验仪器同放一室，不同仪器相互间会产生影响。应合理设置质量控制区布局，避免仪器间互相干扰，同时保护仪器免受环境影响。

【缺陷二】企业阴凉库未设置退货区。被检查企业无法对需要阴凉保存的退货产品进行有效隔离。

分析：企业应合理布局，确保仓储区有足够的空间存放物料和产品，其中不合格、退货或召回的物料和产品应当隔离存放。

【缺陷三】被检查企业某库房取样间自净室物料垫板过小，每次只能自净1件物料，企业无多次传递物料并进行自净的记录，且未标识区分物料交接区域，与实际取样操作需求不适应。

分析：取样设施应能满足药品取样需求。自净室物料垫板过小，不能满足实际取样操作需求；企业无多次传递物料并进行自净的记录，不能追溯应取样的物料是否均经过自净；未标识区分物料交接区域，易造成混淆和差错。企业应当合理配备取样设施，满足药品取样需求，便于取样操作，最大限度地降低混淆和污染的风险。

【缺陷四】经检查，某企业新增成品阴凉库，对该阴凉库进行确认，并形成了《厂房与设施确认报告》，但报告显示企业温湿度验证过程只记录了1天的数据，验证数据样本量不足，且未依据验证结果的最差条件点设定监控位置。

分析：仓库的温湿度应能持续满足相应物料的贮存要求，应经过确认证明仓库在全年各个时期都能保证温湿度等参数在规定范围内。企业应收集足够数量的数据进行统计分析，证明仓库能够持续提供符合标准的贮存条件，并依据验证结果选取有代表性的测试点位进行日常监控。

第二节 设备的基本要求及检查要点

一、基本要求

药品生产企业设备主要包括生产设备、包装设备、外壁清洗干燥设备、产品外观质量自动检测设备、生产用工器具及无菌衣等清洗/灭菌设备、生产设备外置 CIP/SIP 设备单元、无菌转运设备、洁净环境灭菌设备、环境自动监测设备及以上设备相关计算机化系统、相配套辅机、工艺管道，以及新兴的人工智能药品制造控制系统等。

从设备的设计、安装、验证、使用、改造和维护，直至设备淘汰报废，均应有完善的公司管理制度对设备进行管理，以最大限度降低药品生产过程中的污染、交叉污染以及混淆、差错等风险，确保持续稳定地生产出符合预定用途和注册要求的药品。

企业应建立完善的设备管理体系，根据不同药品剂型的生产要求和生产规模，选择和使用合理的生产设备，配备必要的工艺控制功能及设备的清洗、消毒、灭菌等功能。企业应通过完整的验证流程保证设备的性能满足预期要求；通过必要的校准、清洁和维护手段，保证设备的有效运行；通过生产过程控制、预防性维修、校验、再验证等方式保持持续稳定的状态。设备的清洁是防止污染与交叉污染的一个重要手段，企业应关注清洁方法的有效性和可重现性。企业应当确定不同类别的设备需要进行的确认或验证工作，以证明有关操作的关键要素能够得到有效控制。确认或验证的范围和程度应当经过风险评估来确定。

1. 设备管理

① 企业应建立设备管理文件，明确设备选型、采购、安装、调试、验收、日常操作使用、维护保养、点检定修、报废更新全过程的管理流程和标准，确保设备安全稳定运行。文件应对设备安装位置进行描述，必要时在平面布局图上表明位置。

② 企业应建立设备使用文件，文件中对系统控制程序的描述应与系统显示的一致，并附有相应的截图记录；应对设备运行数据进行定期备份，应以文件的形式对备份的形式及备份周期进行规定。

③ 设备应采用对药品质量无影响的材质，确认文件中应有检定资料证明，并对其进行核对。

④ 设备材质的选择应不易生锈、发霉，不产生脱落物，便于清洁。

⑤ 设备应安装在适当位置，避开回风口，其位置应便于设备生产操作、清洗、消毒及维护，需清洗的零部件应易于拆装。

⑥ 设备关键工艺参数应设定报警限、报警类型；报警功能测试应与文件规定的报警上下限一致。

⑦ 设备生产能力，应与产品工艺相匹配；设备参数设置应在设备设计范围内，参数实际值与设置值对比应在合格范围内。

⑧ 按计算机化系统管理的设备，操作系统应分级设置用户管理权限，系统应具备审计追踪功能。

2. 仪器、仪表、计量器具

① 企业应建立计量器具管理文件，明确计量器具选型、验收、检定校准、维护保养、维修、检查、停用、调拨直至报废的全过程管理流程和标准，确保计量器具量值准确可靠。

② 计量器具应完好且在有效期内，无超出偏差范围的现象。

③ 工艺用水和工艺用气涉及的压力显示装置应在设备运行要求范围内。

④ 初、中、高效运行阻力应在规定范围内（根据初阻力计算警戒阻力、行动阻力、终阻力并于现场设置醒目标识），过滤器按更换周期定期更换。

⑤ 各连接阀门、输送管道应无泄漏，其压力范围应符合工艺规定。

⑥ 设备相关仪表（氮气、压缩空气等过滤器压力表，微差压计，称重仪表，风速仪）应正常运行，并按要求进行校验，仪表应在校验周期内使用。

3. 设备验证

设备验证应制定相应的验证方案，方案需对设备本身能力、工艺过程及工艺要求进行简述，验证需结合生产工艺、设备的相关知识进行。设备验证主要分为两部分，一部分是设备自身确认，另一部分是计算机化系统（包括按计算机化系统管理的设备）验证。

设备自身确认通过"4Q"（设计确认、安装确认、运行确认、性能确认）验证进行，企业应重点关注设备材质要求、运行能力（设备能力上下限确认）、与生产工艺直接相关的基础功能确认。在某些情况下，设备性能确认可与运行确认或工艺验证结合进行。灭菌设备验证周期为至少每年一次，其他设备的验证周期，应根据风险评估的结果确定。在验证周期内，若设备、工艺或系统发生重大变更，需进行再验证，验证合格后方可继续使用。

对于计算机化系统验证，企业应关注计算机化系统评估、软硬件分类评估；关注访问安全、数据备份与恢复、报警、审计追踪、时钟、锁屏时间、打印等系统功能确认。设备的计算机化系统验证及定期评估周期，应根据风险评估的结果确定。在验证周期内，若计算机化系统发生变更，企业不应只对单个变更进行验证，而应确定该变更对整个计算机化系统产生影响的程度和验证范围。

设备均应按照要求进行设计确认、安装确认、运行确认、性能确认等验证，确认均应包括相应验证方案和报告，以及涉及的相关原始记录等。

（1）验证方案

验证方案应至少满足以下要求：

① 依据预定用途制定，能满足预定目标，有相关记录、表格用于记录验证过程及数据；

② 包括并明确叙述应当确认或验证的关键步骤与操作；

③ 制定科学合理的可接受标准；

④ 规定对实施过程中发生的偏差、变更进行记录及调查处理的内容。

（2）设计确认

设计确认主要是对设备选型和订购设备的技术规格、技术参数和指标适用性的审查，由需求使用部门实施，通常需要由设备的设计单位协助完成。设计确认应至少涵盖以下内容：

① 参照设备的说明书或参数介绍，考察设备能否满足生产工艺、检验精度、校准、维修保养、清洗方面的要求，是否符合药品 GMP 要求；

② 对设备的主要工艺参数进行确认，检验仪器要根据检验精度要求选取关键工艺参数；

③ 设备的设计安装图纸应根据设备参数和工艺要求进行设计；

④ 应明确设备的变更可能导致的其他相关的变更（包括其他设备、厂房设施等）。

（3）安装确认

安装确认应至少涵盖以下内容：

① 确认文件应列出所有需要书面记录的可识别信息，包括设备的名称、系统的描述、设备识别编号（硬件和软件）、地点、辅助设施的要求、连接和安装特点；应有设备档案（包含图纸、手册、备件、技术资料、操作文件、记录、供货商信息等）；

② 核实设备与采购清单是否吻合，核对到厂生产设备或仪器、配件、配套设施、文件等是否齐全；核对辅助管道和量器的检定证明材料；

③ 对生产设备或仪器的各项参数与设计要求、工艺流程、质量控制、检验精度等进行确认；

④ 对安装阶段设备、管道、辅助设施、仪器等与设计图纸或厂家安装要求的符合性进行检查确认；

⑤ 关注焊接工艺及焊接检查的确认，安装后泄漏检测及确认，酸洗钝化方法与处理过程，电器安装过程电源匹配性；关注材质与 URS 的一致性等。

（4）运行确认

运行确认是一项针对设备功能的确认，通常由设备使用及设备管理部门负责实施，运行确认通常应考虑设备或系统在最差条件下的运行情况。运行确认应至少涵盖以下内容：

① 经批准的运行确认方案，应涵盖一个设备、设施系统的所有组成部件；确认的项目通常包括所有正常操作测试、报警点、开关和显示、互动控制以及其他操作功能；确认应依照操作、维护、检验方面的 SOP（或设备手册中的相关信息）实施；方案中需要对所有操作（包括系统运行前的准备事项、常规运行和正常运行等）进行说明并设置操作标准；

② 与确认相关的文件应齐全且为现行版本；

③ 确认参与运行确认的人员均经培训并考核合格后上岗；

④ 确认所有的待检测设备在使用前已经过检定和校验；

⑤ 确认检验仪器经校验合格且测试范围符合预定要求，检测方法已经确认并被批准执行；

⑥ 确认检测数据被收集和评估；设备的运行符合设定的标准；单机试车与系统试车符合预期的技术要求，并做记录；

⑦ 确认设备的运行参数范围涵盖使用该设备生产产品涉及的所有相关参数；

⑧ 确认过程中出现的偏差均经过调查并已关闭；

⑨ 确认有运行确认结论及报告。

（5）性能确认

性能确认应当证明厂房、设施、设备在正常操作方法和工艺条件下能够持续符合标准；对于有均一性要求的设备还需对混匀均一性进行确认，对于有温度调节要求的验证还需包含温度功能测试方面确认等；性能确认应在安装和运行确认完成和批准之后进行，特殊情况下可与运行确认或工艺验证结合进行。性能确认除运行确认包含的内容外，还应至少涵盖以下内容。

① 验证文件描述应能够证明设备系统在日常运行条件下可以稳定地达到系统要求；文

件应包括初步程序介绍、需要进行的性能测试详情、每项测试的验收标准等；

② 性能确认涉及的辅助设备、设施已经过验证或调试验收；

③ 性能确认选择的产品应经过评估确定，其参数的选择应具有代表性；

④ 对于有特殊要求的设备应有针对性地进行性能确认，如：灭菌效果验证应实施微生物挑战实验，实验前应核对挑战生物指示剂相关信息（如厂家、批号、含菌量、储存条件、使用台账等）；具备灭热原的设备，其效果验证应实施细菌内毒素挑战实验，实验前应核对使用的细菌内毒素指示剂相关信息；灭菌设备装载方式应经过验证；具备温度控制的反应罐需关注降温能力及控制能力，以及罐内温度分布；具备称重功能的反应罐需关注称重系统的校准。

（6）再验证周期

① 设备应周期性进行再验证，再验证周期应在文件中进行规定；

② 再验证时的确认范围应与生产用途相适应；

③ 设备关键部件更换或维修后应经过评估或进行必要的验证。

4. 设备使用、维护保养、清洁

① 开机前检查：应至少涵盖防护装置安装，设备接地，气、水管道的连接，管道及阀门连接密封性，水压、气压和油位运行等工作的检查确认。

② 运行中检查：设备相关运行、维护保养等是否按规定要求执行，压缩机、真空泵、罗茨泵、循环泵运转是否正常、无杂音；设备运行中各项工艺参数，是否达到设定值；对于有剔除功能的设备，确认剔除功能是否运行正常；设备运行记录应完整。

③ 设备及物料管道若非专用，其使用及清洁规定应能有效避免污染及交叉污染，清洁方法需经过验证；若使用清洗专用设备如移动清洗机等，需经过验证并确认其能正常运行。

④ 操作系统应设置用户管理权限，员工使用登录权限应符合权限管理规定。

⑤ 具有远程实时监控及设定报警、数据储存、报告编辑、打印输出等功能的设备，应定期确认其完好性。

⑥ 具有设备运行数据打印功能的设备，打印记录应有审核签字并按要求进行归档；所有记录审核、归档、销毁等均应按规定执行。

5. 设备清洁验证

（1）验证方案

验证方案应经过批准，方案应至少明确以下主要内容：

① 验证次数、取样位置、取样方法及明确的合格标准；

② 对潜在的微生物污染进行评价，如需要，还应当评价细菌内毒素污染；

③ 设备使用后至清洁前的间隔时间，以及设备清洁后的保存时限；

④ 采用阶段性生产方式时，阶段性生产的最长时间和最大批次数量。

（2）仪器、仪表、计量器具

验证涉及的仪器、仪表、计量器具等应经过校准并在有效期内。

（3）检测方法

验证涉及的检测方法均应经过确认，包括残留限度检测方法、擦拭取样回收率计算、微生物检测等。

（4）多产品共线生产

对于多产品共线生产，应对共线品种进行评估，选择代表性产品进行清洁验证。当生产线引入新产品时，需再次进行评价，重新确定代表性品种。

（5）验证限度标准

验证限度标准应结合所涉及的物料制定：通常设立目视检查、活性物质残留、清洁剂和微生物污染的限度等指标。

① 目视检查是一个很重要的标准，但通常不能作为单一可接受标准；应当采用擦拭取样和（或）对清洁最后阶段的淋洗液取样，或者根据取样位置确定的其他取样方法取样验证。擦拭用的材料不应当对结果有影响。如果采用淋洗的方法，应当在清洁程序的最后淋洗时进行取样；取样位置应选择结构复杂、不易清洁的代表性位置。

② 活性物质残留限度可接受标准应当考虑工艺设备链中多个设备潜在的累积效应，并基于毒理试验数据或毒理学文献资料的评估建立。一般其限度标准可基于清洁后样品的 1×10^{-7}、1/1000 最低日有效剂量、半数致死量（LD_{50}）、可接受日暴露剂量（ADE）等计算确定。

③ 如使用清洁剂，其去除方法及残留量应当进行确认。

（6）清洁条件

清洁验证应考虑采用清洁方法中的最差条件，如人工清洁程序中的可变因素涉及的最差条件。

（7）偏差

确认或验证过程中发生的偏差均应经过调查并关闭。

（8）持续确认

查看企业在清洁验证后是否对设备的清洁效果进行持续确认。

6. 计算机化系统验证

计算机化系统验证主要是对系统软件和硬件进行确认和测试。IQ 进行图纸确认、部件确认、环境确认、软件确认、校正确认、公共设施确认、系统输入输出检查通信连接确认、物理安全确认；OQ 中进行配置与设置确认，系统安全、系统开启和关闭、系统操作和控制、系统输入及界限、系统功能、系统报警/联锁、系统负载测试、系统压力和恢复、数据备份及恢复测试、数据存档及检索测试、通信、系统审计追踪、人员权限的确认等。其验证应至少涵盖以下内容：

① 根据其设备计算机化程度进行合理分类，如根据 GAMP5 分类。

② 根据其自带功能进行合理的验证，如审计追踪、权限分级等（如有）。

③ 对控制系统的软件版本进行确认。

④ 对数据备份的完整性、数据的灾难性恢复进行验证。

⑤ 如若设备具有电子签名功能，应符合 21 CFR（*Code of Federal Regulations*）Part 11 相关的要求。

⑥ 定期进行时钟校正。

⑦ 定期进行性能监测。

⑧ 定期进行年度回顾。

7. 设备的变更控制

设备的变更控制应至少涵盖以下内容：

① 制定设备变更的相关文件，并按文件要求执行变更。

② 应确定设备变更控制的流程及涵盖范围。

③ 实施变更过程中操作、数据需具有真实性，一致性。

④ 涉及变更的相关确认、验证、文件修订、审计、考察等应确认完成。

⑤ 相关变更的执行情况（是否涵盖此变更涉及的其他变更）。

⑥ 关注设备是否发生变更，变更是否按照变更流程实施计划进行。

⑦ 设备功能是否有变更，变更是否按照变更流程实施计划进行。

⑧ 变更关闭的可行性效果评估。

二、通用设备检查要点

① 设备是否经过确认，安装确认是否对设备材质、外观、设备组件、安装质量、安装环境、配套设施（真空系统、药用气体系统、蒸汽系统、工艺用水、工艺用电等）、安装防护装置等进行确认；

② 各管路是否连接紧密，是否无漏水现象；设备工艺用水管道连接方式及日常拆装是否存在死角；

③ 设备的生产能力是否满足生产工艺需求；设备运行参数范围是否符合工艺规定；

④ 是否建立设备清洁操作规程，清洁是否有记录；

⑤ 有特殊使用环境要求的设备，运行房间是否设置温湿度监控设施并符合规定；

⑥ 设备仪表、温度计、压力表等计量器具是否经过校准并在有效期内，校准范围是否涵盖生产使用的范围；

⑦ 是否针对不同产品制定相关工艺参数；批生产记录是否有工艺过程的记录；设备参数设置是否与工艺规程一致，参数实际值与设定值之间的差值是否在可接受范围内；

⑧ 带有自控系统的设备，是否建立计算机化系统清单、计算机化系统管理规程、数据定期备份与定期恢复查看等操作规程；操作系统是否设定分级管理权限，人员操作是否符合分级管理权限规定；

⑨ 设备如安装报警装置，是否进行了功能确认并按要求进行记录，是否规定了相应调查程序；

⑩ 与物料、工艺用水、工艺用气、蒸汽等相连的管道、阀门等是否有标识。

三、典型缺陷及分析

【缺陷一】 查看设备维护保养记录，其中记录了电热灭菌柜温度未达到工艺要求，维修工更换加热管后即开始正常生产。

分析：设备运行参数范围应符合工艺规定要求。电热灭菌柜中加热管的分布直接影响腔体内温度分布的均匀程度。更换新的加热管后，需对电热灭菌柜腔体内的热分布情况是否符合要求进行确认；对使用电热灭菌柜的物品灭菌情况进行追踪。

【缺陷二】经检查，某企业质量控制室存在以下情况：①红外分光光度计与原辅料留样柜同室。②天平室内放置卡氏水分测定仪；红外、紫外分光光度计同室。③紫外分光光度计与溶出度测定仪、智能崩解仪同室，紫外分光光度计易受潮湿等其他外界因素的干扰。

分析：仪器设备应在适当的房间及适宜的温湿度等条件下存放。为保证实验室仪器监测结果准确，红外分光光度计、紫外分光光度计、液相色谱仪等精密仪器、大型仪器应根据其原理及特性合理分配房间存放，同时应避免阳光直射，温湿度应适宜，通风良好并有防尘措施。

【缺陷三】经检查，某企业《××车间磁力搅拌罐确认方案和报告》的内容不完整，仅对其搅拌功能、清洗方法进行确认，缺少 DQ、IQ 等相关内容，如对设备采购合同明确的罐体材质等的确认；无确认设备的编号信息，仅说明设备安装位置。

分析：新增设备的确认应进行设计、安装、运行、性能确认，应该包括风险评估中导出的所有确认项目，方能证明新增设备符合预定用途。

GMP

第三章

化学药品各剂型检查要点

第一节　无菌药品

一、无菌药品厂房设施设备通用要求及检查要点

1. 基本要求

（1）厂房与设施

厂房与设施必须进行整体设计，在满足生产、设备和工艺布局要求下，同时考虑房间特定功能，设计合适的气流方向及最佳的人流、物流方向，以便于生产操作、清洁和维护。

（2）人员控制

所有厂房的设计应尽可能避免监督或控制人员不必要的进入，A 级区和 B 级区的设计应尽可能使监督或监控人员从外部可以观察到内部的所有操作。

（3）厂房设施的设计要求

① 洁净区不应有移动门，包括厂房及设备设施的门。

② 吊顶应做密封处理，防止来自上方的污染。

③ 管道、风管以及其他设施的安装应便于清洁，应避免不能密封的敞口和难以清洁的表面；应使用清洁的管道和设备，应避免使用螺纹管。

④ 无菌生产的 A 级区和 B 级区内禁止设置水池和地漏；在其他洁净区内，设备或水池与地漏不应直接相连；安装有水池和地漏的地方，应有适当的设计、定置和维护，以尽量减少微生物污染的风险；应安装有效、便于清洁的捕集装置和空气阻隔装置，防止倒流；所有的地面沟槽都能打开并便于清洁，在与外部地漏相连的地方，应设置适当的措施以避免微生物污染。

⑤ 更衣室设计：更衣室应设计成缓冲室并使更衣的不同阶段分开，以尽可能降低工作服遭受微生物和微粒污染的风险；更衣室应有足够的换气次数；更衣室后段静态的级别应与

其相应洁净区的级别相同，必要时，最好将进入和离开洁净区的更衣室分开设置；一般情况下，洗手设施只能安装在更衣室的第一阶段；在缓冲间或走廊和更衣室之间的级别变化不应超过一个级别，即 D 级走廊可以连接 C 级缓冲间，C 级缓冲间可连接 B 级更衣室，B 级更衣室可连接 B 级洁净区；更衣室应配有镜子，以便于人员在离开更衣室前确认穿戴服装正确。

（4）缓冲室

缓冲室两侧的门不应同时打开；应采用连锁系统或光学或（和）声学的报警系统来防止两侧的门同时打开的情况发生。

（5）洁净区过滤空气及送风要求

① 送风应能确保在任何运行状态下洁净区对周围低级别区保持正压，维持良好的气流方向，并有足够的自净能力。

② 特别要注意对高风险区域的保护，即重点保护产品、已清洁的与产品直接接触的包装材料和器具、产品直接暴露的操作区域。

③ 当因故涉及某些致病性、剧毒性、放射性或者活性病毒或细菌性物料或产品时，系统的送风和压差须做适当调整。

④ 必要时，有些生产操作的设备及该区的排风应做去污染处理。

⑤ 应设送风设备故障报警系统。

（6）针对无菌产品的设计

针对无菌产品，设计时应考虑如下方面。

① 高风险操作（如无菌配制和灌装）区应采取嵌入式的设计，在其外部设置保护区域。

② 人员进入无菌操作区前需按操作规程更衣和洗手，物料和部件则需经过必要的清洁灭菌方可进入无菌操作区域，最大限度地降低外界对无菌环境的影响。

③ 在加热灭菌循环的高温阶段结束后，应采取预防措施防止已灭菌产品或物品在冷却过程中被污染。干热灭菌/除热原隧道烘箱的配置应能保持适当的压差以及气流，从而保证 A 级区的完整性并确保维持加热曲线。在验证和/或日常工作中应考虑的关键工艺参数应包括但不限于：

a. 传送带速度或在灭菌区的滞留时间。

b. 温度，包括最低温度和最高温度。

c. 物料/物品的热穿透。

d. 热分布/均匀性。

e. 由热分布和热穿透研究相关的压差曲线而确定的气流。

（7）气流流型要求

① 应证明各种气流流型无导致污染的风险，例如，应采取适当的措施确保气流不会将操作或设备以及操作人员散发的粒子吹向洁净度要求高的区域。

② 应定期进行气流流型测试。

（8）洁净区日常监测要求

企业应制定洁净区中不同洁净度级别区域环境定期监测的管理文件，基本监测项目应包括温湿度、相对压差、悬浮粒子、微生物、风量/风速、换气次数等，悬浮粒子、微生物（包括沉降菌和浮游菌）等环境监测的布点应该使用风险评估的策略确定，并应制定适当的采样频次。

参照药品 GMP "无菌药品"附录和其他相关指南，如表 3-1 所示，企业可根据需要制定悬浮粒子、沉降菌、浮游菌的可接受标准；新建厂房和车间根据不同洁净度级别，按照标准的 80% 设定警戒限度；待新建车间正常生产运行一年后，可根据整年的洁净区环境监测历史数据，制订各条生产线的警戒限度、行动限度，以评估洁净区域环境控制的效果。

表 3-1 悬浮粒子、沉降菌、浮游菌的监测标准

内容 \ 洁净区域			A 级区	B 级区	C 级区	D 级区	标准依据
悬浮粒子（最大允许数）/（个/m³）	静态	≥0.5μm	3520	3520	352000	3520000	中国 GMP(2010 修订版) 无菌药品附录
		≥5.0μm	20	29	2900	29000	
	动态	≥0.5μm	3520	352000	3520000	不作规定	
		≥5.0μm	20	2900	29000		
沉降菌(φ90mm)/（cfu/4h）	静态		<1	≤1	≤5	≤50	美国 FDA
	动态		<1	≤5	≤50	≤100	中国 GMP(2010 修订版) 无菌药品附录
浮游菌/（cfu/m³）	静态		<1	≤5	≤10	≤100	美国 FDA
	动态		<1	≤10	≤100	≤200	中国 GMP(2010 修订版) 无菌药品附录

不同洁净级别的监测频次和监测点，可根据静态监测、动态监测、污染风险等级等方面予以评估确定。一般遵循的原则可参考以下内容。

① 静态监测频次可根据空调净化系统验证/确认周期确定，按照验证布点图监测。

② 动态监测频次：A、B、C、D 级区关键操作点需要根据产品特点评估确定，动态监测频次可依据对药品污染的风险程度评估确定。

③ 对于 A 级洁净区，基于质量风险管理的原则，企业应在关键生产操作的全过程中，包括设备组装操作，进行在线动态悬浮粒子监测，如存在生产过程对监测结果产生干扰的情况，应进行风险评估确定监测时间；对 A 级关键操作点，每批生产应进行动态沉降菌监测，监测需覆盖每批生产全过程；对 A 级关键操作区域，每批生产过程或结束前应进行动态浮游菌监测。

④ 对于 B 级洁净区，基于质量风险管理的原则，企业可采用与 A 级洁净区相似的监测系统，经风险评估后对关键操作点进行每批生产状态下的在线动态悬浮粒子和沉降菌的监测；灌装/分装区每批生产结束前对关键操作点进行动态浮游菌的监测，其他 B 级区域可每周对关键操作点进行一次动态浮游菌监测。

⑤ 对于 C、D 级洁净区，企业应基于质量风险管理的原则和验证结果制定动态监测频次。

2. 检查要点

（1）生产区

① 观察参观窗设置是否合理，管理或监控人员通过参观窗是否能够看到生产区内部关键的无菌操作过程。

② 无菌关键区域是否有闭路电视监控系统，抽查现场实时或回看录像，操作是否合规。

③ 查看洁净区地漏、水池编号清单，检查在 A、B 级区内是否设置地漏，在其他级别洁净区内，水池或地漏是否进行了适当的设计、布局和维护。

④ 更衣室是否按照气锁方式进行设计，是否使更衣的不同阶段分开，尽可能避免洁净服被微生物和微粒污染。

⑤ 现场测试洁净更衣室气闸间和物料净化通道的缓冲间门的互锁装置，是否能够防止两个门同时打开，测试两个门同时打开时是否有光学或（和）声学的报警提示，如遇紧急情况，是否能够确保互锁能及时消除。

⑥ 无菌控制关键核心区域是否有隔离器技术或限制进入屏障系统（restricted access barrier system，RABS）。

⑦ 检查动态气流流型测试录像，气流流向是否从洁净度要求高的区域流向低级别区域，且无乱流。

⑧ 检查企业是否制定了洁净区环境检测的管理文件，是否定期进行温湿度、相对压差、悬浮粒子和微生物的监测，悬浮粒子等环境监测的布点是否经过了风险评估。

⑨ 检查与洁净度级别相适应的风量/风速、换气次数、温湿度、压差、悬浮粒子和微生物等监测记录，检测结果是否符合要求；悬浮粒子在线监控系统的报警处理是否有相关文件要求，报警设置能否避免污染风险；在线/离线的悬浮粒子、浮游菌采样流量与采样头设置能否满足等动力采样；生产过程中监测是否对产品造成污染。

⑩ 检查关于人员出入洁净区的管理文件，检查相关人员进出培训、授权文件及出入记录。

⑪ 检查设计图纸，看所有平推门是否朝高压区开门。若相反，需出示允许设置的说明文件。

⑫ 检查人流、物流平面布局图，关注更衣的程序及退出的程序，是否符合要求。

⑬ 检查关键区域高效空气过滤器的定期检测、再验证情况，是否进行了高效空气过滤器的完整性测试以及风速的检查。

⑭ 检查生产车间内是否设置了工作服（鞋）的洗涤、消毒和灭菌装置，并根据车间内工作人员数量评估洗涤、消毒和灭菌装置能力是否满足要求。

⑮ 检查物料进入洁净区的相关设施，如传递柜和物料净化通道，根据每天进入洁净区的物料数量，评估物料净化设施是否能满足生产需要。

⑯ 当因故涉及某些致病性、剧毒性、放射性或者活性病毒或细菌性物料或产品时，系统的送风是否采用密闭式、是否经过净化后排放，或使用负压舱。

⑰ 轧盖区域是否单独设置，轧盖区域是否设置了适当的抽风装置。

（2）质量控制区

① 阳性检验区是否为全新风设置，排风是否进行过滤后外排。

② 阳性检验区所用的生物安全柜高效过滤器是否定期更换，是否进行了风速及气流流型、气密性测试并记录。

③ 无菌检验所用的集菌仪是否进行了外观密封性检查及无菌性检查。

④ 无菌检查室的人员进出通道是否分开，若未分开，人员进出时间是否规定合理的时间间隔，避免人员进出造成的交叉污染。

⑤ 生物安全柜的高效过滤器更换时是否有专业人员拆除和处理，运出之前是否进行了密封包装，避免微生物对人员和环境的污染。

⑥ 无菌室和微生物限度室是否不共用更衣室及缓冲间，避免污染无菌室；微生物实验室是否定期做环境监测，是否检测悬浮粒子及沉降菌等，检测结果是否合格；无菌室及层流柜的高效过滤器是否进行检漏试验，是否定期验证。

⑦ 无菌检查室是否按无菌操作区管理，是否在 B 级背景下的局部 A 级超净台或无菌隔离器内进行实验操作，是否不与生物检定、微生物限度检查、污染菌鉴别和阳性对照试验使用同一实验室。

3. 典型缺陷及分析

【缺陷一】某企业洗瓶间绝对压差报警上下限分别为 35Pa 和 20Pa，灌装间绝对压差报警上下限分别为 40Pa 和 30Pa，存在洗瓶间对灌装间倒灌的风险。

分析：洗瓶间是用来清洗无菌注射剂的非无菌内包材的区域，一般为 C 级或 D 级设置，由于洗瓶间与灌装间的绝对压差报警设置存在交叉，且一般洗瓶间与灌装间的空调机组为不同机组，无耦联装置，可能出现洗瓶间绝对压差高于灌装间的可能，从而发生交叉污染风险。企业应依据功能间具体情况设置合理的压差报警区间，以便及时规避风险。

【缺陷二】某企业化验室的无菌检测在 C 级背景下的超净工作台进行，与现行版《中国药典》规定的"无菌检查应在隔离器系统或 B 级背景下的 A 级单向流洁净区域中进行"的要求不符。

分析：质量控制实验室的设施、设备应当与产品性质和生产规模相适应，企业应按《中国药典》要求，在无菌检查室中配备足够保证无菌检测条件的设施设备。

【缺陷三】经检查，某企业生产非最终灭菌无菌产品过程中，对 B 级背景下的 A 级区域进行动态监测的沉降碟仅在监测区域暴露半个小时，动态监测时间未涵盖该区域生产全过程。

分析：企业对 B 级背景下的 A 级区域的动态监测行为不规范，不能准确反映关键生产区域环境的情况，可能存在环境失控给药品带来的质量风险。对 B 级背景下的 A 级区域的关键操作点需每批进行沉降菌的动态监测，监测时间需涵盖每批在该区域生产的全过程。

二、粉针剂检查要点

（一）厂房设施检查要点

1. 基本要求

粉针剂是指采用无菌工艺或冻干技术制成的注射用无菌粉末或块状制剂，其厂房设施基本要求如下。

① 粉针剂厂房设施典型布局如图 3-1 所示，常见的粉针剂厂房设施各洁净度级别区域应包含以下内容。

一般控制区：物料暂存间、物料外清间、灯检及外包装间、成品暂存间；

D 级区：物料气闸间、洗瓶间、胶塞清洗间、D 级原粉暂存间、D 级人流及物流通道、洗衣间、整衣消衣间、消毒液配制间；

C 级区：一更、气闸、轧盖间；

B级区：脱外衣室、二更、B级气闸、B级走廊、工器具暂存间、洁净衣物暂存间、胶塞暂存间、B级原粉暂存间、中控室、分装间；

A级区：灌装区、压塞区、轧盖区。

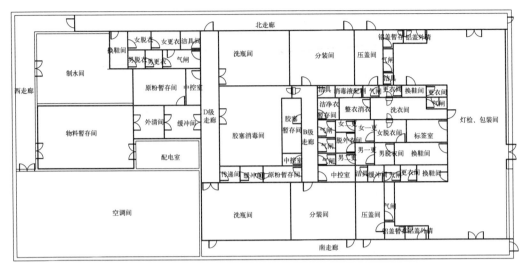

图 3-1　粉针剂厂房设施典型布局图

② 应限制人员进入关键灌装区域，例如，可通过设置一个物理屏障限制操作人员进入A级灌装区域。

2. 检查要点

① 关键核心区域例如 A 级区域，是否采用隔离器技术或 RABS，各隔离技术对比见表 3-2。

表 3-2　隔离技术对比表

项目	open-RABS	close-RABS	隔离器（isolator）
与外界环境密封情况	非密封	密闭	密闭
保护对象	产品	产品和操作者	产品和操作者
气流方向	单向流	单向流	单向流或湍流
内部压力	正压	正压或负压	正压或负压
回风形式	直接房间取排风	自循环	自循环
压力控制	不控制	控制	严格控制
灭菌方式	手动	自动 VHP[①]	自动 VHP
外部环境级别	B级	B级	D级

① 汽化过氧化氢：vaporized hydrogen peroxide，VHP。

② 检查分装形式及控制：检查分装形式，若为螺杆分装形式，对于分装车速的调节操作，企业是否制定分装车速调节操作规程；若为气流分装形式，应检查空气过滤情况及过滤器的管理，如滤芯完整性测试、滤芯更换周期验证情况等。

③ 悬浮粒子动态监测的点位是否涵盖关键区域，如上胶塞区域、空瓶转盘区域等，在线监测至少应覆盖设备装配过程。

④ 轧盖过程会产生大量微粒，检查是否设置了单独的轧盖区域并有适当的抽风装置。不单独设置轧盖区域的，是否能够证明轧盖操作对产品质量没有不利影响。

（二）设备检查要点

设备管理涉及《药品生产质量管理规范》（2010 年修订）正文第七十一条～第一百零一条，"无菌药品"附录第三十六条～第四十二条。

生产粉针剂的主要设备包括：洗瓶机、隧道烘箱、胶塞清洗机、器具清洗机、干热及湿热灭菌柜、分装机、轧盖机、外壁清洗机、悬浮粒子在线监测系统、层流转运车、灯检机、贴标机、装盒机、激光打码机等。按照粉针剂的生产工艺流程，粉针剂的主要设备如图 3-2 所示。

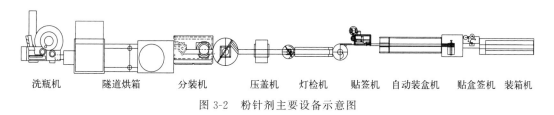

洗瓶机　　隧道烘箱　　分装机　　压盖机　灯检机　贴签机　自动装盒机　贴盒签机　装箱机

图 3-2　粉针剂主要设备示意图

1. 洗瓶机

（1）设备工作原理

洗瓶机一般包括上瓶单元、理瓶单元、超声波清洗单元、吹洗单元、出瓶单元等，如图 3-3 所示，其中吹洗单元包括循环水清洗、注射用水清洗和压缩空气吹干。使用洗瓶机清洗西林瓶的过程为：将西林瓶手动送入输瓶网带→喷淋灌水，外表冲洗→缓慢送入超声波清洗箱→超声波清洗 1min（清除瓶内外黏附较牢固的物质）→螺旋输送机提升部件将西林瓶传送到拨块→西林瓶被拨块传递到提升轮体顶部，交接给机械手→机械手夹持西林瓶经过 6 组喷针（三水三气）进行水气交替喷射清洗→机械手松开，西林瓶放入拨瓶轮→经过三个拨瓶轮送至接瓶板→经过接瓶板，进入相连接的隧道烘箱网带。

（2）检查要点

① 生产线生产不同规格产品时，洗瓶机是否满足不同规格、不同材质的西林瓶清洗要求；洗瓶机清洗效果是否进行了验证，验证是否包含了挑战清洗效果的确认，以证明西林瓶清洗达到规定的质量标准。

② 压缩空气及水的过滤器的管理，如：精度、更换周期和完整性测试等是否符合规定；压缩空气是否经过除菌过滤；压缩空气及注射用水的质量是否定期监测。

③ 循环水、注射用水及压缩空气的压力是否进行控制，设备是否具有压力超限报警停车功能或其他预防控制措施。

④ 超声波发生系统性能是否进行了确认，超声波换能器是否能正常工作；超声波水池和下水箱表面是否无玻璃碴、尘土，内壁是否无污物；超声波清洗用水是否有相应的温控措施，温度是否符合要求；超声波水池和下水箱是否定期排空和清洁；循环水使用过程是否经过过滤器处理。

⑤ 检查输送气体、水等的管道连接，管道及阀门连接是否密封良好，无跑、冒、滴、

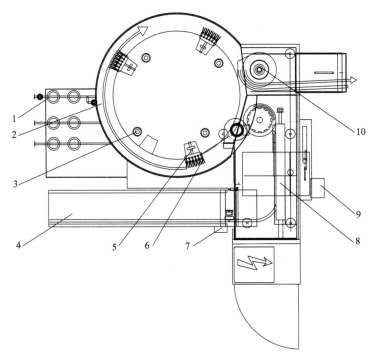

图 3-3　洗瓶机设备示意图

1—过滤器；2—接水槽；3—波纹管；4—进料网带；5—翻转机构；

6—机械手；7—进料网带电机；8—上水箱；9—下水箱；10—出瓶拨盘

漏现象。

2. 隧道烘箱

（1）设备工作原理

隧道烘箱一般分为预热段、高温段和冷却段，如图 3-4 所示。已清洗的西林瓶由网带传送至预热段，经预加热后进入高温段加热，在高温段完成灭菌和除热原后，西林瓶被传送至配有换热器的空气循环冷却系统（即冷却段）进行降温，从而达到干燥、灭菌、冷却的目的。在隧道的出口西林瓶经网带传送至下道工序。

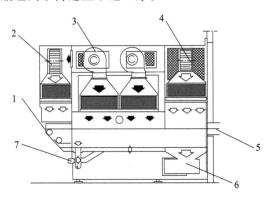

图 3-4　隧道烘箱设备示意图

1—进料网带；2—预热段；3—高温段；4—冷却段；5—出料段；6—排风机；7—抽湿风机

（2）检查要点

① 检查隧道烘箱是否进行了"4Q"验证（不同规格、不同材质的西林瓶是否均在此设备进行灭菌工艺有效性验证）；设备灭菌工艺有效性是否进行周期性再验证，确认时是否进行热分布和热穿透测试；西林瓶在隧道烘箱高温段的最长停留时间是否进行了确认。

② 隧道烘箱内部是否密闭，材质是否耐高温，表面是否易清洁且无脱落物。

③ 各功能段高效过滤器是否规定更换周期并定期进行过滤器完整性测试。

④ 各功能段是否设有压差显示装置，确保各功能段是否与房间保持相对正压，各功能段之间压差是否符合要求，各功能段高效过滤器上下游压差是否符合要求。

⑤ 灭菌温度是否可连续记录，设备是否具有温度过低或超限后的报警停车功能。

⑥ 运行中高温段温度是否相对恒定且始终满足工艺灭菌条件；网带运行是否无跑偏情况。

⑦ 对设备运行过程出现的偏差是否及时调查，是否对异常情况下的西林瓶能否使用有充分的评估和文件规定。

⑧ 生产现场是否放置 SOP，其内容是否涵盖设备运行基本要求及设备停机清洁方法等要求。

3. 胶塞清洗机

（1）设备工作原理

胶塞清洗机的工作程序包括清洗、灭菌、烘干等工序，必要时加入硅化工序，可实现洗涤、高压水喷淋、硅化、烘干一次自动完成，其设备如图 3-5 所示。胶塞清洗机一般采用真空吸料、真空脱泡、汽水沸腾、胶塞悬浮换位滚动等工艺除掉胶塞上的污垢和杂质。真空吸料装置将胶塞吸入清洗桶后，清洗桶慢速转动，胶塞在清洗桶内翻滚搅拌，在慢速翻滚和气冲清洗等多项功能的作用下被清洗干净，然后进行纯蒸汽灭菌处理，最后根据胶塞工艺要求完成抽真空干燥。

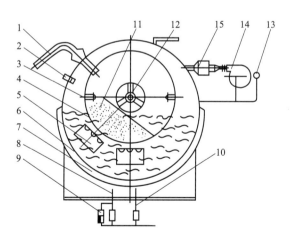

图 3-5　胶塞清洗机设备示意图

1—进料斗；2—温度计接管；3—溢流槽；4—清洗桶；5—气冲管；6—清洗箱；7—夹套；8—排水管；9—疏水阀；
10—溢流管；11—胶塞；12—象鼻出料装置；13—新风口；14—风机；15—电热箱

（2）检查要点

① 确认与验证应包括如下内容：胶塞每次处理的批量；清洗工艺参数和灭菌工艺参数；灭菌时间和温度，真空泄漏率检测等；热分布和热穿透测试（是否包含微生物挑战），并有记录证明灭菌过程的 F_0 值达到相应的标准；清洗灭菌后的胶塞质量确认，如可见异物、不溶性微粒、细菌内毒素、无菌检查等。

② 与胶塞接触的部件材质是否易清洁、无脱落、耐高温；是否配置安全阀等安全附件；下排管路是否配有防倒灌装置。

③ 补气装置的过滤器管理是否符合除菌过滤精度要求，是否规定更换周期。

④ 用于监测或记录的温度探头与用于控制的温度探头是否分别设置，用于控制的温度探头是否设置在温度最低点；灭菌温度、干燥温度是否可自动控制、显示、记录。

⑤ 箱体容量、加料方式和灭菌使用纯蒸汽是否均已确认。

⑥ 设备运行过程出现的偏差是否及时调查，对于异常情况下胶塞的使用是否进行了充分评估。

⑦ 文件中是否规定了灭菌后胶塞存放环境和时限，清洗灭菌后的胶塞如有重复使用的情况，是否有验证数据支持。

4. 器具清洗机

（1）设备工作原理

器具清洗机主要用于灌装器具的洁净清洗，初期采用喷淋清洗的方法，自动完成进水、注射用水循环喷淋清洗、压缩空气喷干和排水等过程，并在清洗过程中，进行循环水、热风和排气测温，实时监控循环水压、干燥热风压力和舱体水位压力，实时监控电导率数值，并打印结果，各步骤均有数据记录，实现清洗机械化和智能化，减少人工操作带来的风险。

（2）检查要点

① 检查外观是否完好，有无严重磨损、断裂、老化变形的现象。

② 清洁后的器具是否符合要求。

③ 器具清洗效果的验证资料是否符合要求。

④ 是否进行了计算机化系统验证，是否按计算机化系统进行管理并有相应的记录。

5. 干热灭菌柜

（1）设备工作原理

将待灭菌的物品清洁干燥后放入箱体内，关闭箱门，手动触摸屏锁紧两门，启动 PLC 程序控制系统，加热系统开始工作，温度迅速上升。新鲜空气经过高效过滤器不断补充，排风管路上备有电动阀，在干燥达到预先设定的时间后对干燥温度进行精细调节，在箱体内形成平衡状态。

经过加热的干空气，在热风机的作用下，产生微压，通过耐高温的高效过滤器进入箱体，在缓冲微调板作用下形成一股均匀分布的空气向箱体内传递，干热空气吸收物品表面的水分，进入加热通道蒸发排出，干空气在热风机作用下，定向循环流动，周而复始，经过程序定时工作，达到灭菌、干燥、除热源的效果。灭菌结束后，停止加热进入冷却阶段，将内室温度降至40℃以下，程序结束。

（2）检查要点

① 设备是否已进行"4Q"验证，并规定周期性再验证。

② 设备外观是否完好，保温层是否无破损，门密封条是否完好、无严重磨损、断裂、老化变形的现象。

③ 计量器具是否完好且在有效期内，探头是否正常。

④ 灭菌过程中的温度、时间和腔室内外的压差记录是否符合要求。

⑤ 所有的装载方式是否均经过验证，生产现场是否悬挂装载图。

⑥ 现场是否标识有干热灭菌柜高效过滤器压差的警戒限和行动限。

6. 湿热灭菌柜

（1）设备工作原理

以纯蒸汽为灭菌介质，将一定压力的饱和蒸汽，直接通入灭菌柜中，对待灭菌物品进行加热，冷凝后的饱和水及过剩的蒸汽从柜体底部排出，灭菌结束后排出柜内的蒸汽，负压干燥，恢复常压，降温出柜。湿热灭菌柜结构特点如下：

① 密封门采用电动升降、气压密封结构，并设有安全联锁装置，同时设有手动开门装置；

② 蒸汽通过调压阀、角座式气动阀进入夹层、内室；抽真空管路是将内室中的空气、蒸汽、冷凝水，经内室下部排汽水口、气动阀、冷凝器，进入真空泵，通过泵出口经单向阀排走；疏水管路分为夹层疏水管路、内室疏水管路，用于排出夹层、内室的冷凝水；慢排管路只适用于液体类物品的灭菌；进空气管路用于消除工作后期内室形成的负压；供水管路分为两路，一路用于冷却从内室排出的蒸汽，一路进入真空泵作为泵的工作介质；压缩空气管路分为两路，一路到先导电磁阀控制各气动阀的开关，一路实现前后门的密封；压力控制管路由压力控制器、压力变送器、铂热电阻、安全阀、压力表等组成；

③ 控制系统依次实现门操作控制、夹层进汽控制、内室进汽控制、内室抽真空、夹层与内室排汽、干燥阶段、程序结束，通过真空泵对内室抽真空、夹层充蒸汽使内室升温、内室通蒸汽灭菌、真空泵抽真空进行内室排汽和干燥，从而完成升温、灭菌、排汽、干燥过程，最终达到灭菌的目的。

（2）检查要点

① 设备是否已进行"4Q"验证，并规定有周期性再验证。

② 灭菌工艺中有抽真空操作的，是否规定布维-狄克（Bowie-Dictest，B-D）实验、气密性实验的测试周期，并有相关记录。

③ 装载方式是否经过验证，验证所确定的不同装载方式，在操作相关文件中是否予以图示规定，生产现场是否悬挂装载图，且实际装载方式与悬挂装载图及验证装载方式是否一致。

④ 验证实施记录中是否包括连续三次成功的空载、负载热分布和负载热穿透测试。

⑤ 设备外观是否完好，设备腔体内壁是否易清洁、无脱落，设备材质是否耐高温，双扉灭菌柜是否有联锁功能。

⑥ 呼吸器滤芯的过滤材质、过滤精度、更换周期及完整性测试要求是否进行规定。

⑦ 温度探头安装位置是否符合验证要求，设备是否能自动记录打印时间、温度曲线。

⑧ 具有自控系统的灭菌设备，是否建立计算机化系统管理规程、数据备份与恢复的操作规程，是否设置登录账号及授权权限。

7. 分装机

（1）设备工作原理

分装机包括灌装单元和压塞单元（图 3-6），一般有气流分装和螺杆分装两种形式。气流分装机通过真空和压缩空气实现吸粉和卸粉，通过调整活塞在装粉头的容积进行装量调整。螺杆分装机通过螺杆旋转实现下粉，通过调整螺杆旋转的步数进行装量调整。

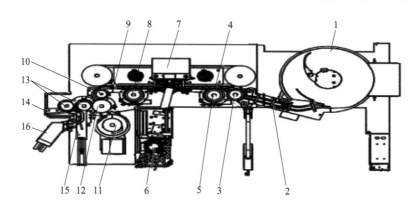

图 3-6　分装机设备示意图

1—转台，容器送入；2—进料传送带，将容器运输至进料轮；3—进料轮，分离容器并将容器运送至主运输系统；

4—主传送带，将容器运送通过机器；5—皮重天平（IPC），确定容器皮重；6—产品供应装置，提供药品粉末灌装；

7—灌装位置，容器灌装；8—毛重天平，确定容器总重；9—培养基灌装工位（可选），使用外部蠕动泵向容器内灌装液体培养基；

10—扇形轮，将容器运输至胶塞支撑轮；11—胶塞供应装置，送入胶塞；12—胶塞支撑轮，将胶塞压入容器；

13—排放轮，将容器运输至出料盘、IPC 盘或废弃料盘；14—出料盘，排出正确加工的容器；

15—IPC 料盘，排出手动 IPC 的容器；16—废弃料盘，排出错误加工的容器

（2）检查要点

① 分装机中与原粉、西林瓶接触的零部件材质是否易清洁，无脱落，是否可反复清洗和灭菌，例如 316L 不锈钢、聚四氟乙烯等。

② 关键区域的气流是否为 A 级单向流模式，部件安装和更换、上粉、上塞操作是否在 A 级层流保护下通过隔离器手套完成。

③ 分装机车速是否进行规定。

④ 如果为气流分装机，卸粉用压缩空气过滤器的过滤精度、材质、更换周期、完整性测试是否符合要求；对压缩空气质量，比如微粒、微生物、油分、露点等项目是否定期监测并符合规定。

⑤ 关键区域是否设置在线悬浮粒子监测装置，粒子超标时是否可报警，监测数据是否能够连续记录。

8. 悬浮粒子在线监测系统

（1）设备工作原理

悬浮粒子在线监测系统使用粒子计数器、浮游菌采样器对悬浮粒子及浮游菌进行监测。

系统中互为备份的两台真空泵通过真空管路与粒子计数器、浮游菌采样器连接，真空泵为粒子计数器、浮游菌采样器提供取样动力。

（2）检查要点

① 监测探头位置是否经过科学合理评估，监测探头位置是否与验证布点区域一致，并处于风险相对较高的操作区域，高度是否尽可能与工作台处于一个水平面。

② 在线监测探头的安装图纸、现场探头安装位置和计算机化系统显示是否一致。

③ 设备参数（如采样流量、数值限度等）设置是否与规定一致，参数实际值与设定值之间的差值是否在可接受范围内，操作规程是否规定报警信息处理的程序，报警信息是否有登记台账。

④ 批生产记录中是否有在线监测数据，批产品放行单中是否对在线监测数据进行了审核，在线监测曲线是否与电子数据一致。

⑤ 远程实时监控及设定报警、数据储存、报告编辑、打印输出等功能是否正常；数据是否按文件规定进行定期备份和恢复检查。

9. 层流转运车

（1）设备工作原理

在特定的空间内，室内空气经预过滤器初滤，由小型离心风机压入静压箱，再经空气高效过滤器二级过滤，从空气高效过滤器出风面吹出的洁净气流具有一定的和均匀的断面风速，可以排除工作区原来的空气，将尘埃颗粒和生物颗粒带走，以形成无菌高洁净的工作环境。设备采用可调风量的风机系统，调节风机的工况，可使洁净工作区中的平均风速保持在额定的范围内。

（2）检查要点

① 是否定期按确认的方式清洁。

② 是否定期对层流车内的环境进行测试并记录，监测指标是否符合相应的级别要求。

③ 是否进行了气流流型测试。

10. 轧盖机

（1）设备工作原理

已盖塞的小瓶经过轧盖机中的进瓶机构、加盖机构、轧盖机构、出瓶机构完成轧盖工序（图3-7）。轧盖机通过切刀在已挂盖小瓶的瓶颈处高速旋转并收紧实现轧盖密封。

（2）检查要点

① 轧盖机层流压差是否符合规定。

② 轧盖区是否设有金属屑捕尘装置及防倒灌装置。

③ 压塞未轧盖的产品是否在 A 级单向流保护下进入轧盖机。

④ 进出瓶拨瓶轮是否完好，是否齿牙无毛刺、裂痕或缺损，拨瓶轮之间是否齿牙对齐、运转同步。

⑤ 分装后轧盖前的半成品，是否有控制胶塞压塞完好性的装置或措施。

⑥ 下盖、挂盖、轧盖区域运行是否正常，卡阻、漏盖、掉盖、松盖、裂盖、褶边盖等是否有超趋势情况，是否有剔除措施。

⑦ 是否定期检查轧盖后产品的密封性，是否有相关检查记录。

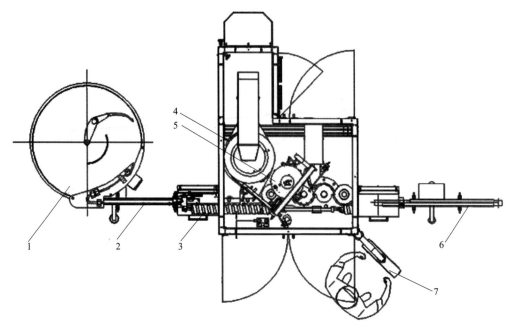

图 3-7 轧盖机设备示意图

1—进瓶转盘；2—进瓶轨道；3—进瓶螺杆；4—振荡器；5—压盖装置；6—出瓶轨道；7—显示屏

⑧ 验证文件中是否对轧盖产生金属屑的收集方式予以描述，生产过程中去除铝屑的抽风装置是否开启。

11. 外壁清洗机

（1）设备工作原理

外壁清洗机主要用于清洗瓶外壁残留的粉末，特别是青霉素类等高致敏产品，需要将瓶外壁残留的粉末清洗掉，以达到防止污染的目的。其设备原理是：进料网带将西林瓶送至星轮，清洗站瓶夹夹持进料星轮上的西林瓶，传送西林瓶至清洗站，依据清洗工艺对瓶子进行清洗和吹干，瓶夹打开，卸载西林瓶至出料星轮，同时进行热空气干燥，西林瓶通过出料网带输送，干燥压缩空气吹扫西林瓶，进行最终干燥，然后出瓶至下游设备。

（2）检查要点

① 检查机器各部件，传动部分、支承部分及紧固件是否无松动或异常。

② 检查各检测仪表是否在效期内且正常使用。

③ 如设备使用计算机化系统控制，检查是否进行权限管理。

④ 检查是否发生倒瓶、碎瓶现象和处理方式。

⑤ 外壁清洗机清洗效果是否进行了确认。

⑥ 检查吹扫过程是否能完全干燥。

12. 贴标机

（1）设备工作原理

瓶子经星型分瓶轮或其他可靠装置分离后，均匀进入贴标机。企业应根据标签长度调整贴标机参数，在测物电眼处设置红外感应，瓶子经过测物电眼处时贴标打印机同时进行打印动作，通过轮附单元卷贴已打印好的标签至瓶子上，然后通过入托机构将瓶子顺利落入瓶托，最后通过夹拖机构顺利输出产品。

（2）检查要点

① 检查印字是否清晰，出标长度是否稳定。

② 如有批号视觉监测剔除系统、漏贴监测剔除系统，检查其运行是否灵敏可靠。

③ 贴标效果是否良好，歪签、皱签、飞签等不合格品是否有控制措施。

④ 入料单元的速度是否与设备运行速度相匹配。

⑤ 采用热转印方式打印批号的，检查打印头是否完好，打印是否清晰，视觉检测系统是否能够正常使用。

13. 装盒机

（1）设备工作原理

装盒机可自动完成说明书的折叠、纸盒打开、板块装盒、用钢印打印批号、封口等工作。装盒机采用变频调速、人机界面 PLC 控制，光电监控各部位动作，若运行中出现异常，其能自动停机并显示原因。装盒机进料一般分为三个入口：说明书入口、药瓶入口和机包盒入口。从机包盒进料到最后包装成型的整个过程大致为：由一个导轨卡位将纸盒固定并用一个推板打开纸盒，同时会有两个可向前移动的卡位从下面升起，它们从前后方向卡住纸盒的侧面，使盒子打开成直角并前移到装填区域。在装填区域填装后，机器的机构会将耳朵折进左右的导轨中，然后再进行合盖动作。合盖前机构会先弯折纸盒的插舌，然后有一推板推动盒盖弯折，使插舌插进盒子中并扣紧锁扣。

（2）检查要点

① 检查输瓶情况，是否输瓶平稳，无卡碰。

② 检查说明书、纸盒吸附和折叠情况，是否吸附、折叠良好，无异常。

③ 检查是否有说明书剔除装置，药盒内无说明书是否可自动剔除。

14. 激光打码机

（1）设备工作原理

采用具有较高能量密度的激光束（集中的能量流）照射在被加工材料表面上，材料表面吸收激光能量，在热斑区域内发生热激发过程，从而使材料表面（或涂层）温度上升，产生变态、熔融、烧灼、蒸发等现象。经过计算机控制连续不断地进行这一过程，预先编排好的字符、图形等标记内容可被永久地灼刻在物体表面。

（2）检查要点

① 检查激光打码机打印的清晰度是否符合要求。

② 检查打印的字形是否工整。

（三）典型缺陷及分析

【缺陷一】检查某企业粉针剂生产线时，其 C＋A 级轧盖间轧盖设备的捕尘装置设置在一般区，捕尘管道未安装止回阀，不能防止停机状态下一般区空气向洁净区倒灌。

分析：轧盖过程会产生大量微粒，轧盖间捕尘装置可收集轧盖时产生的微粒污染物，防止对洁净环境造成污染。捕尘装置设置在一般区但未安装止回阀，停机后存在一般区空气倒灌进入洁净区的风险，会对 C 级轧盖间产生污染。企业应采取必要的防污染措施，防止对产品造成污染的风险。无菌药品生产过程中，生产设备及辅助装置的设计和安装应避免对产品造成污染。

【缺陷二】检查某企业粉针剂生产线洗瓶岗位时，洗瓶机超声波水池和下水箱未按照规定的时限进行清洁，容易造成设备内异物和微生物的累积，有对小瓶产生污染的风险。

分析：洗瓶机超声波水池和下水箱清洁不及时，在清洗过程中会存在玻璃渣掉入瓶中的情况，造成玻璃瓶内引入异物的风险，也会导致微生物累积，对小瓶造成微生物负载的增加。企业对生产过程中使用的设备应按规定进行清洁，防止对产品造成污染的风险。

【缺陷三】检查某企业粉针剂生产线的隧道烘箱验证报告时，报告未显示隧道烘箱热穿透温度探头是否放置在西林瓶内，不能正确指示西林瓶内温度，存在灭菌验证不充分的情况。

分析：企业应对灭菌设备按照要求进行充分的验证，以确保灭菌设备的灭菌效果。在进行隧道烘箱灭菌热穿透验证时，应确保温度探头放置在西林瓶内，以正确指示灭菌热穿透验证时小瓶内的实际温度。

【缺陷四】检查某粉针剂生产企业灯检岗位时，其对灯检剔除的不合格品没有进行分类及记录，也未规定废品率的可接受范围，导致无法对生产过程中产生的废品进行统计和分析。

分析：对于灯检过程中产生的各类不合格品，均应规定废品率的可接受范围。对灯检后的不合格品应按照既定的要求，对不同缺陷类型进行分类并有记录，以便于当某一类不合格品出现增多的异常趋势时（如超出废品率的可接受范围），进行生产原因的调查。

【缺陷五】在检查某粉针剂生产现场时，灌装机部件采用两层呼吸袋包裹，在 B 级环境存放及转运、在 A 级层流下进行组装时，组装人员双手存在接触外层呼吸袋，再接触内层呼吸袋及部件的情况，中间未对手部进行消毒处理，设备装配过程人员无菌操作不规范。

分析：无菌操作应按照要求进行规范操作，防止对产品产生污染的风险。灌装机部件在从 B 级环境传入 A 级层流下时，应褪去一层呼吸袋，且在 A 级层流下进行装配，应通过 RABS 的手套进行操作，不应用手直接接触无菌部件。在进行关键操作前及操作一定时间后，应对手部进行消毒。

三、 冻干粉针剂检查要点

（一）厂房设施检查要点

1. 基本要求

冻干粉针剂是指通过冷冻干燥，将灌装后被干燥的含水物料冷冻到其共晶点以下，待其凝结为固体后，在适当的真空度下逐渐升温，利用水的升华性能使冰直接升华为水蒸气，形成冻干粉末。

冻干粉针剂的特点为：

① 可以克服采用最终灭菌方法生产的无菌液体注射剂的不稳定问题，防止药品在水中降解。

② 工艺过程对组分的破坏程度最小，适用于生产对热处理过程敏感的药品。

③ 用注射用水调配且通过除菌过滤、灌装可以有效地防止外来微粒的混入，定量分装比粉针剂精度高。

④ 制品为多孔结构，质地疏松，较脆，复水性好，复溶迅速完全，便于临床使用。

⑤ 干燥后真空密封或充氮密封，消除了氧气对药品组分的氧化作用，从而改善药物制剂的贮藏稳定性。

冻干粉针剂除满足无菌制剂和基本粉针剂要求外，需要配备药液配制、除菌过滤和相应的辅助设施，并需要严格遵循灌装后的半压塞产品在全 A 级保护下运输到冻干机板层的要求，以免产生无菌污染风险。

从洁净界别设置上，冻干粉针剂的药液配制、预过滤在 C 级洁净区进行，最终除菌过滤、灌装在 B 级背景下的 A 级区域进行。

常见的冻干粉针剂厂房设施的典型布局如图 3-8 所示。

2. 检查要点

① 查看处于未完全密封状态下产品（即压盖前的产品）的操作和转运，如产品灌装、半压塞以及半压塞后产品进冻干箱操作等的洁净度级别是否为 B 级背景下的 A 级。

② 在冻干机进料和出料时是否有保护和防污染措施；如为手工进出箱，更应关注人员操作的规范性。

③ 若多台冻干机共用一套自动进出料装置，程序控制是否能避免混批和交叉污染。

（二）设备检查要点

冻干粉针剂的工艺包括称量、配液、除菌过滤、灌装、入箱、冻干、出箱、轧盖、灯检、包装等工序。该工艺涉及的设备有：称量除尘系统、配液罐、洗瓶机、胶塞清洗机、隧道烘箱、灌装机、冻干机、轧盖机、贴标机、装盒机、湿热灭菌柜、干热灭菌柜、悬浮粒子在线监测系统、层流转运车等。其中，洗瓶机、胶塞清洗机、隧道烘箱、轧盖机、贴标机、装盒机、湿热灭菌柜、干热灭菌柜、悬浮粒子在线监测系统、层流转运车的设备原理和检查要点同粉针剂关键设备。

下文仅介绍配液罐/自动配液系统、灌装机、冻干机、称量除尘系统的设备工作原理和检查要点。

1. 配液罐/自动配液系统

（1）设备工作原理

配液罐是将一种或几种物料按工艺配比进行混配的混合搅拌容器。其工作原理为：利用称重系统，根据品种调节工艺用水温度，当工艺用水温度达到工艺要求时，将工艺用水放入配液罐，开启磁力搅拌，调到产品需要的转速，将称好的原料依次投入配液罐，按照工艺要求进行搅拌溶解。向配液罐中缓缓加入工艺用水，查看称重系统显示值，根据规定关闭搅拌，定重至规定数量。如配液过程需要控制温度时可通过夹套给物料加热或降温。

冻干粉针剂通常使用的工艺用水为纯化水和注射用水，配液过程可包含浓配和稀配两部分。配液过程根据工艺特点涉及各级过滤系统，最终配好的符合工艺要求的药液，通过除菌过滤后被输送至灌装机。

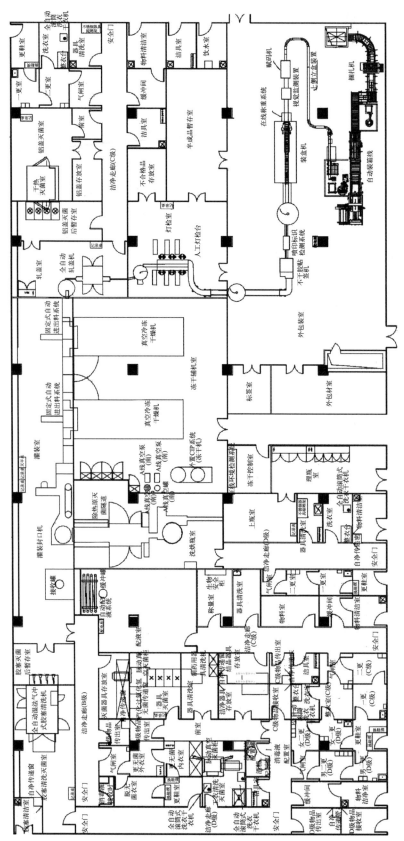

图 3-8　冻干粉针剂厂房设施典型布局图

目前，先进的配液系统能够通过自动控制系统实现自动配液、在线清洁和在线灭菌功能，可通过设置不同级别的权限控制，达到关键工艺参数的设置、配液操作和审核追踪等计算机化系统的管理要求和实现生产操作的可追溯性。该系统采用人机界面预先设计固定产品工艺参数和操作流程，以实现控制药液搅拌、循环、过滤、加热、冷却和药液的除菌过滤、输送等操作要求。

（2）检查要点

① 配液罐/自动配液系统的检查要点

a. 检查配液罐的材质、容量和搅拌形式及厂家资质是否符合要求；

b. 罐内是否干净，无残留水分和流线形红锈痕迹；温度传感器、压力表、在线称重、安全阀等是否在校验效期内；

c. 磁力搅拌是否正常运行；循环泵是否运行正常，无杂音和滴漏；在线称重系统使用和显示是否正常，仪表显示是否正常、准确；

d. 罐体测试的温度仪表、称重设施、pH值在线检测等是否经过校验，工艺过程是否进行相应的记录；

e. 用于过滤药液的过滤器材质和相容性是否通过验证，除菌过滤器是否进行完整性测试；

f. 罐体呼吸器是否定期消毒，定期更换。

② 过滤系统的检查要点

a. 滤芯厂家是否按照供应商进行管理，过滤药液用的滤芯的材质、尺寸、孔径等是否与注册批准的信息一致，如有变更是否进行了评估；

b. 是否制定了滤芯使用操作规程，如安装、系统连接、消毒或灭菌、完整性测试等，完整性测试内容是否包括各类型滤芯完整性测试方法、测试频率以及更换原则，滤芯是否进行编号管理并按品种专用，操作是否进行了记录；

c. 除菌过滤器的性能确认是否符合相关规定，是否进行了微生物截留测试、完整性测试、生物安全测试（毒性测试和细菌内毒素测试）、流速测试、水压测试、多次灭菌测试、可提取物测试、颗粒物释放测试和纤维脱落测试等；

d. 是否进行了除菌过滤工艺验证，验证内容是否包括细菌截留试验、化学兼容性试验、可提取物或浸出物试验、安全性评估和吸附评估等内容。

e. 除菌滤芯是否重复使用，是否规定使用次数，使用次数是否经过除菌过滤工艺验证。

2. 灌装机

（1）设备工作原理

经过灭菌干燥的西林瓶经过理瓶盘和进瓶网带输送至进瓶拨轮处，进瓶拨轮再将瓶子输送至同步齿形带中，瓶子在同步齿形带的作用下做直线传输运动，并完成定量灌装工序，同时灌针做往复跟踪运动进行灌装，灌装完药液的西林瓶直接转至回转压塞拨轮中，完成半压塞工序，灌装加塞完成后再由出瓶拨轮推至接瓶盘中或进入输瓶轨道中，从而完成整个灌装加塞过程。灌装机设备如图3-9所示。

（2）检查要点

① 灌装陶瓷泵和输送管路是否安装到位，陶瓷泵是否对号安装；分液器连接、安装是

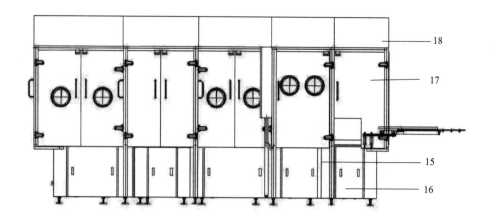

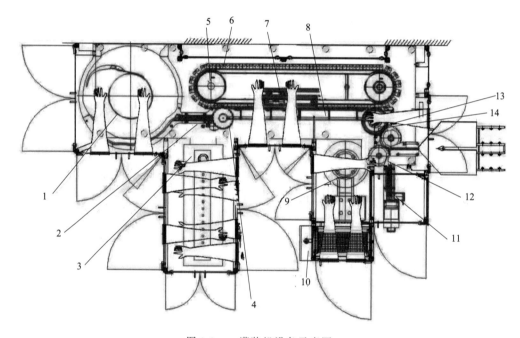

图 3-9 ；灌装机设备示意图

1—理瓶盘部件；2—进瓶网带组；3—灌装组；4—进瓶拨轮组；5—传动组；6—主带组；7—跟踪升降组；8—主带栏栅组；

9—理塞部件；10—电器操作箱；11—取样踢废组；12—出瓶拨轮组；13—加塞组；14—上塞控制部件；15—机架组；

16—门罩组；17—机罩组；18—百级层流罩

否到位；灌装针管是否安装到位，检查灌装针头是否完好、无变形破损等；胶管和针管中空气是否排净，胶管中有无气泡；层流压差是否在合格范围内。

② 运行中检查灌装装量是否在范围内，西林瓶外壁有无残液；药液回吸是否正常，针管提升时是否滴液；送瓶时是否平稳无炸瓶；压塞时有无掉塞现象。

③ SOP 中是否规定灌装装量异常时的处理程序，是否规定异常登记相关记录或按照偏差处理的要求；是否规定装量的测试方法及测试频率，现场测试操作是否与文件规定一致。

④ 文件是否对在线监测进行规定，浮游菌、悬浮粒子、沉降菌的采集位置是否应用风险评估确定的代表性取样点。

3. 冻干机

（1）设备工作原理

冻干机是利用升华的原理进行干燥的一种设备。其工作原理为：将被干燥的物质在低温下快速冻结，然后在适当的真空环境下，使冻结的水分子直接升华成为水蒸气，水蒸气溢出，从而实现干燥，冷冻干燥得到的产物称作冻干物，该过程称作冻干。物质在干燥前初始处于低温（冻结状态），冰晶均匀分布于物质中，升华过程中不会脱水而产生浓缩现象，避免了由水蒸气产生泡沫、氧化等副作用。干燥后的物质呈干海绵多孔状，体积基本不变，极易溶于水而恢复原状，在最大程度上防止了干燥物质的理化和生物学方面的变性。

冻干机包括冷冻系统、真空系统、循环系统、液压系统、SIP/CIP 系统、气动系统、电器控制系统、箱体等部分，如图 3-10 所示。

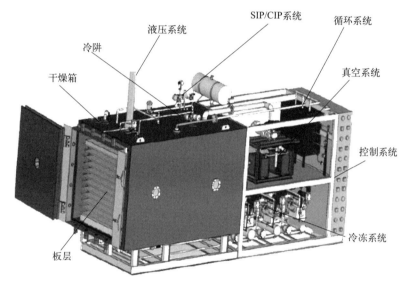

图 3-10　冻干机主体设备示意图

（2）检查要点

① 设备安装时是否对管道安装和冻干机内隔板平整度进行测试，安装/运行确认中是否进行前后箱排水能力测试，是否对前箱喷淋效果进行挑战测试；冻干机的温度控制系统是否经过验证，热媒和冷媒的换热能力是否能达到生产工艺的温度要求；是否定期对冻干机板层的温度均一性进行验证；冻干机性能确认时是否验证不同隔板板层粉体的质量均一性，验证点位是否合理；是否对冻干机的最大装载量进行确认；最大装载量的液体体积是否超过冻干机的最大捕水量；冻干机的冷冻、干燥过程是否经过验证，冻干机运行曲线是否与设计工艺曲线相符。

② 冻干机上的管路是否使用 0.22μm 除菌级别的疏水性呼吸器，文件是否对呼吸器的完整性测试及更换等作出规定，是否按规定进行管理。

③ 冻干机的关键参数（如：冻干温度、升华速率等）是否能满足生产需求。

④ 冻干机清洁验证是否包含难清洁部位（如：板层的不同位置、冻干机门等）的取样。

⑤ 文件是否规定 SIP 和 CIP 测试方法和周期，实际生产中是否按照文件执行。

⑥ 灌装后的产品和冻干完毕的产品，进出冻干机是否完全在 A 级保护下进行。

4. 称量除尘系统

（1）设备工作原理

新风经过初效、中效、高效以及均流膜后送风，确保气流均流于操作区域，产生一个局部洁净环境，称量区域内的压力相对称量区域外部的压力呈负压，在该设备中进行称量，可以控制粉尘外溢，避免称量过程中物料交叉污染。

（2）检查要点

① 称量除尘系统是否设在洁净区内，其与背景环境是否呈相对负压状态。

② 称量除尘系统的均流膜是否定期清洁、无堵塞、无破损。

③ 是否规定压差/风速控制范围，并在现场制作醒目标识，使用前后是否均对压差/风速是否在标准范围内进行确认。

（三）典型缺陷及分析

【缺陷一】

检查发现某企业用产生烟雾量很少的发烟笔对灌装间内灌装机与冻干机之间的 A 级区的气流进行测试，其单向流测试数据不充分。

分析：无菌产品生产操作环境应当达到适当的动态洁净度标准，单向流系统在其工作区域必须均匀送风，企业应当有数据证明单向流状态并经过验证。发烟笔烟雾量不够，不能清晰观察到 A 级层流的单向流状态。企业应当进行合理的烟雾试验方案，有充足的数据证明所用气流方式具有代表性，且采用的气流方式不会导致污染。

【缺陷二】检查发现某企业冻干制剂等无菌制剂生产车间，未能按照产品生产的工艺要求，配置双回路电源或自备供电装置，如遇突发停电，产品生产过程的质量缺少有效保障。

分析：冻干制剂等无菌制剂生产车间，具有连续不间断生产和限时完成灌装等生产工艺特点，要求相关产品的生产必须连续供电。冻干产品的冻干过程、无菌工艺产品限时灌装过程中，如遇突发断电，又不能及时恢复供电的情况，极易造成产品生产失败；或因恢复供电时间较长，超出验证时限，使产品质量风险不可控。

【缺陷三】检查发现某企业某车间《空调净化系统性能确认方案》中，未评估 A 级区浮游菌采样点的位置。

分析：A 级区的浮游菌采样点，应依据评估结果确定。A 级区的浮游菌采样点应包含产品暴露风险最大的位置点，从而有效监控洁净区的环境，遗漏任一监控点均有可能造成产品污染的风险。

【缺陷四】检查发现某企业更换了 73 个高效过滤器后，验证文件中缺少高效完整性测试内容。

分析：高效过滤器的更换对空调净化系统运行时的压差会产生一定的影响，因此要对空调净化系统的高效过滤器完整性测试进行确认。

【缺陷五】检查发现某企业灌装机故障停机后，操作人员打开层流门维修后进行自净，自净时间未达到操作 SOP 规定。

分析：不同级别的洁净区门开启后，应进行足够时间的自净。灌装设备属于 B＋A 级的无菌保障风险核心区域，自净时间不够，导致被污染的空气无法完全被置换，直接影响冻干产品无菌保障。

【缺陷六】 某企业冷干机参数控制系统未进行权限设置，进入机房人员均可随意更改系统参数。

分析：设备参数设置应受控管理，仅有权限的人员才允许对参数进行设置。冻干粉针剂需要冷干机按照预先验证确定的参数，平稳运行才能保证产品质量；参数没有受控管理，操作人员有意或无意出现参数更改，将直接影响产品质量。

【缺陷七】 称量除尘系统的初、中、高效过滤袋未按规定进行清洗或更换，阻力值超出更换标准规定的范围，导致风量不合格；称量除尘操作区域放置物品位置不合理。

分析：称量除尘系统的各级过滤器不按照规定的要求进行更换，超负荷使用，导致风量不合格，会导致称量罩内洁净度不符合要求，在进行物料称量时，有对物料造成污染的风险；人员在称量罩内进行物料称量时，不应破坏气流流型，如站在物料的上风侧，有污染物料的风险。

四、小容量注射剂检查要点

（一）厂房设施检查要点

1. 基本要求

小容量注射剂分为最终灭菌工艺和非最终灭菌工艺两种，其工艺根本区别是无菌性控制过程或内容不同，两种工艺厂房设施典型布局如图3-11和图3-12所示。最终灭菌产品一般在完成内包装工艺生产过程后，最终采取一个可靠的灭菌措施；非最终灭菌产品一般在内包装工艺生产全过程始终采用无菌控制措施。

一般情况下，最终灭菌产品的料液配制、预过滤和最终除菌过滤在C级洁净区进行，灌装在C级背景下的A级区域进行；非最终灭菌产品的料液配制、预过滤在C级洁净区进行，最终除菌过滤、灌装在B级背景下的A级区域进行。

最终灭菌产品灌装结束后应尽快进行最终灭菌处理，并对时限进行控制。一般采用双扉水浴式灭菌柜进行灭菌处理，灭菌设备属于关键设备，企业应每年进行设备验证，确认设备冷点，确保设备灭菌效果符合要求。灭菌探头应放置在柜内冷点。在厂房设计时，灭菌柜的入口和出口应在不同的房间内，灭菌结束后只有出口的门能打开，灭菌前、灭菌后产品应严格隔离存放。

根据产品特点，部分非最终灭菌产品在灌装结束后应进行辅助热处理。

2. 检查要点

生产区检查最终灭菌产品时，应关注灭菌前后隔离措施是否到位，有无灭菌前后产品混淆风险。

（二）设备检查要点

小容量注射剂的工艺包括称量、配液、灌装、灭菌、灯检、包装等工序。所涉及的设备有：称量除尘系统、配液罐/自动配液罐、储液罐、洗瓶机、隧道烘箱、灌封线、悬浮粒子在线监测系统、水浴灭菌柜、湿热灭菌柜、过氧化氢传递舱/过氧化氢灭菌系统、自动灯检

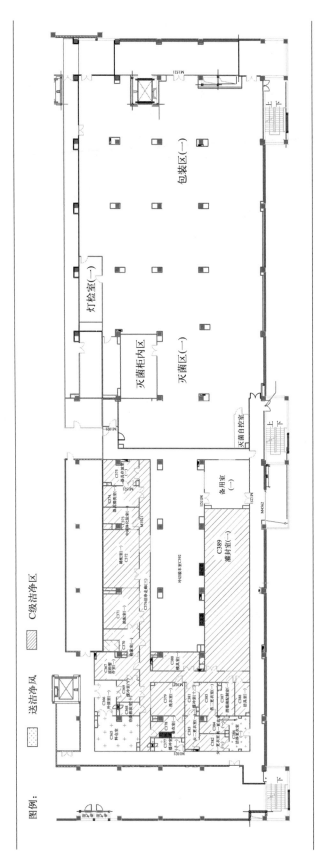

图 3-11　小容量注射剂（最终灭菌）厂房设施典型布局图

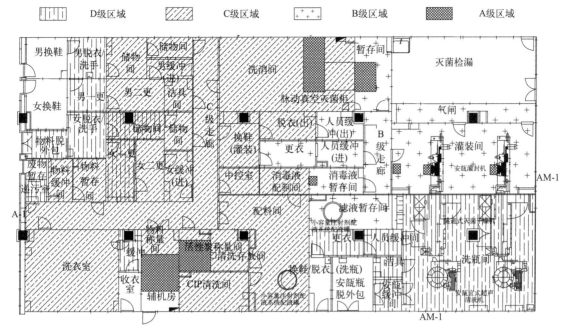

图 3-12　小容量注射剂（非最终灭菌）厂房设施典型布局图

机、分托印字机、贴标机、装盒机等。其中，洗瓶机、隧道烘箱、湿热灭菌柜、悬浮粒子在线监测系统、贴标机、装盒机的设备原理和检查要点同粉针剂关键设备；称量除尘系统、配液罐/自动配液系统的设备原理和检查要点同冻干粉针剂关键设备。

下文仅介绍储液罐、灌封线、水浴灭菌柜、过氧化氢传递舱/过氧化氢灭菌系统、分托印字机、自动灯检机的设备检查要点。

1. 储液罐

（1）设备工作原理

储液罐用于储存配制好的药液；罐体一般分为立式或卧式、单层或双层结构，罐体常规开设进水口、回流口、SIP、CIP、人孔并安装适当孔径的空气呼吸器等，可根据工艺需求配置在线称重系统。储液罐设备如图 3-13 所示。

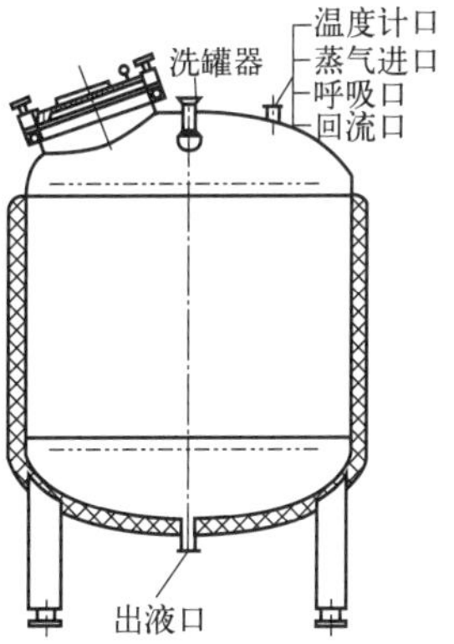

（2）检查要点

查看相应的记录确认是否在配液过程中对罐体的重量进行检查和确认。

2. 灌封线（以需充惰性气体工艺为例）

（1）设备工作原理

灌封线具有连续进出瓶、周期性间歇传递、静止灌装的特点。来自隧道烘箱的安瓿通过连接板进入进瓶传送带，并向前运动至进瓶螺杆，经过弧面螺杆将安瓿整理成有序的分离状态，并将安瓿逐个向右推送至弧面螺杆，连续将安瓿递交给前行走梁部件，前行走梁部件将安瓿从连续运动方式转变为间歇运动方式。中间行走梁部件将安瓿按步进方式送至下一工位。靠瓶部件用于在各静止工位定位。

图 3-13　储液罐设备示意图

五个间歇工位依次为：前充气工位；灌装工位；后充气工位；预热工位；拉丝封口工位。

前充气工位充洁净的压缩空气；在灌装工位，玻璃柱塞泵通过灌针将药液注入安瓿；后充气工位充惰性气体；在预热工位，安瓿被火头吹出的液化气与氧气的混合燃烧气体加热，同时在滚轮的作用下产生自旋运动；在拉丝封口工位，安瓿顶部进一步受热软化被拉丝钳拉丝封口，封好口后的安瓿经出瓶螺杆被推入接瓶盘中。最后安瓿由与接瓶盘连接在一起的小传送带送至缓冲间，由缓冲间通过网带送至一般区。生产过程中由光纤电眼负责安瓿的空缺检测。每台设备层流下配备一台不锈钢储液罐，罐体有在线称重控制功能，并配夹管阀，实现自动供液（根据重量控制阀门开关）。

（2）检查要点

① 除前述灌装机要求外，检查现场配备的液化气连接管道是否无不易清洁部位；进入核心灌装区域的液化气管道是否有挡板等设施，喷嘴是否易于调整等。

② 检查灌装前盛放药液的小缓冲罐，药液进出口是否均在 A 级层流下并能通过手套孔安装，是否无暴露 B 级区域内的风险。

3. 水浴灭菌柜

水浴灭菌柜主要用于最终灭菌的小容量注射剂灌装后产品的灭菌、检漏和清洗处理。

（1）设备工作原理

水浴灭菌柜主要由主体、密封门、管路系统、控制系统、灭菌车和搬运车等组成。

水浴灭菌柜工作原理：采用湿热杀菌的原理，利用计算机控制系统将灭菌柜内的纯化水或专用检漏用水，经换热器循环换热加热到灭菌温度，并维持一定的时间、温度和压力；通过安装在腔室内部的喷淋装置喷淋产品，当热水与被灭菌物接触时，利用热传导原理使微生物的蛋白质变性死亡，以达到灭菌效果；灭菌结束后，再通过循环泵将腔室内的纯化水或检漏用水经换热器循环换热降温，对腔室内产品进行降温冷却以达到出柜温度。设备在灭菌及加热降温过程中对腔室输入压缩空气来确保产品不变形。灭菌柜主要机件采用不锈钢制造，表面抛光处理，内置温度探头和水位监测系统，灭菌腔室由安全阀进行过压保护，门封采用硅化物密封。灭菌程序采用计算机控制，可预先设置不同产品灭菌工艺参数，灭菌过程可实现 F_0 值自动控制，实时监控和记录温度、压力和 F_0 值。灭菌过程结束后，通过对灭菌室抽真空后充入色水的方式对瓶子进行检漏，可保证废品检出率。最后对瓶子进行清洗处理。

水浴灭菌柜设备原理如图 3-14 所示。

（2）检查要点

① 验证文件中是否有连续三次成功的空载、负载热分布和负载热穿透测试记录。

② 是否明确规定装载物品和装载方式。

③ 是否有标准操作规程规定检漏参数，如真空压力、检漏压力、时间等。

④ 熔封的小容量注射剂（如玻璃安瓿或塑料安瓿等）是否 100%进行密封性检测（即检漏）；其他包装的小容量注射剂（如西林瓶等）的密封性是否有标准操作规程规定抽样检查。

⑤ 采用色水法检漏时是否有相关的文件规定。

⑥ 设备外观是否良好，保温层有无破损，门密封条有无磨损、断裂、老化变形；生产现场有无悬挂装载图。

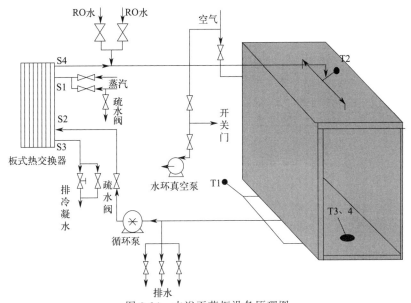

图 3-14　水浴灭菌柜设备原理图

⑦ 柜内移动温度探头安装位置是否与验证确认的位置一致。

⑧ 最终灭菌生产线是否定期对检漏、灭菌效果等进行再验证；是否确定设备冷点位置，产品无菌取样是否涵盖冷点位置样品。

⑨ 检查灭菌检漏柜系统：分级是否设有灭菌程序的用户权限，系统时间是否锁定。

4. 过氧化氢传递舱/过氧化氢灭菌系统

（1）设备工作原理

经闪蒸作用后产生的高温（60～80℃）过氧化氢蒸气接触较冷的被灭菌物品表面后转变为冷凝状态，在各种微生物等表面形成微米级的包围层，从而达到灭菌效果。灭菌过程会经历四个阶段：准备阶段、汽化阶段、维持阶段和通风阶段。过氧化氢传递舱/过氧化氢灭菌系统设备如图 3-15 所示。

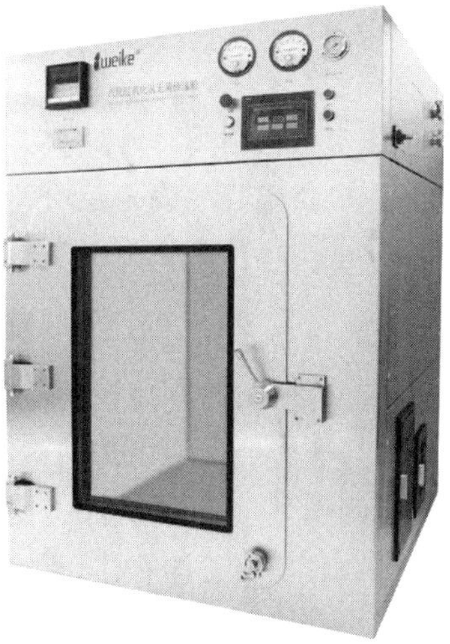

（2）检查要点

① 检查设备参数设置是否与 SOP 中的规定一致，参数（如喷射率、压力、温度、通风时间等）的实际值与设置值对比是否在合格范围内并与验证数据一致。

② 设备使用过氧化氢浓度和重量（如使用的过氧化氢溶液浓度、重量等）是否通过验证确定并执行。

③ 是否记录 VHP 的起始和结束浓度及时间。

图 3-15　过氧化氢传递舱/过氧化氢灭菌系统设备示意图

5. 分托印字机

（1）设备原理

分托印字机主要由分托系统、烘干系统、印字机构、入托机构、输送系统、人机界面及电控箱等组成，其设备如图 3-16 所示。分托系统采用真空吸托方式，可快速稳定分托；位于网带下方的风机及辅助加热装置，形成热风，对即将印字的药瓶进行烘干；印字采用多胶辊传墨及匀墨，印字清晰、均匀；花盘落下的药瓶可直接进入下方输送带上的盒托瓶槽内，被输送至下一工序。

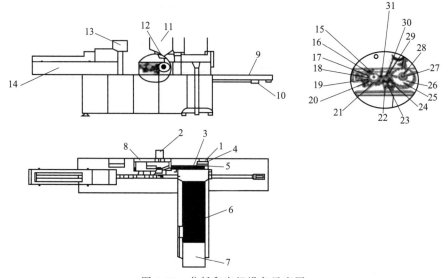

图 3-16　分托印字机设备示意图

1—伺服电机；2—110 步进电机；3—螺旋滚；4、5—链轮；6—不锈钢网带；7—网带料斗；
8—15W120r/min 电机；9—塑料直线链板；10—86 步进电机；11—料斗；12—拨轮；13—触摸屏；
14—分托机头；15—滚墨轮；16—小摆臂；17—墨盒轮；18—墨盒；19—调墨轴；
20—调墨轮；21—印字胶轮；22—大摆臂；23—印字齿轮；24—字版轮；25—规格盘；
26—印字胶轮；27—隔垫；28—一轴；29—印字轴；30—二轴；31—三轴

（2）检查要点

① 检查树脂版字迹是否清晰完整，内容是否准确。

② 检查墨辊涂墨是否均匀，印字墨迹是否一致。

6. 自动灯检机

（1）设备工作原理

自动灯检机是利用视觉检测出混杂在产品中的可见异物，设备包括机架、进瓶装置、中心检测区、分瓶装置、传动系统和伺服系统。当被检测物体被送到输送带后，被检测物体由输送带输送到进瓶拨瓶轮，由进瓶拨瓶轮输送到转盘检验区相应旋瓶座上后，相应的压头经过顶部凸轮把被检测物体压住，使得压头、被检测物体和旋瓶座成一直线；被检测物体及相应的压头和旋瓶座随转盘转动，当到达旋瓶位置时，旋瓶电机高速旋转被检测物体相应的旋瓶座，使得被检测物体高速旋转；进入光电检测前，通过刹车制动被检测物体相应的旋瓶轴，使得被检测物体停止旋转，而瓶内的固体/液体仍在旋转。此时被检测物体进入光电检测区，此时光源一直照射到被检测物体上，工业相机对被检测物体高速拍照，如果被检测物体内液体有杂质，经过比较多帧图像即可判定。

（2）检查要点

① 设备是否已经进行"4Q"验证，并规定有再验证周期。

② 是否规定灯检不同产品时灯检的机速、辨识参数等，参数范围是否与对应产品验证

范围一致；是否规定定期挑战测试流程和不合格样品的制备、保存方式等内容。

③ 是否规定不合格品检出比例范围，出现异常异物或废品比例超过正常范围时，是否规定进行调查的流程并按照流程进行了调查。

④ 是否规定不合格品保存和处理的流程，不合格品保存和销毁的方式是否与文件规定一致且有记录。

（三）典型缺陷及分析

【缺陷一】 检查某企业小容量注射剂厂房，发现灌装间（洁净度级别 B+A）内的层流罩和 RABS 的高效压差监控以打钩方式确认，未记录具体压差值。

分析：洁净区灌装间的层流罩和 RABS 的高效压差监控未记录具体数值，无法追踪其压差是否始终处于验证确定的范围，对洁净区控制带来一定的风险。

【缺陷二】 检查发现某企业厂房设施维护保养不到位，如洗衣间地面出现裂缝、浓配间顶部彩钢板及高效送风罩锈蚀、浓配罐的视窗灯损坏、稀配罐上方的注射水管道阀门漏水、稀配间的房顶有锈斑等，无法保证生产过程免受污染的风险。

分析：对厂房进行适当维护，是保证生产环境整洁，保证生产过程免受污染的重要措施，厂房设施破损易对药品质量产生影响。企业应对厂房进行适当维护，保证整洁的生产环境，避免厂房、设施设备破损对药品生产造成污染。

【缺陷三】 检查发现某企业将灭菌后室用作已灯检及待灯检产品的暂存间，但该暂存间与灭菌前室之间的门未采取受控管理措施，并且非灯检岗位人员可出入暂存间，不能有效防止灭菌前产品进入灭菌后室。

分析：灭菌前后隔离措施应到位，避免灭菌前后产品混淆风险。灭菌后室应通过采取物理防控措施（如加锁管理）或电子防控措施，防止非授权人员的进入，以防止灭菌前产品进入灭菌后室的风险。

【缺陷四】 检查发现某企业灭菌前室内的脉动真空灭菌柜（编号：XXX）未标示经验证的装载方式示意图，现场提供的《YG-0.6 型脉动真空灭菌柜使用标准操作规程》（编号：XXX）也未明确规定装载方式。

分析：药品 GMP"无菌药品"附录第六十六条规定，应当通过验证确认灭菌设备腔室内待灭菌产品和物品的装载方式。灭菌设备腔室内待灭菌产品和物品的装载方式，应在文件中进行规定，以便指导员工操作。被检查企业未在文件和现场示意图中规定装载方式，存在员工随意装载进行灭菌的可能，造成灭菌装载方式与验证的装载方式不一致，存在灭菌不彻底的风险。

【缺陷五】 检查发现某企业生产线灭菌控制室内使用的计算机未设置管理权限，时钟未锁定。

分析：计算机化管理系统中应规定只有经许可的人员才能进入和使用系统，企业应当采取适当的方式杜绝未经许可的人员进入和使用系统。因灭菌曲线显示的时间与计算机同步，如时钟未锁定，时间修改，灭菌曲线显示的时间不能真实再现实际灭菌时间。

五、大容量注射剂检查要点

大容量注射剂是指装量在 50mL 以上，经静脉直接输入人体内部的注射液。生产过程主要包括原辅料的称量、浓配、稀配、灌封、灭菌、灯检和包装等工序。目前产品的包装主要有玻璃输液瓶、聚丙烯输液瓶、直立式聚丙烯输液袋和多层共挤膜输液袋四种形式。与其他无菌剂型相比，大容量注射剂有如下特点：产品体积较大，物料及包装材料批量大；厂房面积大，维持厂房洁净度的难度大、成本高；生产设备体积大且固定，需要在线清洁、消毒和灭菌，工艺管路连接复杂；降低微生物、内毒素和微粒污染的技术复杂性较高。

（一）厂房设施检查要点

1. 基本要求

（1）生产区

鉴于大容量注射剂的特性，其厂房通常面积较大，层高较高，企业应根据生产工艺进行一般生产区和洁净生产区的总体设计，根据工艺流程和物料流向进行合理的工艺布局，设置与生产相适应的洁净度级别及气流流向。在避免污染与交叉污染，防止混淆和差错的前提下，实现人流和物流的合理流动，同时厂房设施应便于生产操作、清洁和维护。大容量注射剂所需原辅包材料批量较大，企业应考虑设置空间较大的物料暂存间。因物料称量到投料多采用洁净容器转运，暂存间应与称量或使用房间相邻，尽量缩短物料运输距离。由于大容量注射剂生产设备的自动化程度不断提升，物料进入配料罐后多采用气动/真空方式在密封管路系统进行物料转运，从浓配、稀配至灌装结束均为密闭生产，从灭菌、灯检到包装入库均可实现自动化转运。

大容量注射剂生产工艺通常为原辅料的称量、浓配、稀配、除菌过滤、灌封、灭菌、灯检和包装。在无生物制品等特殊性质产品时，一个生产车间内可设置多条生产线。为便于管理，可将浓配和稀配分单元集中设置，不同生产线的灌装、灭菌、灯检和包装区域应分开设置，避免产品混淆。各生产功能区应尽可能靠近与其相联系的生产区域，呈线型分布，以实现输送管路和轨道布置最优化。

下面针对四种包装形式的大容量注射剂的生产区要求进行举例介绍。

① 玻璃输液瓶包装大容量注射剂

玻璃输液瓶包装大容量注射剂的生产流程如图 3-17 所示，其生产区域主要包括以下几个分区。

a. 称量区域

称量区域洁净度级别一般设置为 D 级或 C 级，原则上应与配制区的洁净度级别相同，通常与物料暂存室相邻，靠近生产使用区域。称量室应有足够大的面积，以满足待称重原辅料和已称重原辅料分品种存放。称量区域的设计要点在于称量单元系统。称量单元系统是一种局部净化设备，采用不锈钢板作为壁板，具有吸顶式照明灯，空气净化系统提供垂直单向气流，部分洁净空气在工作区经高效过滤器循环，使工作区产生相对负压。称量单元系统可以使称量工作区达到静态 A 级的高洁净度环境要求，在此设备中进行物料称量，可以控制有可能产生的物料飞扬，保护物料、称量区域外洁净环境及操作人员的安全。更换称量品种时应进行清场和必要的清洁，并定期对操作环境、称重设备和捕尘装置等进行彻底的清洁。

b. 配制区域

配制区域通常包含浓配和稀配两个区域，浓配室可为 D 级或 C 级洁净区，稀配室应为 C 级洁净区。配料方式通常有两种。一种为集中配液方式，此方式适用于基础大容量注射剂

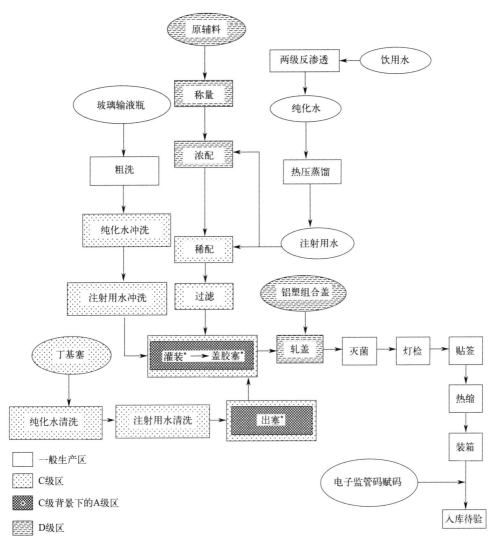

图 3-17　玻璃输液瓶包装大容量注射剂生产工艺流程图

的配制，如各种规格的氯化钠注射液、葡萄糖注射液和葡萄糖氯化钠注射液等，通常浓配罐设置在 D 级洁净区，稀配罐的罐体可设置在非洁净区，只将离心泵、过滤器、隔膜阀等操作部件设置在 C 级洁净区，集中配液模式采用自动化称量配料，所有操作均由计算机化系统完成。另一种为传统配液方式，传统配液方式按其配制设备不同又分为两种方式，第一种是从配液罐顶部的人孔进行人工投料，此方式应设置与配液罐高度、人孔距离相适应的操作平台，以便操作；第二种是采用溶解罐的方式进行人工投料，因溶解罐比较矮，投料口较大，方便工人人工投料，能够减轻工人的劳动强度。

因大容量注射剂配液所需注射用水的水量较大，配制区域一般靠近制水站或注射用水储罐，生产所需注射用水、纯蒸汽、压缩空气及药液均采用密闭管路输送，企业应合理规划设备、管路的安装位置，尽量缩短管路，无死角盲管，并易于清洁、消毒和维护保养。

c. 灌封区域

玻璃输液瓶包装大容量注射剂生产过程中的上瓶、粗洗、精洗、胶塞清洗、胶塞接收、灌装和轧盖操作均应在灌封区域进行，各操作应设置独立房间，并根据操作流程合理布局，两个连续操作的房间应相邻，上瓶、胶塞清洗、轧盖室宜靠近所需的包材暂存室。上瓶和粗洗室为一般生产区，精洗、胶塞清洗、胶塞接收和灌装室应为 C 级洁净区，粗洗室和精洗室之间应设置缓冲间，轧盖为 D 级洁净区，应与灌装室相邻并保持相对负压，避免污染洁净环境。精洗后的玻璃输液瓶和清洗后的胶塞与药液直接接触，为防止暴露容器及药液，应在精洗机、胶塞接收区、灌装机顶部安装 A 级垂直送风层流保护，保证工作区域为正压，此区域按照 C 级背景下的局部 A 级要求进行环境监测。

d. 灭菌区域

灭菌区域设置在一般生产区。目前大容量注射剂普遍采用水浴灭菌柜，灭菌柜体积较大，支持穿墙设计，灭菌前后区域应采用物理隔离，并进行明确标识。大部分大容量注射剂生产厂家采用自动化装载和卸载装置，将全部产品通过灭菌车在灭菌轨道上单向传送，以避免未灭菌产品和已灭菌产品的混淆。

e. 灯检区域

灯检区域设置在一般生产区。灭菌后的半成品吹干/烘干后通过轨道被输送至灯检区，对产品可见异物、是否漏液、瓶外观及封盖的严密性进行检查。玻璃输液瓶可采用灯检机进行灯检，灯检机使用前必须经过设备验证（Knapp 测试），保证灯检效率优于人工灯检。此区域宜设置不合格品暂存室，用于集中存放灯检发现的不合格产品，避免与合格产品混淆。

f. 包装区域

包装区域设置在一般生产区。灯检合格产品经贴标签、热缩或套袋（聚丙烯输液瓶/直立式聚丙烯输液袋/多层共挤膜输液袋）和装箱后成为成品。包装区域设计最重要的是做好隔离与清场，防止不同生产线和不同批次待包装产品的混淆。

② 聚丙烯输液瓶/直立式聚丙烯输液袋包装大容量注射剂

此类产品包装所需的聚丙烯输液瓶/直立式聚丙烯输液袋均由注射剂生产厂家自行生产，目前制备聚丙烯输液瓶/直立式聚丙烯输液袋有三种方式：a. 采用吹灌封三合一设备一步完成制瓶、灌装和封口操作；b. 采用一步法制备聚丙烯输液瓶/直立式聚丙烯输液袋；c. 采用两步法制备聚丙烯输液瓶/直立式聚丙烯输液袋，图 3-18 采用的是第二种方式制备聚丙烯输液瓶/直立式聚丙烯输液袋。

聚丙烯输液瓶/直立式聚丙烯输液袋包装大容量注射剂的称量、配制、灭菌、灯检、包装区域要求与玻璃输液瓶包装大容量注射剂类似，下文重点对制瓶和灌封区域要求进行介绍。

a. 制瓶区域

聚丙烯输液瓶/直立式聚丙烯输液袋由制瓶机使用聚丙烯颗粒料，采用双轴延伸吹塑、中空成型或注射延伸吹塑成型的方式制造。根据制瓶机和灌封机生产速率是否一致，企业需考虑是否设置存瓶室，料仓室、制瓶室和存瓶室应位于同一 C 级洁净区，制瓶室应保持相对负压。

b. 灌封区域

灌封区域应为 C 级洁净区，灌装操作（含气洗、灌装和封口工序）应在 C 级洁净区下的 A 级送风环境中完成。灌装机可实现洗瓶（负离子风气洗）、灌装、焊盖封口三道工序，顶部应安装 A 级垂直送风层流保护，保证灌装工作区域为正压，保护暴露容器及药液。灌装室应进行合理布局，减少与制瓶室和灭菌区域相连接的轨道长度。

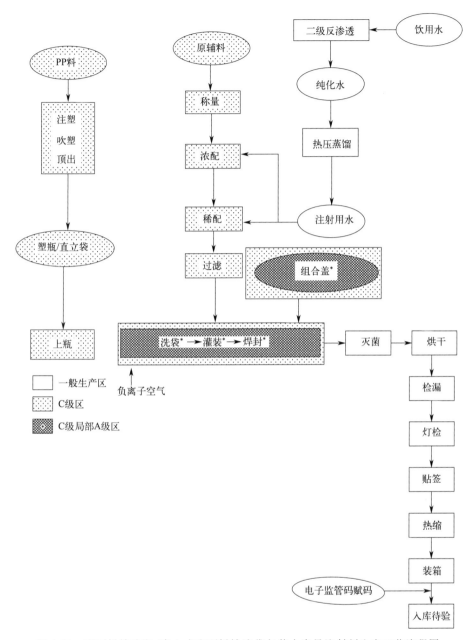

图 3-18　聚丙烯输液瓶/直立式聚丙烯输液袋包装大容量注射剂生产工艺流程图

③ 多层共挤膜输液袋包装大容量注射剂

该包装形式的大容量注射剂的称量、配制、灭菌、包装区域与玻璃输液瓶包装大容量注射剂要求类似，生产流程如图 3-19 所示。下文重点对灌封和灯检区域要求进行介绍。

a. 灌封区域

灌封区域为 C 级洁净区，灌装操作（从制袋到灌装完成）应在 C 级洁净区下的 A 级送风环境中完成。制袋灌封机工作流程如下：首先经上膜、印字工位，将打印好的软袋共挤膜和接口一起转入周边焊接工位，完成膜的周边焊接和膜与接口的初步焊接，然后进行接口和膜的热合，口管冷却和撕废边后整形进入袋接收工位，之后将袋传送到灌装

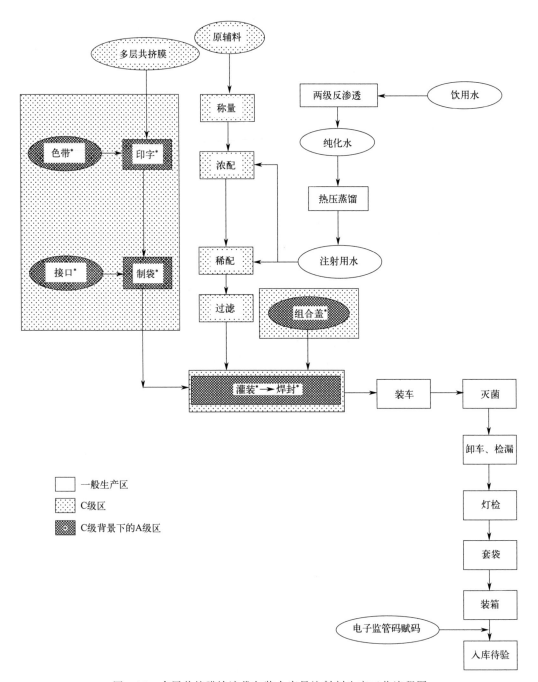

图 3-19　多层共挤膜输液袋包装大容量注射剂生产工艺流程图

主机夹具上来完成灌装，灌装完成后进行组合盖和接口焊接，半成品完成，输出灌封区域。因制袋灌封联动生产易对最终药液产生微粒污染风险，因此设计灌封区域时，企业必须采取以下措施减少生产线的微粒产生：灌装机顶部安装 A 级垂直送风层流保护，尽量避免传送带以上部分干涉 A 级层流的保护；设计合理的传送轨道，减少袋体的暴露时间，保证口管在整个制袋灌封过程中始终保持在同一位置；提高灌装机的运行稳定性，减少人员干预等。

b. 灯检区域

因软袋产品外形不固定的特点，目前尚未实现灯检机灯检，均采用人工灯检。企业设置灯检台时，灯检的光照度要求为 2000～3000Lx，背景为不反光黑、白两色背景，黑色背景下检查有无液面漂浮物、白点、白块、纤维，白色背景下检查有色异物。每班班前检测一次光照度并记录，检测照度不合格时，及时通知电工更换灯管。

（2）仓储区

大容量注射剂通常产品体积和批量较大，所需原辅料和包装材料的数量和占用的体积都很大，致使对仓库的容积有较高的要求：①除有特殊温度要求的仓库外，一般常温库的温度要求为 10～30℃。②因所需仓库体积较大，增加了控制仓库温度的难度，企业可通过加装空调净化系统和冬季需要的暖气系统调节仓库温度。

2. 检查要点

基于大容量注射剂生产过程中可能会受到悬浮粒子和微生物污染的风险，检查时应关注工艺布局、人流及物流走向、气流方向、洁净度级别、不同房间和区域的压差、温度、相对湿度等，以评估厂房设施的设计是否符合标准要求。

（1）通用检查要点

① 检查企业大容量注射剂洁净生产厂房的设计确认、安装确认和运行确认的实施情况，设计确认应关注房间布局、房间照度、互锁设计、洁净室材料等方面是否符合要求；安装确认应关注竣工图纸等文件材料是否齐全，平面布局是否与设计图纸一致，洁净室组件型号、规格、生产厂家、安装位置是否与设计文件一致，洁净室表面是否密封完好、易于清洁等；运行确认应依据国家标准对互锁门、照度、噪声等进行确认。

② 检查企业是否制定了洁净环境管理文件，是否定期进行温湿度、相对压差、悬浮粒子和微生物进行监测，悬浮粒子等环境监测的布点位置是否包含了产品、直接接触产品的包装材料暴露的风险最大的位置。

③ 检查关键区域高效空气过滤器的定期检测、再验证情况，包括高效空气过滤器的完整性测试以及风速、气流流型的检查。

（2）生产现场检查要点

① 检查洁净更衣室和物料净化通道的缓冲间门是否设置互锁装置，互锁装置是否正常工作，如遇紧急情况，应确保互锁能及时消除。

② 检查车间内是否设置了工作服（鞋）的洗涤、消毒和灭菌装置，根据车间内工作人员数量评估洗涤、消毒和灭菌装置能力是否满足要求。

③ 检查物料进入洁净区的相关设施，如传递柜和物料净化通道，根据每天进入洁净区的物料数量，评估物料净化设施是否能满足生产需要。

④ 检查物料暂存室空间是否足够，是否能够确保物料的合理存放，有无货位卡和标识签，是否能够避免混淆、污染与交叉污染。

⑤ 大容量注射剂生产所使用的内包装材料应有单独的存放区域，检查是否有足够的存放空间，用于放置多层共挤膜、接口、口管、组合盖等包装材料。

⑥ 检查称量区域在工作时是否保持相对负压，操作过程中是否能够避免物料混淆、污染与交叉污染。

⑦ 检查同一洁净区内有压差梯度要求的相邻房间的压差是否符合要求。

⑧ 检查灭菌前后隔离措施是否到位，有无灭菌前后产品混淆风险。

⑨ 要求岗位人员现场演示照度仪的操作过程，检查照度设置是否符合要求，评估岗位人员是否能正确使用该仪器，并检查照度仪的使用记录。

⑩ 包装区域布局是否合理，是否能够避免产品混淆。

（3）仓储区检查要点

① 检查企业是否建立了符合企业实际的防虫鼠措施，措施是否有效。

② 检查企业是否进行了仓库的温湿度分布验证，是否在该地区极端气候条件下进行验证。

③ 若企业采用了自动化 WMS 进行仓库的管理，应检查计算机化系统相应的内容，包括时间、权限和验证等。

④ 若原料库包含取样室，则应重点关注取样室人流、物流设置是否合理，洁净环境的维护是否及时和到位。

（二）设备检查要点

大容量注射剂的生产工艺包括原辅料称量、配液、灌装、灭菌、灯检和包装等工序。按其包装形式主要分为三种：玻璃输液瓶包装大容量注射剂生产工艺、聚丙烯输液瓶/直立式聚丙烯输液袋包装大容量注射剂生产工艺和多层共挤膜输液袋包装大容量注射剂生产工艺。

玻璃输液瓶包装大容量注射剂生产使用的主要设备有：物料称量装置、药液配制过滤系统、洗瓶机、洗塞机、灌装机、轧盖机、灭菌柜、灯检机以及包装贴标签设备。

聚丙烯输液瓶/直立式聚丙烯输液袋包装大容量注射剂生产使用的主要设备有：物料称量装置、药液配制过滤系统、制瓶机、灌装机、灭菌柜、灯检机以及包装贴标签设备。

多层共挤膜输液袋包装大容量注射剂生产使用的主要设备有：物料称量装置、药液配制过滤系统、制袋灌装机、灭菌柜、灯检台以及包装设备。

集中配液模式的大容量注射剂生产车间通常配备有粉体输送系统，可通过计算机化系统实现氯化钠、葡萄糖等大宗物料的自动化称量和配制操作。针对大容量注射剂的特点，应主要对粉体输送系统、过滤系统、灌装机/制袋灌装机进行检查，其他设备的设备原理和检查要点同粉针剂和小容量注射剂关键设备。

1. 粉体输送系统

（1）设备工作原理

在大容量注射剂生产工艺中，粉体输送系统是目前世界上最先进的自动化物料输送系统，主要用于氯化钠、葡萄糖和活性炭等专用物料的转运和传输，可实现上述物料的自动化称量和配制操作。该系统的投用，可减轻称量岗位操作人员的工作强度，提高劳动效率，实现称量配料岗位操作的自动化，并有利于稳定药液配制质量。粉体输送系统的工作设备原理是利用高效真空技术、烧结网过滤技术和无尘投料技术，将物料按设定量从各个料仓传送至相应的称重罐内，再通过固体粉料加料装置（PTS）转移至指定的配液罐内。

粉体输送系统由料仓、称重罐、粉体输送管路和 PTS 组成，具备在线清洁和在线灭菌功能，设备及管路均采用 AISI-316/AISI-316L 不锈钢（美国钢铁学会标准）或与之相当的材料，内表面抛光处理，以有效避免物料粘壁。葡萄糖、氯化钠和活性炭这三种物料的输送系统均为独立系统，专料专用。

（2）检查要点

① 设备是否已经过"4Q"验证且确认内容符合要求。粉体输送系统的设计确认应包含设备的结构、材质、输送能力、称量范围和称量精度，该系统应能够实现自动化，同时具备在线清洗、在线消毒和清洗消毒后吹干的功能；安装确认应包括文件确认，安装位置确认，关键部件确认，材质确认，电控柜和电路图确认，仪器仪表校准确认，公用系统安装确认和计算机化系统输入、输出确认等项目；运行确认应包括安全功能确认、系统运行确认（在设备空载条件下，设置设备操作为手动模式，来观察设备是否执行相应的动作，并确认设备动作是否符合设计要求）、上料测试、称重模块标定确认、CIP 和 SIP 程序确认；性能确认应包括系统误差确认和产能确认。清洁消毒验证应对 CIP 和 SIP 完成后，冲洗水的微生物及内毒素进行考察，还需进行清洁消毒周期的验证，证明在操作规程所规定的周期内，微生物和内毒素均符合标准。

② 料仓及粉体输送管道是否按照 SOP 要求定期进行清洁和消毒。

③ 使用前是否对称量模块进行了校验，使用过程中设备真空度和压缩空气等公用系统的工艺参数是否符合要求。

2. 过滤系统

（1）设备工作原理

在大容量注射剂最终灭菌之前，企业应控制待过滤介质的微生物污染水平；企业宜在配液罐，灌装机分液器，纯化水储罐，进入洁净区用水、用气点等位置安装除菌过滤器，并应根据药液过滤前微生物污染水平来设置过滤器的级数及孔径。过滤器由壳体、多元滤芯、反洗装置和差压控制器等部分组成。通常在大容量注射剂浓配、稀配到灌装之间需设置钛棒过滤器及多级除菌过滤器，过滤器具体的材质和过滤孔径的选择由企业根据药液性质决定，选择过滤器材质时，应充分考察其与待过滤介质的兼容性，所选材质不得与产品发生反应、释放物质或有吸附作用，除菌过滤器不得脱落纤维，严禁使用含有石棉的过滤器。

（2）检查要点

① 除菌过滤器的性能确认是否包括微生物截留测试、完整性测试、生物安全测试（毒性测试和内毒素测试）、流速测试、水压测试、多次灭菌测试、可提取物测试、颗粒物释放测试和纤维脱落测试等。

② 滤芯工艺验证是否包括化学兼容性试验、可提取物或浸出物试验、安全性评估和吸附评估等内容，可委托滤芯生产厂家针对具体的待过滤介质，结合特定的工艺条件实施验证。

③ 是否制定滤芯使用操作规程，规定各类型滤芯完整性测试方法、测试频率以及更换原则，滤芯使用前后应进行完整性测试，岗位人员应按照文件要求进行滤芯完整性测试操作。

④ 滤芯是否进行编号管理，按品种专用。

⑤ 是否对滤芯使用、清洁灭菌和更换进行规定，操作是否进行记录。

3. 灌装机/制袋灌装机

（1）设备工作原理

灌装机的结构因灌装方法、产品包装材料不同而不同。玻璃输液瓶产品所用的灌装机一般由进瓶（已经过精洗的瓶子）、灌装（必要时可充氮）、加塞装置构成，之后通常配置轧盖机。聚丙烯输液瓶/直立式聚丙烯输液袋产品所用的灌装机一般由进瓶（由制瓶机制备）、负离子风气洗、灌装、组合盖供给、组合盖焊接装置组成。多层共挤膜输液袋产品所用的灌装机一般由制袋焊接系统和灌装系统两部分构成，首先经上膜、印字工位，将打印好的多层共挤膜和接口一起转入周边焊接工位，完成膜的周边焊接和膜与接口的初步焊接，然后进入热合工位进行接口和膜的热合，口管冷却和撕废边后整形进入袋接收工位，之后将袋传送到灌装主机夹具上完成灌装，灌装完成后进行组合盖和接口焊接。灌装机主体结构的材质宜为304不锈钢，所有接触药液的零件均应由316L不锈钢或医用级硅橡胶等符合药品GMP要求的材质制造。目前灌装机多采用PLC控制，PLC与伺服控制器、气动阀、灌装流量计相连，可实现自动灌装、在线清洗、在线消毒、自动监测、报警和自动停机等功能。操作人员可通过触摸屏进入操作界面，在预先设置的权限下进行操作，生产操作过程中的关键工艺参数均可预先设置。

（2）检查要点

① 设备是否已经过"4Q"验证，且确认内容符合要求。设计确认应包括设备选型确认、安全设计确认、材质设计确认、清洁灭菌设计确认和自控系统设计确认；安装确认应包括文件确认、安装位置确认（确认灌装系统的安装位置，管道、部件、仪表等与设备布局图纸一致）、关键部件确认、材质确认、电控柜和电路图确认、仪器仪表校准确认、公用系统确认、软件版本确认和计算机化系统输入/输出确认；运行确认应包括人机界面确认、访问权限确认、报警联锁确认、急停确认、断电恢复确认、空载及负载确认和生产能力确认；性能确认应包括注嘴排液量确认（主要确认灌装机在排放一定量的药液后生产出的产品是否符合质量标准要求）和灌装性能确认（主要确认灌装产品的装量和封口质量是否均符合要求）。

② 清洁验证是否包括使用后设备放置时间确认、清洁效果确认和洁净设备保留时间确认。

③ 消毒验证是否对纯蒸汽或过热水消毒效果进行确认，纯蒸汽消毒过程中是否使用温度探头对设备内部进行温度监控，确认在恒温过程中设备内部最冷点是否能够达到消毒效果的要求；过热水消毒主要依据消毒后冲淋水微生物和内毒素的测试结果判断消毒效果。

④ 同一生产线上的不同灌装机是否进行装量差异的比对。

⑤ 文件是否规定灌装系统CIP时清洗水温、压力和冲洗时间等基本参数的要求，规定SIP时注射用水或纯蒸汽温度、消毒时间和压力的要求，以及灭菌后微生物和细菌内毒素检测要求，过程控制是否均符合规定，检测结果是否符合要求。

（三）典型缺陷及分析

【缺陷一】检查员对公司软件进行检查时要求查阅年度设备预防性维护保养计划，车间仅提供了制袋灌装机、灭菌柜、套袋机、装箱机的年度检修计划，企业未对所有生产相关设备和辅助设备制定预防性维护计划。

分析：企业应当制定设备的预防性维护计划和操作规程，设备的维护和维修应当有相应的记录。对于生产相关设备企业应结合设备使用年限、使用频次、维修次数等确定预防性维护周期，定期对设备进行维护，确保生产过程中设备始终处于正常运行状态。

【缺陷二】现场检查时发现称量室与相邻的浓配室未安装压差表，不能有效防止称量操作时对其他房间的污染。

分析：企业应按照要求设置洁净区与非洁净区之间、不同级别洁净区之间不低于 10 帕斯卡的压差梯度；必要时，相同洁净度级别的不同功能区域（操作间）之间也应当保持适当的压差梯度。称量室作为易产尘房间，在厂房设计上为避免交叉污染，一般应将称量室与相邻房间的压差设置为相对负压，保持一定的压差梯度，做到称量操作时物料的粉尘不会对其他房间造成污染。

【缺陷三】现场检查发现原料常温立体库设置了 5 个温度探头，该公司对仓库温度的布点分布进行了验证和测试，但是验证报告中缺少经评估确定 5 个具体监测位置的内容，现场选取的 5 个监测点是否具有代表性不具备可追溯性。

分析：对于仓库的温度监测探头的布点位置的选择，企业应经过温度分布验证并对数据进行分析评估后选取有代表性的点作为日常的监测点，一般在布点原则上应考虑门窗位置、空间大小及高度、如有空调还应考虑空调出风口的位置等，同时应考虑外界温度的影响，选取的日常监测的点应该覆盖最冷点和最热点及温度波动较大的点。

第二节　化药口服制剂

一、口服固体制剂

（一）厂房设施检查要点

1. 基本要求

常用的口服固体制剂剂型有散剂、颗粒剂、片剂、胶囊剂等，在药物制剂中约占 70 %。固体制剂的共同特点是与液体制剂相比，物理、化学稳定性好，生产制造成本较低，服用与携带方便。不同剂型的口服固体制剂，制备过程的前处理，如称量、制粒、混合等，均应经历相同的单元操作，以保证药物的均匀混合与准确剂量。

口服固体制剂的常规生产，应当设立原辅料处理、称量、制粒、总混、药品成型工序（片剂：压片、包衣、印字；胶囊剂：胶囊填充、印字等）、内外包装等功能间，各功能间的配置和布局应当满足药品工艺流程及 D 级洁净区级别要求。其中，称量间应当单独设立并有除尘或捕尘设施，靠近原辅料储存区；压片间、胶囊灌装间、颗粒分装间等应配备检测天平或在线称重等装置。

口服固体制剂生产区的常见布局如图 3-20 所示。

2. 检查要点

口服固体制剂生产区的检查要点如下。

① 查看粉碎、过筛、称量、制粒、总混、压片、灌装、分装、包衣等产尘大的房间是否规定并保持适当的压差梯度和气流流向，并且有压差表或远传控制装置。

② 查看原辅料称量是否在专门设计的称量室内进行，并有有效控制粉尘扩散、交叉污染的措施。

图 3-20　口服固体制剂生产区平面布局图

③ 在物料生产过程中是否使用密封性能好的设备，物料转运过程中是否密闭，以避免交叉污染和混淆，在中间产品贮存过程中是否做好物料的状态标识。

④ 难清洁的设备部件是否实行专品种专用，每个品种使用的部件是否有不同的编号，以便于区分；是否有足够的空间用于存放待清洁、已清洁的部件；是否有足够的房间、设施用于设备和部件的清洗、干燥等，是否配备必需的清洗用水、压缩空气和相应的加热、干燥设施等。

⑤ 是否进行了多品种共线分析、清洁验证。

⑥ 查看洁净区定期监测的文件规定，包括高效过滤器完整性测试、压差检查及过滤器更换的记录。

⑦ 查看厂房清洁、消毒的文件规定及相关记录。

⑧ 查看生产厂房操作区门窗是否密闭，通风良好，能有效防止啮齿类动物、昆虫、尘土等的进入。

⑨ 查看公共系统（如空调净化系统、纯化水系统、压缩空气系统）的确认状态。

⑩ 查看是否制定了防止包装材料混淆的控制措施。

3. 其他特殊药品的厂房设施检查要点

① 生产特殊性质药品的企业，如生产高致敏性药品（如青霉素类）或生物制品（如卡介苗或其他用活性微生物制备而成的药品）的企业，是否采用专用和独立的厂房、生产设施和设备。

② 生产青霉素类、头孢菌素类药品的企业，产尘量大的操作区域是否保持相对负压，排至室外的废气是否经过净化处理并符合要求，排风口是否远离其他空调净化系统的进风口。

③ 青霉素类药品和头孢菌素类药品的生产车间，已经或可能污染活性物质的废包材、废弃的过滤器以及生产过程中产生的残次品、污粉等，是否设置了专门的灭活处理设施，并规定了详细的灭活处理程序，如设置碱液浸泡设施、密封后的存放房间等，是否规定交具有环保资质的单位焚烧处理。

④ 生产β-内酰胺类药品、性激素类避孕药品的企业是否使用专用设施（如独立的空调净化系统）和设备，并与其他药品生产区严格分开。

⑤ 生产某些激素类、细胞毒性类、高活性化学药品的企业是否使用专用设施（如独立的空调净化系统）和设备；如通过阶段性生产方式共用同一生产设施和设备生产这些药品制剂，是否采取特别防护措施并经过必要的验证。

（二）设备检查要点

1. 片剂、硬胶囊剂和颗粒剂

化学口服固体制剂主要包括片剂、硬胶囊剂和颗粒剂等。其中片剂的工艺包括称量、制粒、压片、包衣、铝塑/瓶装、包装等工序；硬胶囊剂的工艺包括称量、制粒、胶囊填充、包衣、铝塑/瓶装、包装等工序；颗粒剂的工艺包括称量、制粒、颗粒筛分、颗粒分装、包装等工序。

化药制剂各剂型的主要生产设备各有不同，主要包括称量除尘系统、集中除尘系统、制粒机、混合机、压片机、金属检测仪、胶囊填充机、抛光机、瓶装线、装盒机、贴标机、激光打码机、粉碎机、包衣机、颗粒筛分设备、颗粒分装机、铝塑包装设备、移动清洗机等。

其中，装盒机、贴标机、激光打码机的设备原理和检查要点同粉针剂关键设备；称量除尘系统的设备原理和检查要点同冻干粉针剂关键设备；压片机、包衣机的设备原理和检查要点同中药片剂设备；胶囊填充机的设备原理和检查要点同中药硬胶囊剂设备。

下文仅介绍集中除尘系统、制粒机、混合机、金属检测仪、抛光机、瓶装线、粉碎机、颗粒筛分设备、颗粒分装机、铝塑包装设备、装盒机、移动清洗机的设备检查要点。

（1）集中除尘系统

① 设备工作原理

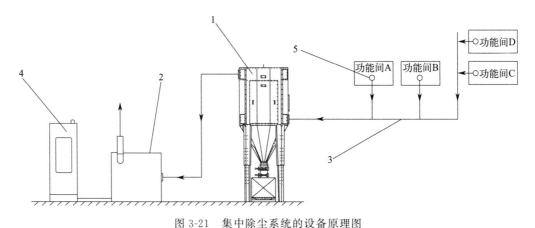

图 3-21　集中除尘系统的设备原理图
1—除尘器；2—风机；3—管道系统；4—控制系统；5—捕尘口

集中除尘系统由除尘器、风机、管道系统、控制系统以及捕尘口组成，整个系统在风机提供的负压下工作，如图 3-21 所示。各功能间生产设施产生的粉尘在负压气流的作用下被捕尘口吸入，随即含尘气流沿着连通捕尘口的管道系统到达除尘器，在除尘器内部过滤元件的作用下实现气体和固体的分离，被分离出来的固体会被收集到除尘器下部灰桶内，被分离出来的气体直接从除尘器流出到风机，而后由风机排出。

② 检查要点

a. 符合安全防爆法规

● 集中除尘系统收集的粉尘或者气体是否具有易燃易爆的特性。

● 用于处理易燃易爆类粉尘的集中除尘系统的设计是否遵循《粉尘防爆安全规程》（GB 15577—2018），例如是否有隔爆、泄爆或抑爆措施，是否有滤芯压差监测、温度监测、料位监测等系统运行状态的监测措施，是否有故障联动报警停机的措施，是否有消除静电的措施，是否有气密性连续卸料装置，防爆分区内的电气选型是否符合要求等。

● 集中除尘系统是否已做有效的防火措施。

● 集中除尘系统是否已做有效的静电接地措施。

● 生产车间是否有建立和落实粉尘防爆安全管理制度；是否有场所安全标识，是否有岗位安全操作规程，是否制定了粉尘清理制度并有记录台账，是否制定了爆炸事故应急处置和救援程序等。

● 集中除尘系统是否采用高负压除尘的方式。

● 集中除尘系统是否有备用机，是否可自动切换以保证系统不间断地稳定运行。

b. 符合环保法规

企业应参考《大气污染物综合排放标准》（GB 16297—1996）或者地方标准，按要求严格执行。

- 集中除尘系统的排放方式和排放量是否和环境影响评价一致。
- 集中除尘系统排放的废气是否达到法规的限值要求。
- 集中除尘系统运行时的厂界噪音是否符合法规的限值要求。

c. 符合职业健康要求

- 采取除尘措施后功能间内的粉尘浓度是否达到《工作场所有害因素职业接触限值　第1部分：化学有害因素》（GBZ 2.1—2019）的限值要求。
- 采取除尘措施后功能间内的噪声是否符合《工作场所有害因素职业接触限值　第2部分：物理因素》（GBZ 2.2—2007）的限值要求。

d. 防止交叉污染

- 集中除尘系统连接功能间的支管道是否有防止粉尘倒流回灌的设计及工程实施。
- 集中除尘系统的管道系统是否有有效防止管道内积尘的设计和措施，如水平管道风速≥18m/s，管道是否配置了观察检修口等。
- 功能间内部清场工作是否采用负压吸尘清扫的方式，清场后是否达到清洁状态，无洒落或沉积。
- 功能间内用于清场的吸尘套件是否有 ESD（electro-static discharge）防静电认证且符合美国食品药品监督管理局（Food and Drug Administration，FDA）标准，经消毒后不会发生性状变化而污染洁净区域。
- 空调净化系统管道及过滤装置是否未被跨批次粉尘污染。

e. 保证压差梯度

- 集中除尘系统是否有自调节的设计，是否能根据需求调整输出功率，避免前端开启捕尘口时，个别捕尘口的抽排风量过大或过小，影响功能间的压差梯度。
- 集中除尘系统是否有待机设计，可适配夜间无生产时空调净化系统低饱和功耗运行状态下功能间的压差稳定需求。
- 集中除尘系统是否可根据各工艺点捕尘口实际生产剂型所需的负压和风量，进行微调以达到合适的工况需求。

f. 保证收率

集中除尘系统的捕尘口是否能提供稳定的负压，既能控制扬尘，又能保证药粉收率不下降。

g. 节能降耗

- 集中除尘系统的运行输出功率是否可随着药厂的阶梯性产能波动进行自动调整。
- 集中除尘系统是否能自动感应实际开启的生产设备的数量，适配风机功率。
- 集中除尘系统是否能在一定时间内监测到无生产设备工作后使主风机自动进入低频待机状态。

h. 集中可视化管理

集中除尘系统是否配置单独的控制柜并实时上传系统运行监控数据到车间中控系统，便于管理人员掌握除尘系统的运行维护状态，及时干预。

i. 特殊粉尘管理

● 处理有爆炸性溶媒和粉体同时存在的工况时，集中除尘系统配套的电气设施是否符合气体、粉体双防爆的要求，且除尘器与生产设备之间需要隔爆阀与防火阀等截断措施，例如流化床等。

● 处理较黏、流动性差的粉尘时，是否有防止此类粉尘进入集中除尘系统管网而导致黏结堵塞的措施。

● 处理烟气类粉尘时，是否有处理气味和烟尘的措施。

● 处理易潮解的粉尘时，管道上是否有保温措施，防止温差导致的凝结堵塞。

● 处理有毒性、高致敏性或者高活性的粉尘时，集中除尘系统的设计是否符合职业暴露等级（OEB）防护的要求，例如除尘器操作部位是否配置了袋进袋出（BIBO）装置、连续袋或者隔离器，排气段是否配置了高等级密闭隔离器等。除尘器是否采用抑爆措施防止因爆炸造成泄露。

（2）粉碎机

① 设备工作原理

自由式粉碎机是将需粉碎的物料倒入物料料斗，经前盖供给粉碎仓中央。由于旋转盘的高速旋转产生了离心力，由中心部位向外周逐渐扩展，冲击柱及旋转盘对固定柱进行强烈撞击，而将物料粉碎。

常用的粉碎机包括锤式粉碎机和循环管式气流粉碎机等。

② 检查要点

a. 确认筛孔直径是否符合待处理物料的要求。

b. 开启设备是否运行平稳；是否对待处理物料规定了粉碎加料量、粉碎时间、粉碎质量（色泽均匀度、粒度范围）、损耗量范围等。

c. 气流粉碎机是否对进气压力、加料压力、吸料量等进行规定。

（3）颗粒筛分设备

① 设备工作原理

该设备采用旋转花篮与筛网之间的无金属摩擦进行颗粒筛分。将物料缓缓加入料斗内，物料在花篮的挤压作用下，被整粒为符合要求的均匀小颗粒，成品颗粒的大小取决于筛网的型号。

② 检查要点

a. 检查设备配备的筛网是否完好且为规定目数。

b. 使用筛网时，是否有防止因筛网断裂而造成污染的措施。

（4）制粒机

① 设备工作原理

物料投入料仓后，制粒机通过旋转底部搅拌桨混合物料，搅拌桨及锅壁高速切刀同时运转完成制粒，整粒后通过专用物料管道，在负压作用下，将物料转移至流化床进行干燥。

② 检查要点

a. 设备使用前，是否确认设备运行状态良好，包括设备缸体及管道连接处密闭性良好，设备进风口应安装空气过滤设施，并定期检测、更换；高速切刀与锅壁接合处无黏附药粉，无发黑现象；整粒机构垂直主轴应稳固，无晃动现象。

b. 生产具体品种前是否按照生产品种工艺要求对设备喷嘴直径、喷嘴角度、引风温度、出风温度、压缩空气压力、滤袋抖动间隔等进行确认，是否对药液流量、干燥时间、雾化及干燥效果等进行确认；具体生产品种确认的参数范围是否在设备验证参数范围内。

c. 是否规定空气过滤器的更换周期，是否定期检测空气过滤器的过滤效果。

d. 设备运行过程中记录的仪表参数（如引风量、引风温度、出风温度等）是否满足工艺要求。

（5）混合机

① 设备工作原理

混合机由基座、回转体、驱动系统、提升系统、制动系统及控制系统组成。工作时，混合机将混合料斗推到回转体内，将混合料斗提升到位，并自动夹紧；压力传感器得到夹紧信号后，驱动系统工作，按设定的时间、转速进行混合，达到设定参数后，回转体自动垂直停止，同时制动系统工作，混合结束；混合结束后提升系统工作，回转体内的混合料斗下降到位，设备自动停止，并打印工艺数据。

② 检查要点

a. 设备使用前，是否确认设备运行状态良好；是否针对不同物料制定工艺参数，制定的工艺参数是否在设备验证范围内。

b. 混合前是否确认设备转速、混合时间等工艺参数与待混合物料的工艺要求一致。

c. 是否规定不同物料的一次混合量或混合容积的比例，比例是否符合设备验证的范围。

（6）金属检测仪

① 设备工作原理

金属检测仪应用电磁感设备原理来探测金属，不同性质的金属进入探测区域将不同程度地影响探测区域的磁力线分布，根据磁场的变化来分辨金属是否需剔除。

② 检查要点

a. 是否定期确认金属检测仪的完好性，是否有相关记录；检查测试结果相关记录是否符合要求。

b. 金属检测仪剔除功能测试方法是否经过确认，检查剔除模块是否齐全。

（7）颗粒分装机

① 设备工作原理

颗粒分装机根据各产品的特点进行相应的颗粒填充，把颗粒物料按计量要求装到包装容器中再封口。通常情况下颗粒包装机按计量方式可分为量杯式、机械秤式和电子秤式；按下料方式可分为自流式、振动器式和数字电机式。目前常用的颗粒分装机会配有一套完整的包装流水线，因而会有一些辅助包装设备，比如二次计数机、装盒机、在线称重机、裹包机、装箱码垛机等，如图 3-22 所示。

② 检查要点

a. 检查设备参数设置是否和工艺规程一致，参数实际值与设置值偏差是否在合格范围内。

b. 膜卷尺寸是否与生产品种相符。

c. 生产前确认设备在线称重剔除系统工作是否正常。

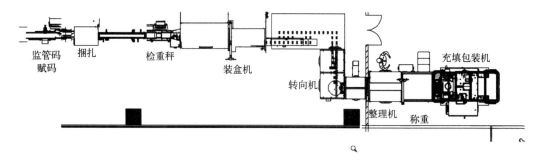

图 3-22　颗粒分装机设备示意图

（8）铝塑包装设备

① 设备工作原理

铝塑包装设备在成型的 PVC/硬铝运动的同时完成加料、热封、冲压批号和冲裁，将需要包装的制剂密封，达到包装效果。主传动由电机驱动减速器经减速后传动整机运行，各主轴齿轮通过各凸轮对成型、热封、压痕、冲裁等工位进行控制，直至生产出合格的包装成品。包装操作由机械手牵引，使药用 PVC（硬片）间歇平稳移动，通过加热使 PVC 硬片软化而进入成型模，由经过滤的压缩空气进行正压成型后，由自动加料器充填胶囊、素片、异形药品或物品等。铝箔经自动送料设备间歇进入热封模，包装设备对已装有药品的泡罩进行网纹热封、压痕切线、打批号、冲裁来完成成品包装。铝塑包装设备如图 3-23 所示。

② 检查要点

a. 生产前确认铝塑包装设备加热站、仪表等运行正常，冷水已连接，无渗漏。

b. 加热控制参数和速度等确认是否符合待铝塑产品要求。

c. 铝塑成型前对于缺粒、残粒等是否有照相自动剔除等装置，并规定了定期确认装置完好性的要求。

（9）抛光机

① 设备工作原理

装填好药料的胶囊经进料口进入抛光筒内，由旋转毛刷及导向钢丝带动上升至输料管，在此过程中胶囊被毛刷带动旋转并自转，胶囊表面所黏附的粉尘被清除，粉尘由吸尘孔被吸走集中处理，抛光处理后的胶囊由输料管进入分选装置中。在分选装置中，压缩空气将胶囊中的空囊、碎片、轻质杂物等与合格胶囊制品分离，并收集到废料盒中。

② 检查要点

a. 抛光毛刷是否完好，是否定期检查更换。

b. 抛光机毛刷使用及清洁管理是否能有效避免交叉污染。

c. 压缩空气的压力是否相对稳定。

（10）瓶装线

① 设备工作原理

瓶装线由理瓶机、数粒机、动态检重秤、干燥剂投入机、旋盖机、封口机、贴标机组成。空药瓶瓶身通过理瓶机梳理后，逐个按队列瓶口朝上被输送至缓冲区内，排队进入数粒

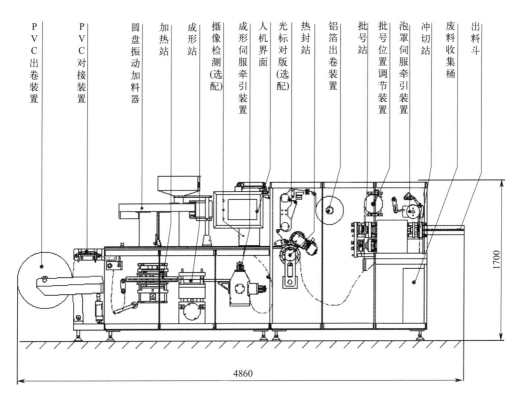

PVC出卷装置
PVC对接装置
圆盘振动加料器
加热站
成形站
摄像检测(选配)
成形伺服牵引装置
人机界面
光标对版(选配)
热封站
铝箔出卷装置
批号站
批号位置调节装置
泡罩伺服牵引装置
冲切站
废料收集桶
出料斗

1700

4860

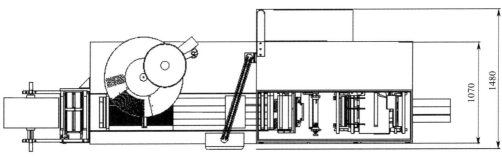

1480
1070

图 3-23 铝塑包装设备示意图

机；数粒机通过电子数粒方式，按设定的数量数完后将药品灌装到瓶中；药瓶出数粒机后通过动态检重秤再次核实数粒准确性；核实后，干燥剂投入机向药瓶中投入干燥机，根据工艺要求，有的药品需要添加干燥剂，有的无需添加；然后药瓶进入旋盖机，理盖机将杂乱的瓶盖梳理成盖口朝下的状态逐个按队列排序，瓶盖通过轨道及模具挂到药瓶螺纹口，旋盖机采用对轮方式或者旋转方式，将瓶盖拧紧，然后药瓶进入电磁封口机，封口机将铝箔与瓶口黏结，之后药瓶进入贴标机被贴标签，最后通过装盒机、裹包机、赋码系统、装箱线完成最终包装工作。

② 检查要点

a. 数粒机的参数是否根据药品的形状进行合理的设置。

b. 动态检重秤安装位置是否避开高效送风口，如无法避免，是否增加防风罩；动态检重秤是否安装了重量自动剔除装置。

c. 旋盖机的上盖模具调整是否保持稳定，旋盖后的检测装置是否调整至合理高度。

d. 电眼位置是否合适，动作是否灵敏。

（11）装盒机

① 设备工作原理

装盒机将药瓶和说明书自动装入折叠纸盒中，并完成纸盒封装动作。

② 检查要点

a. 检查药瓶输送情况，是否平稳，无卡碰。

b. 检查说明书、纸盒吸附和折叠情况，是否吸附、折叠良好，无异常。

c. 检查无药、无说明书的药盒在线检测和剔除装置，是否可实现药盒内无药不能输送说明书、无药和缺说明书可自动剔除。

（12）移动清洗机

① 设备工作原理

本机共设置有四路进水控制阀门，包括用于通断水路的隔膜阀及止回阀，四路控制阀门也可分别接入四种不同清洗介质；设置有内洗和外洗两处出水控制装置，用于清洗料斗内表面与外表面，也可用于清洗其他器具。移动清洗机如图 3-24 所示。

② 检查要点

a. 设备是否配备加热、温度控制设施；如使用超声波清洗，超声波强度是否有控制参数。

b. 不同品种设备部件清洗参数（冲洗时间、水压、水温等）设置是否与工艺规程一致，参数实际值与设置值偏差是否在合格范围内。

2. 软胶囊剂

化学口服制剂软胶囊剂的制备工艺包括称量、化胶、配液、压丸、捡丸、铝塑/瓶装、包装等工序。主要设备包括化胶罐、均质机、压丸机、胶体磨、软胶囊压丸干燥转笼、铝塑包装设备、贴标机、装盒机、激光打码机等。其中贴标机、激光打码机的设备原理和检查要点同粉针剂关键设

图 3-24　移动清洗机设备示意图

备；铝塑包装设备、装盒机的设备原理和检查要点同化药口服固体制剂片剂、硬胶囊剂和颗粒剂关键设备；胶体磨的设备原理和检查要点同中药软胶囊剂关键设备。

下文仅介绍化胶罐、均质机、压丸机、软胶囊压丸干燥转笼的设备。

（1）化胶罐

① 设备工作原理

化胶罐的工作原理是在夹套内加入热水进行加热，热量通过罐体内壁传热给物料，不断翻拌物料而使胶粒溶化，通过反复抽真空，达到胶液溶化均匀、无气泡。化胶罐的结构如图 3-25 所示。

② 检查要点

a. 罐体是否密封，罐体、夹套、各阀门、管道是否连接紧密，是否无跑、冒、滴、漏

现象。

b. 搅拌速度、物料温度等参数设定是否符合工艺规定。

（2）均质机

① 设备工作原理

物料通过乳化罐内上部的中心搅拌。聚四氟乙烯刮板始终迎合搅拌锅形体，扫净挂壁粘料，使被刮取的物料不断产生新界面，再经过叶片与回转叶片的剪断、压缩、折叠，使其搅拌、混合，向下流往锅体下方的均质机处，物料再通过高速旋转的切割轮与固定的切割套之间所产生的强力的剪断、冲击、乱流等过程，在剪切缝中被切割，迅速破碎成细小的微粒。由于乳化罐内处于真空状态，物料在搅拌过程中产生的气泡被及时抽走。采用抽真空的方式，使所生产的制品在搅拌过程中不再混入气泡，从而保证可制造出富有光泽、细腻及延展性良好的优质产品。均质机的结构如图 3-26 所示。

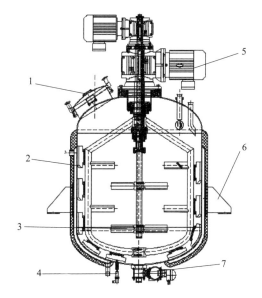

图 3-25 化胶罐设备示意图
1—罐盖；2—夹套；3—内搅拌装置；4—温度传感器；
5—搅拌电机；6—挂壁搅拌装置；7—出料口

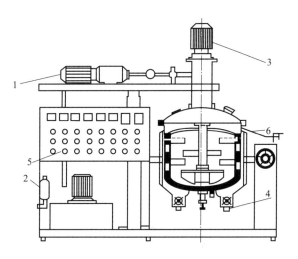

图 3-26 均质机设备示意图
1—慢速搅拌电机；2—真空装置；3—均质电机；
4—夹套进气口；5—配电柜；6—均质机罐体

② 检查要点

参数（如罐内温度、真空度，搅拌时间等）实际值与设置值的差值是否在允许范围内。

（3）压丸机

① 设备工作原理

压丸机主要由机架、机头、料斗组合、提升装置、供料泵、输送机、送丸器、拉网轴、上胶滚系、下丸器、明胶盒、胶皮轮、电控柜、触摸屏机构、润滑系统、水冷系统等几部分组成（图 3-27）。胶液由储胶罐经输胶管进入左、右明胶盒，左、右明胶盒将胶液均匀分布在胶皮轮上，胶皮轮将胶液冷却、定型，使胶液形成胶皮。胶皮经过左、右上胶滚系导向、油滚系润滑后，喷体将胶皮加热软化并向模腔内注料，然后左、右模具将注满药液的胶皮切割、啮合成软胶囊后出丸。软胶囊落到送丸器网带上，然后通过送丸风机吹入干燥转笼中干燥定型，网胶由拉网轴送入剩胶桶。

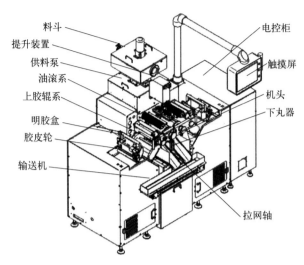

图 3-27　压丸机设备示意图

料斗
提升装置
供料泵
油滚系
上胶辊系
明胶盒
胶皮轮
输送机
电控柜
触摸屏
机头
下丸器
拉网轴

② 检查要点

参数（冷却、成型温度等）实际值与设置值的差值是否在允许范围内。

（4）软胶囊压丸干燥转笼

① 设备工作原理

压丸机压制出软胶囊后送到输送带，输送带将软胶囊送到端部，掉落在输送带端部下方的进料斗内，然后再将进料斗内的软胶囊送入干燥转笼内进行定型。由于软胶囊在压制时存在一定温度，其表面具有黏性，因此需要在干燥转笼内进行风干定型，风机从转笼底部或侧部通风，带走软胶囊胶皮的水分，使软胶囊趋于干燥。转至规定时间后，该节转笼可反转，将软胶囊送至下一节转笼继续进行干燥。软胶囊压丸干燥转笼结构如图 3-28 所示。

② 检查要点

a. 转笼间是否连接紧密，是否无泄漏。

b. 转笼连接部位是否光滑，是否无锈迹和固定螺栓松动现象。

（三）典型缺陷及分析

1. 片剂、硬胶囊剂和颗粒剂

【缺陷一】检查发现某企业厂房设施维修维护不到位，如：口服制剂车间制浆室连接蒸汽反应锅的蒸汽管道阀门漏水；女二更进入洁净区的气闸间双向互锁失效；制粒间回风口过滤网损坏等。

分析：对厂房进行适当维护，是保证生产环境整洁，保证生产过程免受污染的重要措施，厂房设施破损易对药品质量产生影响。企业应对厂

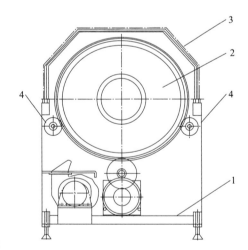

图 3-28　软胶囊压丸干燥转笼设备示意图
1—基座；2—干燥转笼；3—防护罩；4—传动齿轮

房进行适当维护，保证整洁的生产环境，避免厂房、设施设备破损对药品生产造成污染。

【缺陷二】检查发现企业某综合生产车间制粒干燥间正在生产人工牛黄，避光生产措施

不到位（制粒干燥间窗户没有避光措施）。

分析：对于生产过程中有特殊存放条件要求的产品，厂房应当有适当的措施，确保生产的产品质量不会直接或间接地受到影响。对于需要避光的人工牛黄，在生产过程中应采取必要的避光措施，避免对药品质量产生影响。

【缺陷三】某企业工艺规程中规定包衣关键控制点喷枪与片床的距离为25～30cm，但批生产记录未设置相应的记录栏。

分析：在生产过程中，进行每项操作时企业应当及时记录。喷枪与片床为关键控制点，未进行记录，会导致生产过程不可追溯，无法确保生产过程中所有生产参数均符合要求。

【缺陷四】车间D级区称量室负压层流罩（编号XX）运行及清洁记录（XXX）内容不完整，如设备运行情况只记录正常、异常，未记录开启、自净时间及初、中效压差数值。

分析：没有详细记录负压层流罩开启和自净时间，无法追踪层流罩是否在符合自净要求后进行称量操作；不记录初、中效压差数值，无法及时发现高效过滤器是否堵塞，从而存在引发粉尘外泄的风险。

【缺陷五】检查发现某企业全自动胶囊填充机验证报告中验证的胶囊充填速度为800～1000粒每分，现场检查时充填速度为576粒每分，实际运行参数与验证参数不一致。

分析：设备运行参数应当经过工艺验证。设备运行没有在验证状态下进行，尤其是对于特殊粒度、丸状物料的胶囊填充，会存在装量不稳定等风险。

【缺陷六】检查发现某企业压片机确认的主压力范围为3～16kN，但该设备上新增的片剂品种需要使用3～17kN的主压力范围，企业未重新进行确认。

分析：生产设备应当在确认的范围参数内使用。新的片剂品种工艺参数范围已经超过了该设备之前的确认参数，使用前企业应对设备参数和工艺参数进行评估，查看该设备说明书描述的主压力范围是否涵盖3～17kN，如涵盖，则需对生产新品种涉及的主压力参数范围进行确认，如未涵盖，则新增的片剂品种不得在该设备上生产。

【缺陷七】检查发现某企业口服固体制剂瓶装线设备中，在线数粒机数粒不准确，因此企业更换了其控制面板，但更换后未对在线数粒机进行再确认。

分析：经改造或重大维修后的设备应当进行再确认，符合要求后方可用于生产。在线数粒机更换控制面板属于较大的维修活动，更换后应及时对其数粒准确性等方面的性能进行再确认，确保其可满足包装生产需求，保证包装过程的产品质量。

2. 软胶囊剂

同中药制剂。

二、口服液体制剂

（一）厂房设施检查要点

1. 基本要求

常用的口服液体制剂包括化学药品的口服液体制剂和中药口服液。制备过程除部分中药口服液需要中药材前处理和浸膏提取等，与普通中药口服固体制剂提取工序类似，其他工序，如称量、配液、洗瓶、灌装、灭菌/检漏、灯检、包装等，与最终灭菌的小容量注射剂相同，只是厂房洁净度级别为 D 级。

2. 检查要点

中药口服液提取工序厂房设施检查要点详见第六章第二节。

口服液体制剂其他工序厂房设施与小容量注射剂相同，洁净度级别按照 D 级要求。

（二）设备检查要点

口服液体制剂的工艺包括称量、配液、灌封、灭菌/检漏、灯检、包装等工序。涉及的设备有：配液罐、洗瓶机、隧道烘箱、灌装机、灯检机、水浴口服液检漏灭菌柜等。其中配液罐、洗瓶机、隧道烘箱、灯检机、灌装机等的设备原理和检查要点同冻干粉针剂关键设备。水浴口服液检漏灭菌柜的设备原理同小容量注射剂工艺的设备水浴灭菌柜，下文仅列出针对口服液体制剂设备的特殊检查要点。

1. 直线式液体灌装旋盖机

（1）设备工作原理

工作原理同小容量注射剂工艺主要设备灌封线。

（2）检查要点

① 生产前检查灌装泵体和输送管路是否安装到位，灌装针管是否安装到位、检查灌装针头是否完好无变形破损等；胶管和针管中空气是否排净，胶管中有无气泡。

② 检查设备运行是否平稳，灌装前是否确认设备调速功能、无瓶止灌功能、无瓶不加盖功能，试轧盖检查旋盖外观是否符合标准，确认其他自动安全功能等是否符合要求。

2. 水浴口服液检漏灭菌柜/器

（1）设备工作原理

工作原理参考小容量注射剂工艺主要设水浴灭菌柜。

（2）检查要点

① 是否有连续三次成功的空载、负载热分布测试记录；是否明确规定装载物品和装载方式；是否规定不同产品工艺条件并分别完成了验证；基于风险考虑确定是否需要做负载热穿透实验。

② 是否有标准操作规程规定灭菌/检漏参数，如灭菌温度时间、真空压力、检漏压力、时间等；是否规定了检漏使用介质。

③ 设备外观是否良好，保温层有无破损，门密封条有无磨损、断裂、老化变形；生产现场有无悬挂装载图。

④ 检漏灭菌柜系统的分级是否设有灭菌程序的用户权限，系统时间是否锁定。

（三）典型缺陷及分析

【缺陷】检查发现企业隧道烘箱验证方案中无热分布测试温度布点示意图；未设计热穿透测试。

分析：验证方案对验证工作应具有较强的指导性，方案设计存在缺陷，可能会造成验证过程的随意性增加，使验证数据存疑；隧道烘箱的验证应有连续三次成功的空载、负载热分布和负载热穿透测试。

第三节　原料药/无菌原料药

一、厂房设施检查要点

1. 基本要求

原料药生产厂房设施的设计和建造可采用不同的方式，主要与原料药特性、厂房的位置（所处的地理环境、气候）有关。原料药厂房设施具体采用何种方式和标准由企业根据自身产品和工艺特性决定。

非无菌原料药精制、干燥、粉碎、包装等生产操作的暴露环境应当按照 D 级洁净区的要求设置；无菌原料药一般经原料溶解、除菌过滤、结晶、干燥、分装而制成，其生产操作环境参照非最终灭菌的无菌药品生产洁净度级别进行设置，生产过程的无菌控制参照《药品生产质量管理规范》（2010 年修订）"无菌药品"附录执行。

非无菌原料药和无菌原料药厂房设施的典型布局，参见图 3-29、图 3-30。

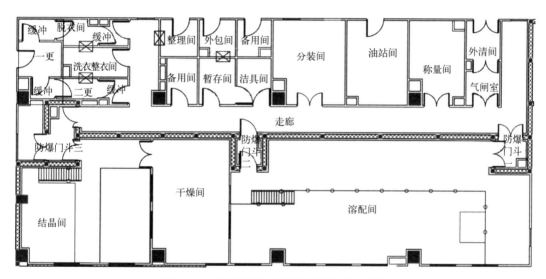

图 3-29　非无菌原料药厂房设施典型布局图

图中一更、整理间、外包间、油站间、外清间为一般区域，其他区域为 D 级洁净区。

2. 检查要点

除通用检查要点外，根据药品 GMP "原料药" 附录第三条～第五条，药品 GMP "生化药品" 附录第十条～第十八条，原料药/无菌原料药厂房设施检查过程中还需关注以下内容。

（1）生产区

① 结合厂房生产的所有品种的生产工艺，检查确认是否有足够空间，以便有序放置设备和物料，有效防止混淆、污染和交叉污染。

② 如果为多品种共用车间，检查确认是否根据不同品种使用不同的可移动设备，如存在同时生产不同产品（工序不同）的情况，是否有足够的空间存放可移动设备及物料，防止

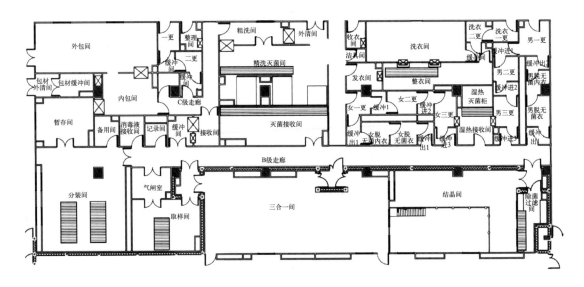

图 3-30　无菌原料药厂房设施典型布局图

A 级区：标注"▦"区域；

B 级区：男三更、女三更、缓冲进 3（2 个房间）、缓冲出 1（临近男脱无菌衣）、男脱无菌衣、湿热接收间、缓冲出、女脱无菌衣、灭菌接收间、缓冲间（临近记录间）、记录间、消毒液接收间、备用间、暂存间、分装间、气闸室、取样间、三合一间、结晶间、除菌过滤间、B 级走廊；

C 级区：缓冲间、二更、缓冲间、C 级走廊、内包间、接收间、粗洗间、精洗灭菌间、缓冲 1、女二更、缓冲进 2、缓冲出 1、女脱无菌内衣、洗衣二更、缓冲间、洗衣间、整衣间、缓冲进 1、男二更、缓冲出 2、男脱无菌内衣；

D 级区：男一更、洗衣一更、外清间、一更、包材缓冲间；

一般区域：其他区域

混淆和污染的措施是否有效。

③ 非无菌原料药的精制、干燥、粉碎、包装等生产操作的暴露环境是否按照 D 级洁净区的要求进行设置。

④ 原料药/无菌原料药的生产应尽可能采取密闭系统，如有暴露操作是否进行了充分的评估，企业从生产前期到最终成品对产品的保护是否逐步提高。

⑤ 对于有暴露操作工序生产的原料药，是否采取了恰当的措施，防止产品受到潜在污染，对于短时间暴露的工序（如容器中取样、离心机卸料等），是否采取额外的保护措施。

⑥ 在产品暴露的同一区域内，是否仅进行同一产品操作，最大程度降低潜在交叉污染。

⑦ 对于长时间暴露的工序，如磨粉、称量和包装操作、敞开过滤、干燥机卸料等，是否安装适当的空调净化系统，确保必要的防护。

⑧ 对于放置在户外的密闭设备，是否有充分的保护措施，以防止设备或设备内所存放的物料免受外界环境的影响。

⑨ 发酵工艺所用菌种和储存菌种区域是否受控。

⑩ 质量标准中有热原、细菌内毒素等检验项目的，厂房、设施的设计是否特别注意防止微生物污染，根据产品的预定用途、工艺要求是否采取了相应的控制措施。

⑪ 无菌生产的 A/B 级洁净区内是否按要求未设置水池和地漏；在其他洁净区内，水池或地漏是否有安装易于清洁且带有空气阻断功能的装置以防倒灌。

⑫ 当使用或生产某些致病性、剧毒、放射性或活病毒、活细菌的物料与产品时，是否有防止有害物质外溢的设计。

⑬ 厂房是否设有防止昆虫和其他动物等进入的设施。特别是用于加工处理动物脏器、组织、体液或分泌物的生产操作区是否配备有效的防虫防鼠措施，是否评估其有效性。

⑭ 生化药品的去除/灭活病毒前的工艺步骤，不宜与其他动物源的药品共用设备和设施，不可避免时，是否有适当的措施防止交叉污染。

⑮ 生化药品原材料采集的厂房设施与设备是否符合产品相应特性、卫生管理要求和国家相关规定，是否与药品生产区域分开。

⑯ 生化药品的原材料前处理是否有专用区域，原料（原液）制备与制剂生产区域是否严格分开。原料（原液）制备和制剂生产的空调净化系统是否分别独立设置。

（2）储存区

① 原料药生产过程中用到的大量液体物料和母液，是否根据物料的性质设置适当的储存设施。

② 原料药生产过程对于采用中转桶/车转运的物料在转移过程中是否采取措施避免室外天气的不良影响。

③ 检查溶剂的接收、取样、发放等记录，批号、数量或重量等信息是否可追溯，物料是否平衡。

④ 待检和合格的物料可贮存在同一区域，但不得存放在同一托盘上，检查确认是否有清晰的物料状态标识和追溯性，是否能有效避免待检物料被误用。

⑤ 生产过程中所使用的溶剂是否在专门的区域存放。

⑥ 危险化学品是否储备在专门的化学危险品仓库中。

⑦ 液体物料（如有机溶剂、酸碱等）的物料输送口是否有保护措施并有相应的标识。

（3）质量控制区

受原料药生产过程的特殊性（如产生震动、噪声等）的影响，若中控实验室设在生产区域，其位置是否考虑防止震动、噪声、湿气、高温等不利因素的影响。

二、设备检查要点

原料药/无菌原料药的工艺包括发酵、提炼及精制、干燥和包装等工序。涉及的设备有：发酵罐、陶瓷膜、色谱系统、浓缩器、结晶罐、固液分离设备、双锥设备、单锥混合器、超滤设备、喷干塔、冻干机、干燥箱、分装机及轧盖机等。

原料药生产是集化学制药工艺、生物制药工艺、化工机械、自动控制、计算机过程控制技术、微生物学等专业于一体的一个多学科、多专业交叉的生产过程。原料药品种众多，其生产方法也各不相同，有全合成、半合成、生物发酵技术、提取技术等，原料药的生产与化工产品单元操作类似，相关的工艺设备原理也基本一致，但由于药品 GMP 的要求，原料药生产对工艺设备在可清洁性、密闭性、材质和参数的控制精度上要求更高。原料药生产一般具有如下特点：

① 生产流程长、工艺复杂、设备种类多；

② 每一产品所需的原辅料种类多，许多原料和生产过程中的中间体是易燃、易爆、有

毒或腐蚀性很强的物质,对防火、防爆、劳动保护以及设备等方面有严格的要求;

③ 产品质量标准高(如纯度高、杂质可允许的含量极少、无菌要求等),要严格控制原料和中间体的质量,对设备要求尽可能密闭生产,提高连续性和自动化水平,从而减少杂质及微生物的污染;

④ 要求设备或系统具有优异的废物处理或环保方面的性能。

下面介绍原料药生产中常用关键设备的设备原理及检查要点,如结晶罐、固液分离设备、干燥设备(双锥设备)、混合设备(单锥混合器)等。原料药依据产品风险选择相应的过滤系统,无菌原料药的除菌过滤系统同冻干粉针剂。

1. 结晶罐

(1)设备工作原理

结晶是原料药生产过程中最重要的工艺之一,结晶罐也是原料药生产的关键工艺设备之一。结晶过程对产品杂质水平、收率等指标有着重要影响,特定的晶型结构不仅对后续过滤干燥、粉碎和分装的操作有着很大的影响,甚至对药品的性状、溶解度、熔点等具有至关重要的影响。对于原料药结晶工艺,一般采用溶媒结晶,指利用溶解度的差异,比如药物在同一种溶剂中由于温差带来的溶解度变化,或者由于混合溶剂中溶剂比例的改变带来的极性差异引起的溶解度变化,先将原料药制成溶液,再调节溶解度使之析出,例如先将原料药溶于水,再向其中加入有机溶剂,使得药物溶解度变小而析出。

结晶罐带有温度监控装置、视镜、清洗球及氮气进口,罐体设有搅拌装置、物料出入口、冷却水出入口、排污口、取样口、液位监控装置(图3-31)。结晶罐罐体内应高精度抛光,罐体内应无死角,容易清洗。不锈钢结晶罐根据用途不同,材质可采用进口316L不锈钢或304不锈钢制作,内壁采用电解镜面抛光或机械抛光,外壁采用304不锈钢全焊接保温结构,并采用镜面或亚光处理。对于无菌原料药来说,结晶罐应能承受高温灭菌,配备卫生级压力表,罐体对外连接口应采用卫生级快开接头。轴的密封采用特殊的卫生级机械密封,以确保物料不受污染。结晶罐可采用变频调速装置,增加搅拌轴转速调节范围。

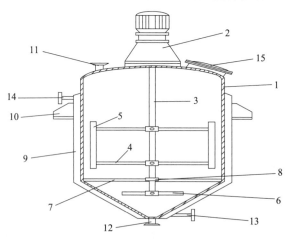

图 3-31　结晶罐设备结构示意图

1—罐体;2—驱动系统;3—主轴;4、5、6—搅拌装置;7—拉筋;8—中间瓦;9—夹套;
10—支耳;11—进料口;12—出料口;13—夹套进水口;14—夹套出水口;15—人孔盖

影响结晶过程的因素通常包括设备的传热效果、搅拌形式与转速控制精度等，对于原料药的结晶工艺来说，除了正常的结晶工艺，生产中可能还涉及添加晶种的过程，如对于无菌原料药来说，应添加无菌晶种。因此，在设备设计时应考虑使用专用的、能保证无菌状态保护下加晶种的装置，另外结晶罐的排气应该采用 $0.22\mu m$ 除菌级别的疏水性呼吸器，罐底阀通常要求焊接式的卫生级阀门，安装时要避免出现死角。一般情况下，在结晶过程中结晶罐中应通入无菌气体保持对操作间的微正压，以防止结晶罐内部无菌状态被破坏。

（2）检查要点

① 结晶罐的夹套温度控制系统是否经过验证，热媒或冷媒的换热能力是否能达到生产工艺的温度要求。

② 结晶罐上的排气装置是否使用 $0.22\mu m$ 除菌级别的疏水性呼吸器；是否对呼吸器的完整性测试以及更换等进行规定，并按规定管理；是否定期对结晶罐机械密封件的维护保养及磨损、泄漏情况进行检查；无菌原料药如有加晶种操作，是否考虑对加晶种操作的无菌保护措施；无菌工艺模拟中是否模拟了加晶种操作。

③ 设备上与工艺控制相关的附件安装位置是否合理，比如：搅拌、温度/pH 电极的安装位置等。

④ 清洗验证的取样点是否包含最难清洗的位置（例如：封头、搅拌轴、搅拌叶等）。

2. 固液分离设备

固液分离设备可以分为：离心机、过滤器、三合一设备等，其中集过滤、洗涤、干燥为一体的三合一设备主要用于无菌原料药/原料药生产过程中结晶悬浮液的过滤、洗涤和干燥，三道工序是在同一台设备内完成的，因此大大降低了产品被微生物、内毒素和不溶性微粒污染的风险。

常用的过滤设备还有活性炭袋式过滤器、除菌过滤器、压滤器等，另外在小批量的原料药生产过程中，通常会用到抽滤器。选用此类设备时应充分考虑过滤介质的材质、孔径大小等因素，还应结合所生产的原料药生产工艺的特殊要求，例如保温、过滤效率、过滤面积等进行选择，其中选用用于无菌原料药生产的除菌过滤器时还应该考虑滤材与产品、溶媒的相容性及细菌的截留能力等因素。

（1）三合一设备工作原理

三合一设备为不锈钢材质立式容器，过滤板和顶部真空除尘器大多为多层 316L 不锈钢网烧结制成，与产品直接接触的各部件材质也多采用 316L 不锈钢。该设备由罐体、搅拌装置、轴端密封装置、升降机构、液压升降装置、可拆式罐底座、加热装置、传动机构、出料阀、洗涤（清洗）装置、灭菌装置（如为无菌原料药设备）、搅拌升降行程指示装置、显示屏与手动操作控制装置、液压泵站、主电控柜（包括变频器、CPU 等）等部件组成（图 3-32），实现机、电、仪一体化。该设备可实现在同一容器内完成从进料到过滤、洗涤、干燥，最后到出料等全过程的连续操作。

其工作原理是结晶后的悬浮液进料，通过抽滤或压滤的方式，使母液通过过滤介质达到固液分离，然后喷洒清洗溶剂实现滤饼的洗涤；再次分离母液后，用搅拌桨逐层刮起滤饼，同时在筒体夹套通入恒温热水对物料进行加热，并在搅拌下实现动态常压或真空干燥，干燥后的物料通过出料阀进入下一步操作。

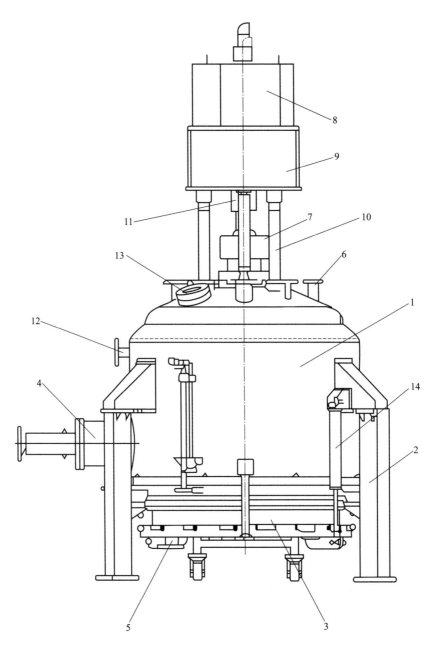

图 3-32 三合一设备示意图

1—罐体；2—支腿；3—底盘；4—出料口；5—平衡口；6—物料口；7—密封件；8—电机；

9—变速箱；10—固定装置；11—主轴；12—加热（冷却）介质口；13—视镜；14—升降装置

（2）检查要点

① 三合一设备温度控制系统是否经过验证，热媒或冷媒的换热能力是否能达到生产工艺的温度要求。

② 三合一设备的排气装置是否使用 $0.22\mu m$ 除菌级别的疏水性呼吸器；是否对呼吸器的完整性测试以及更换等进行规定。

③ 是否定期对三合一设备机械密封件的维护保养及磨损、泄漏情况进行检查。

④ 三合一设备的过滤孔径是否经过确认；三合一设备滤板的材质及更换情况是否符合规定。

⑤ 三合一设备的干燥效果是否经过验证，如果涉及干燥过程中取样，是否考虑使用对取样过程的无菌保护装置。

⑥ 如果工艺中后期没有混合操作，是否对三合一设备的混合均一性进行确认。

⑦ 三合一设备的关键参数（过滤面积、抽滤真空度等）是否能达到生产需求。

⑧ 三合一设备的清洁验证是否包含难清洁部位（例如：波纹管、搅拌桨叶等）的取样。

3. 双锥设备

（1）设备工作原理

双锥设备一般用于原料药干燥，双锥干燥机为双锥形的回转罐体，罐内在真空状态下，向夹套内通入蒸汽或热水进行加热，热量通过罐体内壁与湿物料接触。湿物料吸热后蒸发的水汽，通过真空泵经真空排气管被抽走。由于罐体内处于真空状态，且罐体的回转使物料不断地上下、内外翻动，故加快了物料的干燥速度，提高干燥效率，达到均匀干燥的目的。

其结构包括机架、罐体、旋转接头、真空过滤器、密封座等部分（图 3-33）。

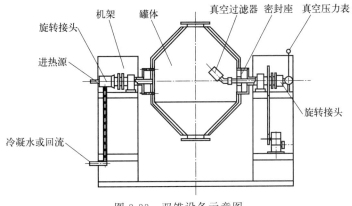

图 3-33 双锥设备示意图

（2）检查要点

① 双锥设备的夹套温度控制系统是否经过验证，热媒的换热能力是否能达到生产工艺的温度要求。

② 双锥设备上的真空过滤装置是否使用 $0.22\mu m$ 除菌级别的疏水性呼吸器；是否对呼吸器的完整性测试以及更换等作出规定，并按规定进行管理。

③ 是否定期对双锥设备机械密封件的维护保养情况进行检查。

④ 双锥设备的干燥效果是否经过验证，如果涉及干燥过程中取样，是否有取样过程的无菌保护装置。

⑤ 如果工艺中后期没有混合操作，是否对双锥设备的混合均一性进行确认。

⑥ 双锥设备的关键参数（气相温度、转动频率等）是否能满足生产需求。

⑦ 双锥设备清洁验证时是否包含难清洁部位（例如：真空弯臂、封头等）的取样。

4. 单锥混合器

（1）设备工作原理

单锥混合器主要用于原料药混粉，单锥混合器由防爆电机，经平行轴斜齿轮减速机驱动单螺带搅拌器旋转，带动物料沿锥型筒体旋转并自下而上提升，物料由于重力和惯性作用，自动流向旋涡中心回到锥型筒体底部，整个过程使物料作全方位的不规则往复运动，完成物料的混合。

其构造由锥型筒体、搅拌系统、减速机、电机、密封装置、粉尘捕集器、出料阀等部件组成（图3-34）。

（2）检查要点

① 单锥混合器的混合效果是否经过验证，相关参数（混粉时间、搅拌转速等）是否经过确认。

② 对于无菌原料药，混粉导入单锥混合器时是否采用无菌防护的方式（如通过密闭管道抽入设备中）。

③ 是否设有粉尘捕集设备，是否对粉尘捕集器的使用、清洁、更换等作出规定。

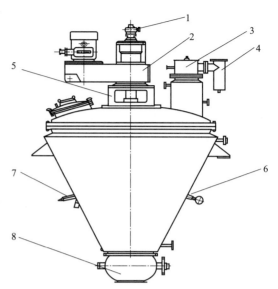

图 3-34 单锥混合器示意图
1—旋转接头；2—减速机；3—粉尘捕集器；
4—冷凝水收集井；5—机架；6—温度计；
7—真空取样阀（选装）；8—出料阀

三、典型缺陷及分析

【缺陷一】检查发现，某企业原料药生产车间为防爆车间，车间入口处无消除手静电的设施，车间输料间存放有无水乙醇、乙酸乙酯和环己烷等易燃易爆溶剂，该房间未安装防爆灯和防爆开关，安全防爆措施不足。

分析：生产区应设置必要的安全装置保证生产安全，生产原料药的防爆车间应有必要的安全防爆措施，如防爆车间的消除静电设施；易燃易爆仓储区或试剂室应安装防爆装置，如防爆灯和防爆开关。

【缺陷二】检查某企业原料药生产车间时，发现在活性炭称量间进行活性炭称量时，需拆包装后进行称量，称量过程无有效除尘设施；脱色间活性炭投料口无捕尘罩，生产过程易产生交叉污染。

分析：生产过程应采取防止粉尘扩散的措施。活性炭称量过程中会产生大量粉尘，企业在产尘操作间，如活性炭称量间或活性炭投料口应采取专门的除尘措施，避免生产操作过程中产生污染及交叉污染。

【缺陷三】检查某原料药生产车间时，发现原料药规定的贮存条件为遮光，其外包装间光线较强，无遮光措施，不符合原料药的储存条件要求。

分析：产品应在规定的储存条件下存放。产品对光敏感，贮存条件应为遮光，外包装间光线较强且无遮光措施，有对产品质量造成不利影响的风险。

【缺陷四】检查某企业原料药生产车间时，发现虽然企业规定离心机下料袋专品种专用，但五个品种使用的下料袋规格、颜色均相同，无编号及标识，易混淆，在使用过程中有不同品种之间造成交叉使用的风险。

分析：企业应采取措施防止不同产品之间交叉污染的风险。为了防止交叉污染，不同品种的离心机下料袋应专用，且需要增加标识，标明所应用于的品种，防止不同品种混用。不同品种下料袋无标识，存在混用的风险，会对产品之间造成交叉污染。

【缺陷五】检查发现某企业天平室中设有万分之一精密天平，但没有设置防震工作台，不能有效防止震动等因素对称量操作的影响。

分析：实验室的设计应确保其适用于预定的用途，必要时，应当设置专门的仪器室，使灵敏度高的仪器免受静电、震动、潮湿或其他外界因素的干扰。万分之一精密天平受震动影响较大，企业应采取相应的防震措施使万分之一精密天平免受震动影响，保证精密天平的准确性。

【缺陷六】检查某企业原料药生产车间脉动真空灭菌柜操作规程及记录，发现该车间日常操作期间不进行泄漏测试，无法保证灭菌柜真空室和管道的完整性。

分析：脉动真空灭菌柜主要用于内包材、洁净服的灭菌，车间应定期（通常每周一次）进行真空泄漏测试保证灭菌柜真空室和管道的完整性，避免灭菌不合格给洁净区环境及产品带来污染风险。

【缺陷七】检查某企业某头孢菌素类药品生产线称量间时，发现负压称量罩初效、中效过滤器及腔内外对应压差表在静态环境下显示 30Pa、30Pa 和 6Pa，压差表不归零，使用负压称量罩进行物料称量时，无法保证是否能够有效避免粉尘及交叉污染。

分析：企业不得使用失准的仪表用于记录和控制设备、仪器。负压称量罩主要用于物料称量，可避免粉尘及交叉污染。职工在生产操作前应检查压差表的状况，确认压差表经校准，且在校验有效期内，同时压差表显示正常，才能投入生产操作。

【缺陷八】检查发现某企业洁净区分装间的空气处理机组（air handling units，AHU）3-1 机组有除湿机，但车间组合式空调机组安装及性能确认未体现除湿机的确认内容，除湿机作为洁净区湿度控制的关键要素应该进行确认。

分析：企业应当确定需要进行的确认或验证活动，以证明有关操作的关键要素能够得到有效控制。房间的相对湿度会对暴露的产品或物料产生影响，特别是需要低湿度控制的产品，分装间的 AHU3-1 机组除湿机，主要调节湿度，作为洁净区控制的关键要素应进行充分的确认，以证明其能够得到有效控制。

【缺陷九】检查发现某企业低温成品储存冰柜未张贴测试或验证签，现场无法获得设备有效期，该设备没有维护保养记录。

分析：企业应制定设备的预防性维护计划和操作规程，设备的维护和维修应有相应的记录。低温成品储存冰柜如果温度超标，可能影响产品的稳定性，应当定期维护保养，确认设备一直处于良好的运行状态，该企业设备校验、维护保养管理不足，成品储存设备应定期维护，并有相应的记录和标识。

GMP

第四章

生物制品检查要点

第一节　厂房设施检查要点

一、基本要求

生物制品包括：疫苗、抗毒素及抗血清、血液制品、细胞因子、生长因子、酶、按药品管理的体内及体外诊断制品，以及其他生物活性制剂，如毒素、抗原、变态反应原、单克隆抗体、抗原抗体复合物、免疫调节剂及微生态制剂等。

生物制品的制备方法是控制产品质量的关键因素，生物制品的生产通常采用以下工艺实现：微生物和细胞培养，包括 DNA 重组或杂交瘤技术；生物组织提取；通过胚胎或动物体内的活生物体繁殖。

生物制品厂房设施的典型布局图参见图 4-1。

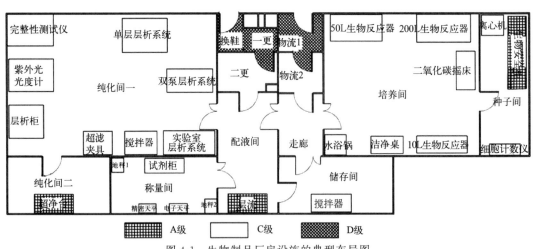

图 4-1　生物制品厂房设施的典型布局图

（一）生物制品的安全性

1. 病原微生物危害程度分类

在生物制品的生产和检测过程中，由于存在固有的风险、操作致病性和传染性微生物，必须优先考虑与生物制品相接触人员的安全、操作人员的操作安全和对环境的保护。如涉及病原微生物，应根据其危害程度采取相应防护措施。

国家对病原微生物实行分类管理，根据病原微生物的传染性、感染后对个体或者群体的危害程度，将病原微生物分为四类，分别如下所述。

第一类病原微生物，是指能够引起人类或者动物非常严重疾病的微生物，以及我国尚未发现或者已经宣布消灭的微生物。

第二类病原微生物，是指能够引起人类或者动物严重疾病，比较容易直接或者间接在人与人、动物与人、动物与动物间传播的微生物。

第三类病原微生物，是指能够引起人类或者动物疾病，但一般情况下对人、动物或者环境不构成严重危害，传播风险有限，实验室感染后很少引起严重疾病，并且具备有效治疗和预防措施的微生物。

第四类病原微生物，是指在通常情况下不会引起人类或者动物疾病的微生物。

第一类、第二类病原微生物统称为高致病性病原微生物。

《人间传染的病原微生物名录》、《动物病原微生物分类名录》列出了不同病原微生物的危害程度分类，以及不同的实验活动所需的生物安全实验室级别。

2. 生物安全实验室的设立与管理

国家根据生物安全实验室对病原微生物的生物安全防护水平，并依照实验室生物安全国家标准的规定，将实验室分为一级、二级、三级和四级。其中，一级防护水平最低，四级防护水平最高。企业根据涉及的病原微生物类别及所从事的活动，由具有经验的专业人员进行生物安全风险评估，考虑包括但不限于致病生物因子已知或未知的特性，涉及的操作活动风险，感染性废弃物的处置风险，涉及致病性生物因子的动物相关风险，人员、设施、设备风险等，并采取相应风险控制措施，设立相应等级实验室，并应依法取得批准或者进行备案。生物安全实验室分级如表 4-1 所示。

表 4-1　生物安全实验室分级

级别	生物危害程度	处理对象
一级	低个体危害，低群体危害	对人体、动植物或环境危害较低，不具有对健康成人、动植物致病的致病因子。
二级	中等个体危害，有限群体危害	对人体、动植物或环境具有中等危害或具有潜在危险的致病因子，对健康成人、动植物和环境不会造成严重伤害，具备有效的预防和治疗措施。
三级	高个体危害，低群体危害	对人体、动植物或环境具有高度危害性，通过直接接触或气溶胶使人传染上严重的甚至是致命的疾病，或对动植物和环境具有高度危害的致病因子，通常有预防和治疗措施。
四级	高个体危害，高群体危害	对人体、动植物或环境具有高度危害性，通过气溶胶途径传播或者传播途径不明，或未知、高危险的致病因子，没有预防和治疗措施。

(二) 厂房设施

1. 生产区

（1）生产区级别及相关操作

生物制品生产环境的空气洁净度级别应当与产品和生产操作相适应，厂房与设施不应对原料、中间体和成品造成污染。

生物制品多数为非最终灭菌工艺，生产操作应当在符合表 4-2 中规定的相应级别的洁净区内进行，未列出的操作可参照表 4-2 在适当级别的洁净区内进行。

表 4-2　生物制品生产操作的洁净度级别要求示例

洁净度级别	生物制品生产操作示例
B 级背景下的局部 A 级	药品 GMP"无菌药品"附录中非最终灭菌产品规定的各工序 灌装前不经除菌过滤的制品其配制、合并等
C 级	体外免疫诊断试剂的阳性血清的分装、抗原与抗体的分装
D 级	原料血浆的合并、组分分离、分装前的巴氏消毒 口服制剂其发酵培养密闭系统环境（暴露部分需无菌操作） 酶联免疫吸附试剂等体外免疫试剂的配液、分装、干燥、内包装

对于疫苗的一般及特定生产活动，建议的洁净室等级参见表 4-3 和表 4-4。

表 4-3　疫苗生产中一般生产活动的洁净室等级推荐

生产活动	非密闭系统洁净室等级	密闭系统洁净室等级
原材料接收和存储	UNC[①]	N/A[②]
原材料取样	非促微生物生长类物料：无级别区内具有除尘/通风控制的取样罩[③]； 促微生物生长类物料：D 级背景下具有 HEPA 送风空气及除尘控制的称量罩下； 无菌材料：专门区域[④]	N/A
玻璃容器和设备附件的热力灭菌	D 级	N/A
玻璃容器和设备附件热力灭菌后的储存	D 级（全封闭包装，如高压蒸汽包）或 C 级（保护屏障，如用铝箔覆盖的开口瓶）	UNC（封闭制药容器）
采用热力灭菌的培养基的制备	称重，混合：D 级	N/A
采用过滤方式除菌的培养基的制备	称重，混合：D 级	培养基最终过滤：在 D 级背景下的单向流（通常需要一个封闭的系统）
灭菌后的培养基存储	C 级，密封储存，但不是完全封闭（有与生物反应器等连接的口进行部分转移）	D 级封闭容器

生产活动	非密闭系统洁净室等级	密闭系统洁净室等级
采用热力灭菌的辅料制备	称重,混合:D 级	N/A
采用除菌过滤的辅料制备	称重,混合:D 级 辅料最终过滤:B 级背景下的 A 级	辅料最终过滤:D 级
主细胞和工作种子的生产	在 C 级背景下的单向流或二级生物安全柜⑤	D 级背景下隔离器或三级生物安全柜
种子存储	N/A	UNC
复苏和种子的小规模培养	种子的开放操作/用倾斜的烧瓶、培养皿的接种:D 级背景下的单向流,可接受使用二级生物安全柜代替	在隔离器操作或三级生物安全柜:D 级; 孵育:在 D 级背景下的封闭容器中
生产培养基的接种	D 级背景下的单向流	D 级
大规模的培养	推荐使用非密闭系统⑥	D 级
收获	C 级	D 级
灭活前分离/纯化	C 级	D 级
灭活	C 级	D 级
灭活后纯化	C 级	D 级
灭活后溶液的存储	未推荐	D 级
除菌过滤前半成品溶液的配制	C 级	D 级
最终除菌过滤	B 级背景下的 A 级	D 级
最终除菌过滤后的配液	B 级背景下的 A 级	D 级
无菌半成品的存放	N/A	D 级⑦或 UNC(根据密闭系统)
灌装	带有开放式接口的灌装储罐位于 B 级背景下的 A 级,灌装操作在 B 级背景下的 A 级	封闭储罐:D 级 隔离器或三级生物安全柜灌装:D 级背景下 A 级
轧盖之前全胶塞密闭液体疫苗的转移	轧盖区在无菌核心区(A 级/B 级)并与灌装区分离:B 级背景下的 A 级; 轧盖区在无菌核心区域之外并与无菌灌装区分开:单向流下转移,在 D 级背景下的单向流下轧盖	N/A
从灌装到冻干过程中半加塞西林瓶的转移、全压塞	传送带上:B 级背景下的 A 级 在移动单元内:B 级背景下的移动 A 级层流 半加塞西林瓶从冻干机到封口设备的转移:B 级背景下的 A 级	在验证过的密闭转移容器中:UNC
冻干机的装载区域	B 级背景下的 A 级	N/A
全压塞的西林瓶从冻干到轧盖区的转移	B 级背景下的 A 级 D 级⑧背景下 A 级送风环境	在验证过的密闭转移容器中:UNC
冻干后西林瓶的轧盖	A 级⑨	N/A

生产活动	非密闭系统洁净室等级	密闭系统洁净室等级
灯检	UNC	UNC
贴标签	UNC	UNC
装盒	UNC	UNC
质量控制实验室	无菌测试:B级背景下的A级	无菌测试:D级背景下的隔离器中

① UNC，即 unclassified，表示无级别区。

② N/A，即 not applicable，表示不适用。

③ C级、D级背景或无级别区下的单向流系统可能不被归类为A级（由于无B级背景环境），但可以额外提供有效的操作保护。

④ 原材料不得在未放行时带入生产区域。最终产品的无菌性要求原材料无菌时，此原材料需要在检验时取样，若为非最终灭菌产品，取样应在B级背景下的A级或在D级背景下的A级隔离器中进行。然而，部分原材料的检测可能会导致成品无菌检测区域受到污染或无菌检测灵敏度改变，如抗生素、促生长物质、防腐剂等。在这种情况下，企业应使用独立的原材料取样检测区域，或在产品检测之前对取样检测区域进行有效的清洁和处理。如果生产步骤需要原材料无菌，但后续将对该产品材料进行灭菌，企业应自行决定应在哪个洁净度级别下取样；如果最终材料采用除菌过滤，则至少需要C级取样环境。取样后，如果原材料容器闭性可以被重建，则原材料储存条件可与未取样材料储存条件一致。若容器密闭性不能被重建，则材料应在无菌条件下被转移到无菌容器中，重新进行无菌包装，或被存储在A/B级条件下。对原材料供应商提供的样品进行测试，可以有效避免无菌原材料的取样问题。

⑤ 由于操作人员或周围的环境会增加种子被污染的风险，除了使用单向流或生物安全柜外，也可以增加个人防护设备和既定程序。若种子使用开放操作，推荐使用C级或者更高等级。

⑥ 使用非密闭系统繁殖微生物是不被推荐的。然而，使用高选择性培养基或采用限制污染微生物繁殖的其他生长条件时，可以选择非密闭系统培养。如果未经无菌检测的微生物可能是污染物（例如支原体或病毒），则必须采有有效措施。若容器之间使用快速连接的方式连接转移，此时连接应是无菌操作，或者在特殊情况，需要在D级或更高级别背景下的单向流中进行连接转移。单向流对产品的保护程度（如在操作面上气流的均匀性和风速以及动态流型，或操作期间将操作人员限制在工作区域外的有效性）是评估这种做法是否可接受的关键因素。

⑦ 原液一般储存在大容量的容器中，虽然是密封的但未完全密封，如使用螺旋盖的瓶子储存。原液转移时可能通过无级别区，需要使用其他方式进行额外保护（如双层包装）；若原液储存在完全密封的容器中，那么转移和储存不需要额外保护，可以储存在无级别区。

⑧ 此处的转运车可能与B级背景下从灌装转移到冷干的转运车不同。

⑨ 根据已压塞产品的密封性、轧盖设备的设计、铝盖的特性等因素，轧盖操作可使用无菌工艺，也可在C级背景或D级背景的A级送风环境中进行。

表4-4　特定疫苗生产活动的洁净室等级推荐

生产活动	非密闭系统洁净室等级	密闭系统洁净室等级
亚单位和结合疫苗		
细胞破碎或分离	C级	D级
组分纯化	C级	D级
组分除菌过滤	中间体无菌处理:C级； 最终无菌处理:C级背景下的A级	D级
活化和结合反应	C级	D级
结合体纯化	C级	D级
结合体无菌处理	N/A	中间体无菌处理:C级； 最终无菌处理:B级背景下的A级

生产活动	非密闭系统洁净室等级	密闭系统洁净室等级
采用除菌过滤方式灭菌的灭活病毒疫苗		
病毒种子/细胞种子的存储	N/A	UNC
组织收集和分离（原代细胞）	C级	N/A
细胞传代	C级背景下的单向流	D级
种子复苏和小范围的传代	C级背景下的单向流	N/A
培养液的制备	D级背景下的单向流	D级
生产细胞的接种	D级背景下的单向流	D级
病毒繁殖	C级	D级
更换/添加培养基	D级背景下的单向流	D级
收获	C级	D级
浓缩/改变缓冲液	C级	D级
灭活前纯化	C级	D级
灭活	C级	D级
灭活后纯化	C级	D级
最终除菌过滤前的配液	C级背景下的单向流	D级
除菌过滤灭菌	B级背景下的A级	C级
最终除菌过滤后的配液	B级背景下的A级	C级
灌装	口腔和鼻腔黏膜给药：B级背景下的A级① 非消化道给药：B级背景下的A级	使用隔离器内灌装：D级
非除菌过滤的疫苗的制备		
用热力灭菌的材料的准备	D级	N/A
用除菌过滤的材料的准备	C级	N/A
生长细胞的准备	C级背景下的单向流	D级
接种物的制备	C级背景下的单向流	D级
传代	开放式操作在C级或C级背景下的单向流	D级
收获，纯化	开放式操作在C级或C级背景下的单向流	D级
非灭菌温度的处理	开放式操作在C级或C级背景下的单向流	D级
灌装、冻干（见表4-3），轧盖	含有活细菌的口服给药：B级背景下的A级②； 含有活病毒的口服或鼻腔黏膜给药：B级背景下的A级①； 含有活分枝杆菌或病毒，或热处理杀灭细菌，采用皮下注射（SC）、皮内注射（ID）、肌内注射（IM）给药：B级背景下的A级③	隔离器内灌装：D级
基于鸡胚培养的疫苗		
鸡蛋孵化和检验质量	UNC	N/A
鸡蛋接种和密封	C级背景下的单向流	N/A
接种后鸡蛋的孵化	非封闭的鸡蛋：C级	封闭的鸡蛋：D级

生产活动	非密闭系统洁净室等级	密闭系统洁净室等级
鸡蛋的收获	C级背景下的单向流（如果产品是除菌过滤的，则也可在D级背景下的单向流下进行）	N/A
灭活前病毒的纯化	C级或者D级背景下的单向流	D级
预灭活体的存储	C级	D级
灭活后病毒的纯化	C级	D级
在转基因细菌、酵母或昆虫细胞中的序列表达		
生产细胞的存储	UNC	UNC
生产细胞的传代	选择性培养基系统：D级；非选择性培养基系统：C级	D级
收获	对于选择性的培养基系统选择D级，对于没有选择性的培养基系统选择C级	D级
纯化	C级	D级
配液	灭菌前：C级；灭菌后：B级背景下的A级	D级
化学合成抗原		
化学合成、纯化	应满足GMP对活性药物成分的要求	应满足GMP对活性药物成分的要求
结合反应	D级	
配液	热力灭菌前：D级除菌过滤前：C级灭菌后：B级背景下的A级	D级

① 根据无菌试验的要求，在动态和静态条件下，环境至少要满足B级动态的要求。

② 考虑到配液过程中活性微生物的稳定性，环境至少要满足B级动态的要求。

③ 根据周围区域的设计和历史控制状态，在静态和动态条件下，可接受B级（动态）。

（2）防污染措施

① 在生产过程中使用某些特定活生物体的阶段，企业应当根据产品特性和设备情况，采取相应的预防交叉污染的措施，如使用专用厂房和设备、阶段性生产方式、使用密闭系统等。

② 灭活疫苗（包括基因重组疫苗）、类毒素和细菌提取物等产品灭活后，可交替使用同一灌装间和灌装、冻干设施。每次分装后，应当采取充分的去污染措施，必要时应当进行灭菌和清洗。

③ 卡介苗和结核菌素生产厂房必须与其他制品生产厂房严格分开，生产中涉及活生物体的生产设备应当专用。

④ 致病性芽孢杆菌操作直至灭活过程完成前应当使用专用设施，炭疽杆菌、肉毒梭状芽孢杆菌和破伤风梭状芽孢杆菌制品须在相应专用设施内生产。

⑤ 其他种类芽孢杆菌产品，在某一设施或一套设施中分期轮换生产芽孢杆菌制品时，在任何时间只能生产一种产品。

⑥ 使用密闭系统进行生物发酵的制品可以在同一区域同时生产，如单克隆抗体和重组DNA制品。

⑦ 无菌制剂生产加工区域应当符合洁净度级别要求，并保持相对正压；操作有致病作用的微生物应当在专门的区域内进行，并保持相对负压；采用无菌工艺处理病原体的负压区或生物安全柜，其周围环境应当是相对正压的洁净区。

⑧ 有菌（毒）操作区应当有独立的空调净化系统，来自病原体操作区的空气不得循环使用；来自危险度为二级以上病原体操作区的空气应当通过除菌过滤器排放，过滤器的性能应当定期检查。

⑨ 应当定期确认涉及菌毒种或产品直接暴露的隔离、密闭系统无泄漏风险；用于活生物体培养的设备应当能够防止培养物受到外源污染。

⑩ 生产过程中被病原体污染的物品和设备应当与未使用的灭菌物品和设备分开，并有明显标识；在生产过程中，如需要称量某些添加剂或成分（如缓冲液），生产区域可存放少量物料；洁净区内设置的冷库和恒温室，应当采取有效的隔离和防止污染的措施，避免对生产区造成污染；处理活生物体的过程中，进入及离开洁净区应使用不同的更衣室。

2. 质量控制区

① 实验室应指定专人承担实验室感染控制工作，定期检查实验室的生物安全防护、病原微生物菌（毒）种和样本保存与使用、安全操作、实验室排放的废水和废气以及其他废物处置等规章制度的实施情况。

② 企业应建立实验室感染控制及应急处理的管理流程，如：实验室发生高致病性病原微生物泄漏时，实验室工作人员应当立即采取控制措施，防止高致病性病原微生物扩散，并同时向负责实验室感染控制工作的机构或者人员报告。

③ 负责实验室感染控制工作的机构或者人员接到报告应当立即启动实验室感染应急处置预案，并组织人员对该实验室生物安全状况等情况进行调查；确认发生实验室感染或者高致病性病原微生物泄漏时，应当按照规定进行报告，并同时采取控制措施，对有关人员进行医学观察或者隔离治疗，封闭实验室，防止扩散。其他生物安全紧急事故发生后，应快速有效地对意外事故进行处置；对污染区域进行有效的控制，最大限度地清除和控制污染物对周围人员和环境的污染和扩散。

3. 动物房

① 用于生物制品生产的动物房、质量检定动物房、生产区应当各自分开。动物房的设计、建造及动物饲养管理要求等，应当符合实验动物管理的相关规定。

② 应当对生产及检验用动物的健康状况进行监控并有详细记录，内容至少包括动物来源、动物繁殖和饲养条件、动物健康情况等。

③ 生产和检定用动物应当符合《中华人民共和国药典》的要求。

4. 仓储区

① 仓储区除满足其他产品的仓储要求外，通常需要考虑对冷库进行管理，因为大多数生物制品要求冷藏/冷冻保存。冷库在使用之前均需要进行设计、安装、运行及性能确认，冷库一般还配有自动监测系统，因此需要对监测系统进行计算机化系统验证。

② 对于贮存种子批与细胞库的冷库，温度应当有连续记录，液氮贮存条件应当有适当的监测，并应有记录。

5. 监测系统

① 监测系统应进行计算机化系统验证。

② 监测系统应当自动生成监测记录，内容包括监测数值、日期、时间、监测点位置等。

③ 系统应当自动对监测指标进行不间断监测和记录。

④ 当监测的数值达到设定的临界值或者超出规定范围，系统应当能够实现就地和在指定地点进行报警，比如温湿度超标，可以同时采用短信或电话通信的方式，向至少3名指定人员发出报警信息；当发生供电中断的情况时，系统应当采用短信或电话通信的方式，向至少3名指定人员发出报警信息。

⑤ 监测系统各监测点终端采集的监测数据应当真实、完整、准确、有效，不可删除、修改和反向导入数据。

⑥ 企业应当对监测数据采用安全、可靠的方式进行备份，安装的监测点终端数量及位置应当符合要求，安装位置应经过确认，不能移动。

二、检查要点

除通用检查要点外，生物制品厂房设施检查过程中还需关注以下内容。

1. 生物制品的安全性评估

① 企业是否对所生产品种的生物安全进行评估，根据评估结果，对生产、维修、检验、动物饲养的操作人员、管理人员接种相应的疫苗，并定期体检。

② 来自危险度为二类以上病原体操作区的空气是否通过除菌过滤器排放，滤器的性能是否定期检查，且有相应的记录。

2. 厂房设施

（1）生产区

① 洁净区内设置的冷库和恒温室，是否采取有效的隔离和防止污染的措施，避免对生产区造成污染。

② 在生产过程中使用某些特定活生物体的阶段，企业是否根据产品特性和设备情况，采取相应的预防交叉污染措施，如使用专用厂房和设备、阶段性生产方式、使用密闭系统等。

③ 无菌生物制剂生产加工区域是否符合洁净度级别要求，并保持相对正压；操作有致病作用的微生物是否在专门的区域内进行，并保持相对负压；采用无菌工艺处理病原体的负压区或生物安全柜，其周围环境是否为保持相对正压的洁净区。对于病毒灭活前后应防止交叉污染，在检查过程中需要关注以下方面：生产车间的平面布局及人流、物流是否存在风险（包括人员卫生）；是否采取物理隔离或其他措施防止制品去除/灭活病毒前后的交叉污染；病毒去除和灭活后的生产区域是否独立，设备是否专用，区域是否有独立的空调净化系统；最终病毒去除/灭活前后的区域是否保持合理的压差；对于生产人员的人流情况，是否采取有效的措施避免病毒灭活前的生产人员在生产过程中进入病毒去除/灭菌后区域，如除病毒过滤后区域设置单独的更衣间。

④ 生产设备所使用的呼吸器的过滤材质是否为疏水性，是否有使用效期的规定，是否

按照规定的期限定期更换，更换前后过滤器是否进行了完整性测试。

⑤ 企业是否定期对涉及菌毒种或产品直接暴露的隔离、密闭系统的泄漏风险进行确认。

⑥ 生产过程中被病原体污染的物品和设备，是否与未使用的灭菌物品和设备分开，并有明显标识。

⑦ 活菌活毒区与非活菌活毒区人流、物流通道是否分开设置；活菌活毒区与非活菌活毒区、灭活前与灭活后区域的空调净化系统是否分别设置，活菌活毒区是否为相对负压。

⑧ 是否考虑使用密闭系统来改进无菌控制，如果在加工过程中使用非密闭系统（例如在添加生长补充剂、培养基、缓冲液，以及在细胞治疗产品生产期间进行采样和无菌操作期间），是否采取控制措施，以防污染、交叉污染和混淆。是否考虑人员、材料和工艺的逻辑和单向流动，以及使用就地清洁和消毒系统。如果使用无菌的一次性用品，如袋子和连接器，则应考虑适用性、可提取物、可浸出物和完整性及无菌一次性用品的无菌确认等方面。

⑨ 在生产设施中处理三级或四级病原微生物，通过程序控制避免人员进出的混淆时，人流设计是否合理；三级、四级实验室是否获得国家认可；是否在明显位置标示中华人民共和国国家卫生健康委员会和中华人民共和国农业农村部畜牧兽医局规定的生物危险标识和生物安全实验室级别标志；是否考虑涉及生物安全的各种设施的动力保障，以及异常情况处理。

（2）质量控制区

① 是否有专人承担实验室感染控制工作，并定期检查实验室的生物安全防护、病原微生物菌（毒）种和样本保存与使用、安全操作、实验室排放的废水和废气以及其他废物处置等规章制度的实施情况。

② 实验室是否有感染控制及应急处理的管理流程。

③ 生物安全紧急事故发生后，是否能够快速有效地对意外事故进行处置，对污染区域进行有效的控制，最大限度地清除和控制污染物对周围人员和环境的污染和扩散。

（3）动物房

① 用于生物制品生产的动物房、质量检定动物房、生产区是否各自分开。

② 动物房的设计、建造及动物饲养管理要求等，是否符合实验动物管理的相关规定。

（4）仓储区

① 是否考虑开门作业对冷库内温度分布特性的影响，通过测试确定合适的开门作业时限。

② 检查是否通过断电测试，分析冷库保温性能及温度变化趋势，确定冷库最长断电时限。

③ 企业是否对冷库的温控设施进行评估，以确认夏季和冬季极端条件下，冷库可以保持稳定的温度。

④ 设备、仪器仪表日常运行、维护及保养日志是否完整，仪器仪表的校准是否定期进行，并在校验合格期限内正常进行。

⑤ 其他要求：如涉及病原微生物菌（毒）种或者样本的运输及保藏是否符合规定。

（5）监测系统

① 监测系统是否自动生成监测记录，内容是否包括了监测数值、日期、时间、测点位置等。

② 监测系统是否具备一定的报警功能，比如冷库的监测系统除声光报警功能外，有无电话或短信报警功能。

③ 监测系统是否自动对数据进行不间断监测和记录。

④ 监测系统各测点终端采集的监测数据是否真实、完整、准确、有效。

⑤ 企业对监测数据是否采用了安全、可靠的方式备份。

⑥ 安装的监测点终端数量及位置是否符合要求，安装位置是否经过确认。

第二节 设备检查要点

除设备通用检查要点外，药品 GMP "生物制品" 附录第四章厂房与设备针对生物制品的设备管理作出规定。

在生物制品生产的上游阶段常用的设备主要有生物反应器、离心机、匀浆机、生物安全柜、发酵罐等。下游阶段常用的设备主要有纯化色谱系统、色谱柱、除菌过滤器、超滤系统、超净工作台、不锈钢储罐等。制剂常用设备有灌装机、轧盖机、洗瓶机、冻干机。包装常用设备有灯检机、贴标机等。其中轧盖机、洗瓶机的设备原理和检查要点同粉针剂关键设备；灌装机、冻干机的设备原理和检查要点同冻干粉针剂关键设备。本节介绍生物反应器、纯化色谱系统、超滤系统、液氮罐、一次性生物反应器、连续制造系统的设备原理和检查要点。

一、生物反应器

1. 设备工作原理

生物反应器是细胞培养/微生物发酵的核心设备，为细胞培养/微生物发酵过程提供良好的反应环境。生物反应器的结构主要包括反应容器和控制系统两大部分，反应容器提供细胞培养/微生物发酵的反应环境（如适宜温度、溶解氧量、pH 等），控制系统将反应环境控制在设定目标值。

生物反应器按培养工艺主要有分批培养、补料分批培养及浓缩补料培养/灌流培养三种培养方式。

（1）分批培养

分批培养指在培养过程中不需要进行补加营养物质（补料）的操作，在生产过程中需要的操作少，减少了培养过程中微生物污染的风险。另一方面由于不进行补料操作，培养环境中营养物质的含量随着细胞的生长不断减少，代谢产物持续增加，所以生产周期相对较短，更适用于宿主细胞本身不能长期维持生长、细胞表达产物在培养液中容易产生降解、聚集等质量变化的项目。分批培养的缺点是培养过程中随着细胞生长，培养液中的营养物质持续减少，代谢产物持续增加，限制了细胞培养的周期，进一步限制了目的蛋白质的表达量。

（2）补料分批培养

补料分批培养指在培养的过程中向培养体系中补加营养物质，为细胞的生长提供所需营养。所以相比于不补料的分批培养方式，补料分批培养一般能得到更高的细胞密度，更长的细胞培养周期，更高的蛋白质表达量，补料分批培养方式也是目前应用最多，技术发展最完善的培养方式。

（3）浓缩补料培养/灌流培养

由于补料分批培养方式只能向培养体系中补充营养物质，无法将细胞代谢产生的副产物从培养环境中去除，因此细胞在培养到一定时间后仍然会出现细胞活率下降的现象。因此在细胞培养工艺的不断进步中，发展出了浓缩补料培养和灌流培养两种培养方式，这两种新的培养方式都很好地解决了培养环境中细胞代谢产物对细胞的副作用，两种培养方式的原理基本一致，都是在细胞培养过程中，通过纤维膜过滤或者微载体培养的方式，将培养液与细胞或目的蛋白质分离，然后补充新鲜的培养液。但这两种培养方式又有不同点。浓缩补料培养由于不能将目的蛋白质从培养液中分离，所以在培养过程中，目的蛋白质的浓度在不断升高，对于那些在培养液中不稳定的目的蛋白质并不适用。而灌流培养在培养过程中不断将目的蛋白质从培养液中分离，而只把细胞截留在培养液中，所以目的蛋白质在从细胞内被表达到细胞外后，即可在较短的时间内进入到纯化环节。灌流培养一方面可以将目的蛋白质与宿主细胞自身表达的酶分离，避免了宿主细胞蛋白酶对目的蛋白质的降解作用；另一方面可以在去除宿主细胞蛋白酶的同时，将目的蛋白质重新置于新的溶液中，又避免了因细胞培养环境中离子强度变化导致目的蛋白质的聚集；另外，有些目的蛋白质可能会对宿主细胞产生毒副作用，而灌流培养将目的蛋白质快速与细胞分离，可以有效地保持细胞活率。

目前大多数的生物反应器采用连续灌流培养方式，细胞培养过程中多采用贴壁培养和悬浮培养的方式，贴壁培养为获得高产量一般使用微载体，但存在生物反应器放大困难等缺点，一般常见使用14L生物反应器；而悬浮培养是高产量、低成本的最有效方式，其生物反应器可达1000L，产量是贴壁培养的几倍甚至几十倍，目前新型生物制品开发多使用中国仓鼠卵巢（CHO）细胞的悬浮细胞系。对于连续灌流培养，细胞的传代比例、代次、培养时间均为一个既定的范围，一般不会发生变化，若发生变化应引起关注。

企业对于生物制品的原始细胞库、主细胞库和工作细胞库三级细胞库的管理，应该符合现行版《中国药典》〈生物制品生产检定用动物细胞基质制备及质量控制〉及ICH❶指导原则Q5A（R1）来源于人或动物细胞系的生物技术产品的病毒安全性评价（Viral Safety Evaluation of Biotechnology Products Derived from Cell Lines of Human or Animal Origin）的相关要求。

2. 检查要点

（1）确认与验证

生物反应器可以是非定制或定制设备，通常为商业化成熟的非定制设备，因此不需要进行设计确认，仅需要进行安装、运行及性能确认。

① 用户需求说明（URS）是否包括材质要求、参数控制的精准度、自动化程度等方面。

② 安装确认：安装环境、公用支持是否符合设备的要求，软件版本是否与既定的一致。

---

❶ ICH：The International Council for Harmonisation of Technical Requirements for Pharmaceuticals for Human Use，人用药品技术要求国际协调理事会。

③ 运行确认：系统所有功能按键是否可以正常使用；人机界面（HMI）是否与既定要求一致；其温度探头和 pH、溶解氧电极环路是否进行了校准；设定程序是否可正常运行；报警功能是否进行测试且有相应的文件以确认报警发生后的措施。

④ 性能确认：在用生产物料或者模拟物料进行性能确认时，设备各运行参数是否在规定的工艺参数要求的范围内，如温度，灌流速度，空气、氮气、氧气、二氧化碳流量，搅拌速度，pH，溶解氧量等；培养期间是否进行了无菌检测，检测结果是否合格。

⑤ 设备的计算机化系统是否进行了验证。

（2）细胞生长状态、质量

接种时，是否对细胞生长状态、质量进行观察、确认。

（3）扩增倍数

生物反应器等培养是否规定了扩增倍数。

（4）培养基配方

培养基配方是否经过了批准。

（5）培养参数

培养过程中参数（如温度、二氧化碳浓度、溶解氧量、pH、转速等），是否控制在要求的范围内。

二、纯化色谱系统

（一）设备工作原理

纯化色谱系统中起到分离作用的主要是色谱柱，根据不同蛋白质在不同 pH 下的电荷、分子量、疏水性不同或含有特定标签（如 His 标签等），不同蛋白质在不同的色谱柱中被捕捉、分离，得到精制。而纯化色谱系统主要为色谱柱提供不同的分离液，给蛋白质纯化提供一个稳定、快捷、可检测的程序化设备仪器。

（二）检查要点

1. 纯化色谱系统

纯化色谱系统可以是非定制或定制设备，如为定制设备需要进行设计、安装、运行及性能确认，并且需要对其计算机化程度进行计算机化系统验证。

（1）设计确认

① 用户需求说明（URS）是否关注进样口及出口数量，流速、压力、pH、温度、电导率的范围及精准度，管路及阀门材质及抛光度、气泡陷阱的设计等方面。

② 检查设计确认是否包括用户需求说明（URS）、功能设计说明（FDS）、详细设计说明（DDS）等内容。

（2）安装确认

安装环境、公用支持是否符合设备的要求，软件版本是否与既定的一致。

（3）运行确认

① 压力测试：在规定的压力下进行压力测试，色谱柱是否有泄漏。

② 流速/压力测试：对设备控制流量及压力是否进行了上下限的确认。

③ 梯度测试：在规定梯度洗脱下，是否可以形成重复一致的缓冲液溶液梯度。

④ 自动收集测试：在规定的时间，达到规定的紫外线吸收率或电导率时，是否可以正确收集。

⑤ 仪表/检测器/计时器：如果仪表/检测器产生的数据将用于过程控制，则检测器和计时器或数据采集与监视控制（SCADA）系统在工作范围内是否响应。

⑥ 联锁装置：所有与安全和纯化过程相关的联锁装置是否进行试验并正常运转。

⑦ 报警功能：所有的报警功能在超出设定范围时是否能触发。

⑧ 运行确认完成后是否建立了必要的操作、清洁、校准和预防性维护保养的操作规程，并对相关人员进行了培训。

（4）性能确认

① 在 PQ 之前，色谱柱的柱效及对称性是否确认合格。

② 取样：是否对取样程序进行了评估（例如取样频率、取样量、取样位置），以证明达到了去除或分离杂质的效果。

③ 数据：是否对压力、流速、温度、电导率、pH、紫外线吸收率等数据进行了评估，以确认设备及工艺功能符合预期要求。

④ 是否对色谱介质的使用寿命进行了验证。

2. 柱色谱工艺

柱色谱工艺是否对色谱介质、缓冲液离子强度（盐浓度）和 pH、流速及压力、平衡体积、上样量、收样范围等进行控制。

3. 纯化色谱系统色谱柱

是否规定了纯化色谱系统色谱柱的合格标准及使用寿命，对色谱柱的清洁或消毒、保存和再生是否进行了确认或验证。纯化不同产品的色谱柱是否专用，同一产品不同生产阶段是否使用不同的色谱柱。

4. 纯化色谱系统设备

是否对纯化色谱系统设备进行了验证，包括系统设备关键传感器的校验（通常为紫外线吸收率、电导率、流速、pH 等）；是否规定了关键配件的更换标准或周期；是否对系统的清洁或消毒进行了验证。

三、超滤系统

（一）设备工作原理

在超滤过程中，水溶液在压力推动下，流经超滤膜表面，小于膜孔的溶剂（水）及小分子溶质透过膜，成为净化液（滤清液），比膜孔大的溶质及溶质集团被截留，随水流排出，成为浓缩液。超滤过程为动态过滤，分离是在流动状态下完成的。被截留的溶质仅在膜表面有限沉积，超滤速率在超滤过程中逐渐减小，衰减到一定程度而趋于平衡，通过清洗超滤膜可以恢复。

(二) 检查要点

1. 超滤系统

超滤系统可以是简单的台式系统，也可以是复杂的定制自动化系统。简单的超滤系统包含所有必需组件，并且以手动操作。复杂的超滤系统可以由许多不同的系统和离散的组件组成，这些组件需要单独经过确认，整个系统也需经过确认，因此复杂的超滤系统需要分别进行设计、安装、运行及性能确认，还需要根据其复杂程度进行计算机化系统验证。超滤系统确认与验证的检查要点如下。

（1）用户需求说明（URS）

① 是否关注处理量体积、温度、泡沫控制、混合要求以及消毒或灭菌、管路及阀门材质及抛光度等方面。

② 是否考虑系统排水能力、垫片等弹性体兼容性和系统控制能力。

③ 再循环和过滤泵是否能够提供所需的在线清洗（CIP）流量，同时在处理过程中不会产生过大的剪切力。

④ 系统的设计是否允许充分排出空气，特别是在需要在线灭菌（SIP）操作的复杂几何形状系统中。

⑤ 过滤器模块的类型、数量和布置是系统的核心，是否能够在组件的水动力限制范围内提供所需的流量，并在模块内部产生可接受的流量特性。

⑥ 仪表类型选择和安装位置是否合适，压力仪表的位置是否靠近过滤装置，以显示膜的真实运行状况。

（2）安装确认

安装环境、公用支持是否符合设备的要求，软件版本是否与既定的一致。

（3）运行确认

① 压力测试：在规定的压力下，系统是否无泄漏。

② 流速/压力测试：对设备控制流量及压力是否进行了上下限的确认。

③ 超滤膜包/膜堆透水性是否合格。

④ 超滤膜包/膜堆完整性是否合格。

⑤ 联锁装置：所有与安全和过程相关的联锁装置是否进行了测试并证明运转正常。

⑥ 报警功能：所有的报警功能是否能在超出设定范围时触发。

⑦ 是否进行了最大/最小处理体积的确认。

⑧ 是否进行了运行期间物料温度变化范围的测试。

⑨ 运行确认完成后是否建立了必要的操作、清洁、校准和预防性维护保养的操作规程，并对相关人员进行了培训。

（4）性能确认

① 性能：是否能在规定的程序下运行，以验证运行参数（如流量、压力）在要求的范围内。

② 取样：是否对取样程序进行了适当的评估（例如频率、取样量、取样位置），以证明物料的损失满足 URS 要求。

③ 膜包的相容性（吸附和溶出）是否符合要求。

④ 数据：是否评估 PQ 数据（例如，压力、处理时间、物料温度、收率），以确认设备和工艺功能符合预期。

⑤ 是否对膜包/膜堆的寿命进行了验证。

2. 超滤膜包的关键参数

是否对超滤膜包的单位面积处理量、进出口压力以及流量流速等关键参数进行了控制。

3. 超滤膜包的使用次数

超滤膜包的使用次数是否有数据支持。

4. 超滤工艺等控制

是否对超滤工艺浓缩倍数、膜包的截留分子量进行了控制，是否对膜包的完整性和水通量进行了检测。

四、液氮罐

（一）设备工作原理

生物制品的细胞均保存于液氮中，液氮罐是存放液氮的一种容器，使液氮与外界隔绝，防止液氮快速挥发。

（二）检查要点

1. 确认与验证

（1）安装确认

主要检查其安装环境是否与说明书要求一致。

（2）运行确认

① 检查其灌入液氮后，设备表面是否有水珠产生，以确认液氮罐的保温能力。

② 灌满液氮后检查液氮罐的日挥发量是否满足要求，若有报警装置，确认其是否能触发。

（3）性能确认

确认液氮罐中放入细胞后补加液氮的周期，及放置每一层细胞的液氮警戒重量，是否保证细胞始终处于液氮中。

2. 细胞库

是否有文件规定限制细胞库的进出，并适当地隔离不同的细胞系。

3. 细胞储存

是否在适当的温度下储存细胞，监测储存区域的温度，细胞的存放及取出是否有记录。

4. 细胞库储存的位置

由于细胞库的灾难性故障会导致停产，是否将细胞库储存在多个不同的位置，最好是在不同的设施中。

5. 液氮罐的开启

液氮罐的开启是否由受控的人员进行，并且有足够的报警系统确认温度或液氮水平。

五、一次性生物反应器

（一）设备工作原理

一次性生物反应器（SUB）基于传统的不锈钢混合机工作原理而设计，同时具有一次性系统的所有优势，包括更低的启动和运行成本、更低的 CIP/SIP 以及更高的扩展灵活性，目前是抗体生产最主要的生物反应器。

（二）检查要点

除了涵盖生物反应器的检查要点外，还需要检查以下内容：
① 其材质是否满足《美国药典》标准（USP Class Ⅵ）或符合 GB/T16886 等要求；
② 是否进行了相容性和完整性研究，并制定合理的安装操作等 SOP。

六、连续制造系统

（一）设备工作原理

连续制造系统可应用于生产过程中的部分或全部单元操作，其运行时间可受到如对所有外源因子（如病毒、细菌、真菌、支原体）的控制，以及填料和膜寿命等各种因素的影响，但其运行不可达到或超过设定的体外细胞传代限度。

1. 生物制品连续制造模式示例

在组合的生产模式中，一些单元操作以批量制造模式运行，而其他单元操作则被整合并以连续模式运行。生产模式中可以包含缓冲管线或储罐，以在上述任何连续制造模式下维持恒定的输入和输出物料流。

下文以治疗性蛋白质原液（如单克隆抗体）整体连续制造工艺（图 4-2）为示例展开介绍。该工艺将灌流培养生物反应器与连续下游色谱和其他纯化步骤相结合，以连续模式捕获和纯化目的蛋白质。部分独立的单元操作与相邻的单元操作相整合，其他单元操作以一个缓冲罐相连。使用缓冲罐或缓冲管线可实现连续操作，以适应质量流量或工艺动态的差异。其他生物制品的连续制造系统可针对选定步骤的单元操作进行整合。

2. 外源因子控制

一般而言，用于确保批量制造安全性的所有原则均适用于连续制造，企业应根据 ICH 指导原则 Q5A（R1）中，控制生物制品的潜在病毒污染的三原则来证明安全性。对外源因子（如细菌、病毒、真菌、支原体）的控制应基于对所有潜在污染物来源（如起始物料和原材料、生产操作）的风险评估、去除和灭活外源因子的能力，以及确保无外源因子的检测能力。基于以上风险和能力的评估，企业应制定一个策略，包括所开展的外源因子检测的类型和频率，以证明确保该工艺在细胞培养及其下游工艺步骤中保持不受污染。连续制造独有的特点是延长了细胞培养过程时间，并能连续加工所收获的细胞培养物料以获得原液，这意味着应有措施来证明用于制造特定原液批次的所有细胞培养物料具有可接受性。如适用，对外源因子进行快速检测可能可以实现实时决策，以减轻连续制造期间污染事件的影响。

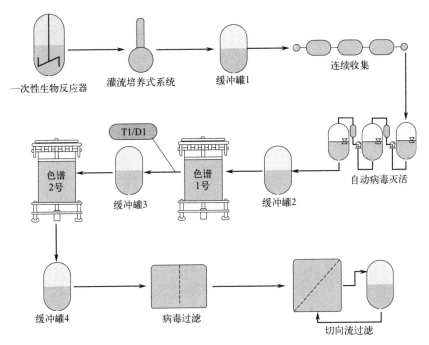

图 4-2　治疗性蛋白质原液的连续制造模式图

T1：过程分析技术（PAT）；D1：分流点

虽然使用封闭式加工设备可减少外源因子污染的风险，但为了防止污染，一次性设备在使用期间应确保其完整性。企业应评价潜在薄弱点（如焊缝、连接器）以及一次性系统中在可能延长的时间范围内或以更高频率进行连续制造后需要更换的典型位置的潜在污染风险。与批量制造的过滤步骤相比，连续制造的过滤步骤可能需要更长的过滤时间，并可能会导致单位面积产量增加或过滤器更换次数增加。考虑到上述因素，企业应制定控制策略和明确的计划，以在不中断工艺过程的情况下，适当进行过滤器更换和使用后的完整性测试。若过滤器未通过完整性测试，企业则应确定一个明确的物料分流和再过滤（返工）策略。

连续制造系统应包含基于风险评估确定的采样位置，以检测外来污染，同时避免在采样过程中引入不必要的污染风险。采样位置和频率可以根据不同产品和工艺来调整。整合系统可以使用缓冲罐在病毒灭活等步骤之间进行流量调整，或用于其他用途。使用缓冲罐时，企业应提前对此类缓冲罐中产品的相关停留时间分布（RTD）、均匀度和微生物风险进行评价和定义。在考虑连续制造工艺的设施设计时，如果经过适当的论证，可以使用开放式结构（开放大厅）布局中的封闭式系统，或使用对病毒过滤后的物料实施物理隔离的开放式系统。

3. 工艺检测和实时放行检测

连续制造适用于各种不同自动化水平的监测方案，例如直接放置在工艺容器或流动物料流中的在线传感器和进行自动采样的在线分析仪器，无论使用哪种检测方法，对连续制造工艺的适当阶段的检测都可以及时进行数据分析，以确保操作过程处于控制状态。在某些情况下，可以调整相关工艺参数，以保证过程中物料或输出物料的质量。加强在线/线上过程分析技术（PAT）能力和开发用于工艺监测的自动化系统，可以实现连续检测，以支持可能包括某些质量属性的实时放行检测（RTRT）策略。对于无法使用线上或在线过程分析技术的质量属性（如效价），有必要进行常规产品离线放行检测。同样，连续制造工艺可能还需要进行监测和控制的常规检测（例如，针对微生物分析方法和其他需要长时间处理的步骤的检测）。

（二）检查要点

① 批量可按照产物量、投料量、运行时间等定义。是否制定有异常情况（如过滤器完整性测试失败时）的应急处理或返工流程。

② 是否对驻留时间分布进行了详细的规定，以保证工艺的稳定性。

③ PAT 模型如何保障对不合格品的监控与剔除，是否建立了应急计划，以保证 PAT 发生故障时，能确保系统稳定运行。是否能够详细描述 PAT 模型的原理，并对 PAT 模型的开发与验证、维护进行全生命周期的管理。

④ 现有的开发数据、拟定的控制策略和来自商业规模批次的批次分析数据是否完全支持拟定的设计空间，以确保工艺验证的合理性。

⑤ 应关注连续制造生产的设备在设计上是否易于清洗和更换部件。

⑥ 对于生产中外源因子、一次性设备的完整性、病毒灭活工艺的均匀性是否规定了相应的频率进行检测。

第三节　典型缺陷及分析

【缺陷一】检查某生物制品车间时，发现用于过滤的浓缩超滤膜包由 3 个变更为 2 个连用，未进行评估及再验证，更换后的膜包系统存在风险。

分析：在更换生产过程中所使用的重要过滤部件/系统时，应进行风险评估，并根据风险评估结果确定是否进行再验证。膜包是超滤系统的重要部件，膜包直接影响蛋白质的截留，超滤系统膜包数量发生变化时，会影响浓缩效果，也会影响产品的收率。因此当膜包发生变化时，需要进行风险评估，确定是否进行验证，上述中浓缩超滤膜包由 3 个变更为 2 个连用，此变更需要进行验证，以验证变更后能够满足既定工艺要求。

【缺陷二】检查发现，某企业的色谱岗位纳滤工序与配液岗位（均为 C 级，各自人流通道）共用物流通道，且色谱岗位使用后的容器具传出需经与配液岗位之间的气锁间进入该岗位走廊，再进入物流缓冲间，存在对除病毒后原液污染的风险。

分析：厂房、生产设施和设备应当根据所生产药品的特性合理布局和使用，配液岗位可能存在病毒污染，后续经色谱岗位的纳滤工序后可得到除病毒的原液，但是色谱岗位与配液岗位（均为 C 级，各自人流通道）共用物流通道，不能有效避免经过除病毒工序处理的原液再次受到污染。企业应综合考虑不同工序的特性，评估共用功能间的可行性，合理布局和使用，降低污染和交叉污染的风险。

【缺陷三】检查某生物制品成品冷库时，发现冷库外置显示器显示温度为 −13℃，高于报警温度（报警温度为 −20℃），未见系统向接收人手机发送报警信息，存在冷库出现异常不能及时进行处置，对产品质量造成影响的风险。

分析：产品应在规定的储存条件下进行储存，企业应能及时监控到储存条件发生异常的情况。冷库的温度应能持续满足产品的贮存条件要求，出现超标情况时冷库报警功能应能及时报警，现场检查时冷库温度报警功能异常，不能及时识别超温信号，并采取相应的纠正措施，会对冷库内贮存的物料产生影响。

【缺陷四】检查发现，某企业使用外购二氧化碳气体及液氧（经气化）用于细胞连续灌流培养，但该企业未制定二氧化碳气体及液氧的质量标准，进厂后也未对其进行检验，对生产过程中使用的物料控制不足。

分析：生物制品细胞培养过程中所使用的各类气体也应按照生产用物料进行管理，制定气体入厂质量标准，进行检测合格后方能用于生产。

GMP

第五章
血液制品检查要点

第一节　厂房设施检查要点

健康人的血浆或经特异性免疫的人的血浆，经分离、提纯或利用 DNA 重组技术制成的血浆蛋白组分，以及血液细胞有形成分统称为血液制品。血液制品主要有人血白蛋白、静注人免疫球蛋白、肌注人免疫球蛋白（包括特异性人免疫球蛋白）、凝血因子等多类产品，用于治疗或被动免疫预防。

血液制品生产的全过程包括原料血浆采集、入库贮存、血浆复检、血浆蛋白分离纯化、病毒灭活、原液配制、灌装冻干、灯检入库、成品检定及批签发。

目前企业常以健康人血浆为原料，采用低温乙醇法或低温乙醇法结合色谱技术生产各类血浆蛋白制品。考虑到低温乙醇法分离出来的各组分的命名多以罗马数字表示，为便于大家初步了解血液制品的生产流程，在此进行简要介绍。

血液制品工业化生产始于第二次世界大战期间，1941 年受美国军方委托，哈佛大学医学院的 E. J. Cohn 教授领导的研究团队发明了用于血浆蛋白分离纯化的低温乙醇法，其中 Cohn6 法用于分离纯化人血白蛋白，Cohn9 法（又称 Oncley 法）用于分离纯化人免疫球蛋白。直到现在，全球大多数血液制品生产厂家仍然采用 Cohn6 法、Cohn9 法及 Cohn10 法的各种改良工艺，生产人血清白蛋白和免疫球蛋白。

低温乙醇法要求在生产过程中严格控制"五变参数"，即乙醇浓度、pH 值、温度、离子强度以及蛋白质浓度。通常的做法是逐步降低血浆的 pH 值（从 pH 8.0 降到 pH 4.6），逐步提高乙醇浓度（从 0％提升到 40％），同时降低温度（从 4℃降到－10℃），使各目的蛋白质在不同"五变参数"的组合下以组分（粗制品）的形式分步从溶液中沉淀出来，并通过离心或压滤进行分离。

各组分根据被分离出来的先后次序分别称为组分Ⅰ、组分Ⅱ、组分Ⅲ、组分Ⅳ、组分Ⅴ。一般来说，分子量较大的蛋白质如纤维蛋白原最先被沉淀出来，而分子量较小的蛋白质如白蛋白最后被沉淀出来。通过低温乙醇法先将血浆中的蛋白质分离成五个组分沉淀，每个组分沉淀再经过进一步的分离纯化即可得到纯度较高的目的蛋白质（图 5-1）。血浆蛋白在各组分中的分布情况如表 5-1 所示。

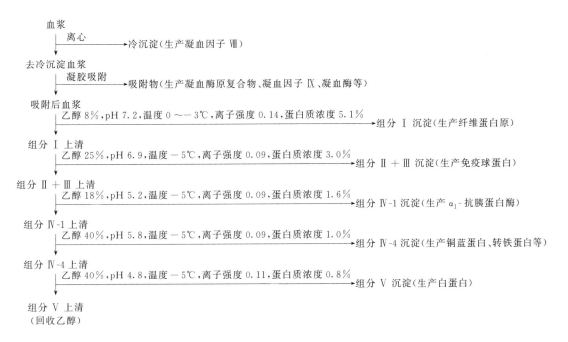

图 5-1　低温乙醇法分离血浆中蛋白质组分的流程图

表 5-1　血浆蛋白在各组分中的分布情况

组分名称	占总血浆蛋白的比例/%	主要蛋白质成分
组分 Ⅰ 沉淀	5～10	纤维蛋白原、凝血因子Ⅷ、补体 C1q、补体 C1r、补体 C1s、纤连蛋白
组分Ⅱ＋Ⅲ沉淀	25	IgG[①]、IgA、IgM、凝血因子Ⅱ、凝血因子Ⅶ、凝血因子Ⅸ、凝血因子Ⅹ、α-球蛋白、β-球蛋白、铜蓝蛋白
组分Ⅳ-1 沉淀	5～10	α-球蛋白、β-球蛋白、α_1-抗胰蛋白酶、IgM、AT-Ⅲ[②]、补体成分
组分Ⅳ-4 沉淀	5～10	α_1-球蛋白、β-球蛋白、铜蓝蛋白、转铁蛋白、结合珠蛋白
组分 Ⅴ 沉淀	50～60	白蛋白、α-球蛋白、β-球蛋白

① 免疫球蛋白（immunoglobulin，Ig）可分为 IgG、IgA、IgM、IgD 和 IgE 五类。

② AT 即抗凝血酶（antithrombin）。

低温乙醇法的一个重要优点是灵活性，易适应不同规模的血浆和分离各种制品的要求。使用同样的设备，该方法可以非常有效地分离出大多数血浆蛋白质。根据工厂生产能力，通过分开或合并几批组分沉淀以形成不同的批量规模。根据市场需要，可以将组分沉淀在 −30℃ 以下冷冻保存，直到需要时再进一步加工。

低温乙醇法的另一个优点是安全性。在大批量合并血浆时，不可避免有一定数量的细菌污染，低温和乙醇能够抑制细菌生长繁殖，存在于原料血浆中的细菌、热原大部分与废弃的组分一起被去除。

与其他产品相比，血液制品具有如下特点。

① 来源特殊：人源制品，以健康人血浆作为原料，病毒安全备受关注。

② 效果特殊：补充血液中的缺失成分，效果切实可靠，具有不可替代性与不可比拟性。

③ 性状稳定：液体状态的人血清白蛋白可以室温保存，冷藏保存的有效期可达 5 年以上。

④ 生产工艺：生产条件要求苛刻，产品质量标准特殊，技术要求高，且与多学科综合。

⑤ 公益性与营利性：高投入、高风险、高效益。

⑥ 安全性好，极少甚至没有毒副作用。

一、基本要求

血液制品生产区厂房应当为独立建筑物，不得与其他药品共用，并应使用专用的生产设施和设备，不得与其他异种蛋白质制剂混用。

血液制品来源特殊，因此还需要特别关注病毒灭活前后的交叉污染问题。企业应当采取措施，防止病毒灭活/去除前、后制品的交叉污染，病毒灭活/去除前、后的制品应当使用隔离的专用生产区域与设备，并使用独立的空调净化系统，病毒灭活前、后阶段厂房设施的分区如图 5-2 所示。

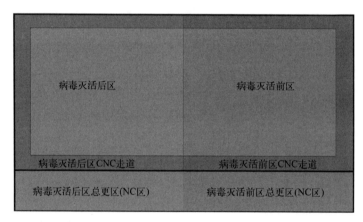

图 5-2　病毒灭活前、后分区

CNC，controlled not classified，即受控未分级；NC，unclassified，未分级

一般来说，血液制品生产分为血浆的融化、合并、组分沉淀的分离提取、组分沉淀的溶解、纯化精制、超滤或/和色谱、配液、无菌灌封、灯检和包装等工序。血液制品属于非最终灭菌生产工艺，应根据《药品生产质量管理规范》（2010 修订）"无菌药品"附录的要求进行生产。

其中，原料血浆的融化、合并、分离、提取、分装前的巴氏灭活或 S/D 灭活等工序应至少在 D 级洁净区内进行；灌装前产品配制及产品的过滤应至少在 C 级洁净区内进行；处于未完全密封状态下的产品置于完全密闭容器内的转运，以及直接接触药品的包装材料、器具灭菌后处于密闭容器内的转运和存放应在 B 级洁净区内进行。

由于血液制品生产工艺要求的特殊性，组分分离、纯化阶段大多在低温洁净室内进行，其余辅助房间为常温洁净室（常温洁净室与冻干粉针剂洁净室要求相同），故本部分仅描述低温洁净室的空调机组的运行及控制要求。

① 低温洁净室空调机组工作原理：由制冷中心供应低温（−15～−20℃）冷媒送入空

调机组的表冷器，自控系统根据设定的温度控制送风达到 2～8℃（或更低），送风风机将 2～8℃（或更低）的风送到洁净区，从而达到洁净室降温的目的。

② 低温洁净室空调机组的运行：设定房间所需温度，启动空调。正常运行时只用一台表冷器降温，此时表冷器前后风阀打开，机组向房间内送低温风。

③ 低温洁净室空调机组的化霜：洁净室降温过程中，表冷器运行一定时间后，其表面会结霜，从而影响降温效果及送风量。为了保证降温效果及送风量，表冷器需定时进行化霜处理。低温空调机组一般设置双表冷器交替化霜运行，每台表冷器前后均设置电动风阀进行控制。表冷器化霜有两种方式，一种为电加热化霜（图 5-3），另一种为 40～50℃乙二醇化霜（图 5-4）。企业一般根据表冷器前后压差判断是否需要化霜，表冷器前后压差的限值在调试时确认，同时应保证处于该数值时机组的送风量符合要求。表冷器需要化霜时，先打开另一台表冷器的前后风阀，通冷媒降温，随后关闭需要化霜的表冷器的前后风阀，再通过电加热或 40～50℃乙二醇进行化霜。当表冷器温度符合要求时或根据设定时间结束化霜。

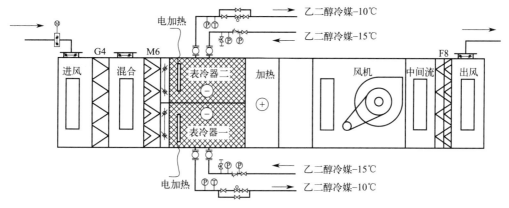

图 5-3　空调机组电加热化霜原理示意图

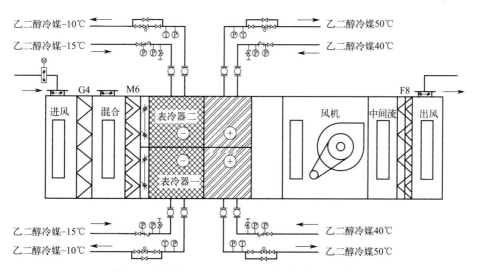

图 5-4　空调机组 40～50℃乙二醇化霜原理示意图

二、检查要点

基于血液制品生产过程对无菌控制要求高且存在病毒灭活前后交叉污染的风险，检查时应关注工艺布局，人物流走向，气流方向，洁净度级别，不同房间和区域的压差、温度、相对湿度等，以评估厂房设施的设计是否符合标准要求。

① 检查生产区布局，融浆区、组分分离区域以及病毒灭活前、后生产区域是否彼此分开。

② 检查生产区空调，融浆区及病毒灭活前、后各区域是否有独立的空调净化系统。

③ 检查生产区洁净度级别，不同操作功能区是否与洁净度级别相适应，如血浆融化及合并操作一般为 D 级洁净区，产品配制一般为 C 级洁净区。

④ 检查轧盖区设置，是否设置独立的轧盖区域并设置适当的抽风装置，不单独设置轧盖区域的，是否能够证明轧盖操作对产品质量没有不利影响。

⑤ 检查称量区设置，产尘物料的称量区与相邻房间是否呈负压或设置负压称量装置，防止扬尘；称量区洁净度级别设置是否与物料使用级别相适应。

⑥ 检查灯检和包装区，一般血液制品对储存温度要求较为严格，如人血清白蛋白的一般储存温度为 10~30℃、静注人免疫球蛋白和凝血因子产品的一般储存温度为 2~8℃，查看生产区是否设置有相适应的温度控制设施；当温度超出控制范围时是否有时限要求。

⑦ 检查洁净室内设置的冷库和恒温室，是否采取有效的隔离和防止污染的措施，避免对生产区造成污染。

第二节　设备检查要点

目前血液制品原液制备阶段使用的设备包括血浆袋清洗机、血浆袋破袋机、低温反应罐、压滤机、离心机、超滤系统、色谱系统、病毒灭活系统等；血液制品分装使用的灌装设备主要以联动线的形式出现，分为洗瓶机、隧道烘箱、灌装机、轧盖机四部分。其中洗瓶机、隧道烘箱、轧盖机的设备原理及检查要点同粉针剂关键设备，灌装机的设备原理及检查要点同冻干粉针剂关键设备。

对于血液制品中的凝血因子类产品，如人凝血因子Ⅷ、人纤维蛋白原、人凝血酶原复合物等，为保持产品中凝血因子的活性及其稳定性，一般均采用冷冻工艺将血液制品制作成冻干产品。冻干产品的工艺同普通制剂的冻干工艺，冻干机的设备原理及检查要点同冻干粉针剂关键设备。

本节主要介绍血浆袋清洗机、血浆袋破袋机、低温反应罐、离心机、板框式分离机、凝胶色谱或凝胶吸附设备、超滤设备、病毒去除灭活设备及除菌过滤设备。

一、血浆袋清洗机、血浆袋破袋机

1. 设备工作原理

血浆袋清洗机主要用于血浆袋外表面的清洗，一般采用的清洗流程为循环水浸泡、循环水（降级水）清洗、纯化水清洗、注射用水清洗、洁净压缩空气干燥。

血浆袋破袋机是在一个密闭空间内，使用刀具或其他装置将血浆袋破开，通过机械挤压或惯性重力的方式将血浆和血浆袋进行分离。

血浆袋清洗机、血浆袋破袋机（图5-5）均可通过CIP系统或自身动力实现使用前后的清洁。

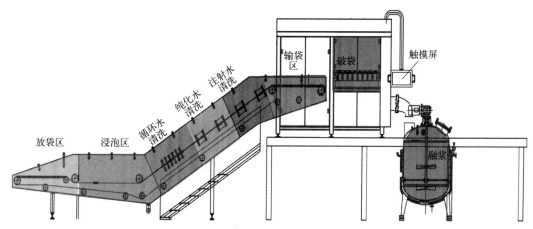

图5-5　血浆袋清洗机、血浆袋破袋机设备示意图

2. 检查要点

（1）血浆袋清洗机检查要点

① 血浆袋清洗机清洗前段是否在控制区或一般区，清洗后段是否在洁净区，需关注是否有防止空气倒灌的控制措施。

② 关注清洗流程是否存在交叉污染的风险。

③ 关注清洗时间（或清洗输送速度），关注清洗过程清洗用水、压缩空气的压力或流量。

④ 关注清洗用水的温度，一般不超过37℃。

⑤ 关注清洗效果，一般采用擦拭法取样检测清洗后血浆袋外表面的微生物残留，需关注取样位置。

（2）血浆袋破袋机检查要点

① 关注血浆袋破袋机清洗效果，是否存在清洗死角、盲区。

② 关注破袋速度是否与清洗速度相匹配。

③ 关注破袋过程是否存在交叉污染的风险。

二、低温反应罐

1. 设备工作原理

目前制备血液制品所使用的反应设备主要是低温反应罐，根据用途低温反应罐一般应具备温度控制、混匀、保温、计重、CIP等功能。反应罐具有罐体、冷却夹套、保温层、外套、物料进出口、人孔等结构，并配有搅拌、称重以及必要的取样功能。反应罐所配备的搅拌系统应根据不同的反应物系，如液-液、液-固等，配置有效的叶形并设置相应的搅拌强度，以保证达到预期的效果。

2. 检查要点

① 检查反应罐容积是否与批量相适应。

② 检查反应罐温度控制功能是否满足生产过程控制要求，工艺中规定有降温或升温的温度调节要求的，查看现场设备是否具有该功能，温度控制系统是否定期确认。

③ 搅拌均一性是否进行确认。

④ 称重系统是否定期进行确认。

⑤ CIP 系统是否存在清洗死角，是否定期确认。

三、离心机

1. 设备工作原理

离心机利用电机带动离心转鼓高速旋转产生的强大离心力，加速液体中颗粒的沉降速度，将样品中不同沉降系数和浮力密度的物质进行分离（图 5-6）。

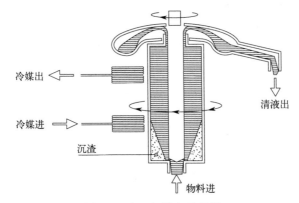

图 5-6　离心机设备示意图

2. 检查要点

① 关注离心机启动至达到预定转速的时间。

② 关注离心分离进液时间。

③ 关注进出液温差控制情况。

④ 关注进出液速度控制情况。

⑤ 采用冷却装置时需关注冷却介质的使用是否存在污染血液制品的风险。

⑥ 关注离心后组分沉淀收集时限控制及使用的器材是否存在污染组分的风险。

四、板框式分离机

1. 设备工作原理

板框式分离机，即板框式压滤机，是工业生产中实现固体-液体分离的一种设备（图 5-7），应用于化工、陶瓷、石油、医药、食品、冶炼等行业，也适用于工业污水过滤处理。

板框式分离机固液分离的基本原理：固液混合物在一定压力下流经过滤介质（滤板），

固体物质被截留在滤板上，并逐渐在滤板上堆积形成滤饼，而滤液部分则渗透过滤板，进行下一步的分离提取。

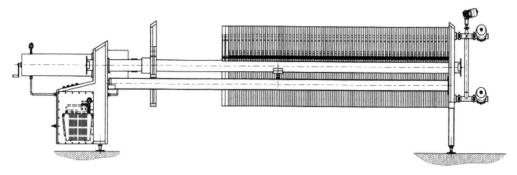

图 5-7　板框式分离机设备示意图

2. 检查要点

① 关注板框式分离机清洁验证情况：清洗后蛋白质残留检测。

② 关注过滤介质是否含有石棉（禁止使用含石棉的过滤介质）。

③ 关注助滤剂的选择、助滤剂的添加比例、助滤剂添加过程如何减少粉尘污染。

④ 关注过滤前预降温介质的选择以及温度控制参数。

⑤ 关注过滤过程进出液压力控制、温度控制。

⑥ 关注过滤后洗涤介质的选择（成分、理化条件）。

⑦ 关注分离后组分沉淀收集时限控制及使用的器材是否存在污染组分的风险。

五、凝胶色谱或凝胶吸附设备

1. 设备工作原理

离子交换色谱中，基质由带有电荷的树脂或纤维素组成，带有负电荷的树脂被称为阳离子交换树脂，而带有正电荷的树脂被称为阴离子树脂。离子交换色谱同样可以用于蛋白质的分离纯化。

由于蛋白质也有等电点，当蛋白质处于不同的 pH 条件下，其带电状况也不同。阴离子交换基质结合带有负电荷的蛋白质，所以这类蛋白质被留在色谱柱上，然后通过提高洗脱液中的盐浓度等措施，将吸附在色谱柱上的蛋白质洗脱下来。结合较弱的蛋白质首先被洗脱下来。反之阳离子交换基质结合带有正电荷的蛋白质，结合的蛋白质可以通过逐步增加洗脱液中的盐浓度或是提高洗脱液的 pH 值被洗脱下来。

2. 检查要点

① 关注色谱参数，如色谱压力、pH、电导率等。

② 关注柱效检测周期及范围。

③ 关注色谱系统和色谱介质（填料）的清洗和保存，是否能够防止污染。

④ 色谱填料的保存条件和保存有效期是否有规定。

⑤ 色谱填料使用寿命（重复使用次数）是否进行验证或进行相关研究，并规定填料使用次数。

六、超滤设备

1. 设备工作原理

超滤是以分离大分子与小分子为目的，以压力为推动力的膜分离技术之一，其设备见图5-8。在超滤过程中，水溶液在压力推动下，流经膜表面，小于膜孔的溶剂（水）及小分子溶质透过膜，成为净化液（滤清液），比膜孔大的溶质及溶质集团被截留，随水流排出，成为浓缩液。超滤过程为动态过滤，分离是在流动状态下完成的。

血液制品生产过程中使用超滤去除血液制品中乙醇、氯化钠、铝离子等小分子物质，以及完成血液制品的浓缩，进而提高血液制品中蛋白质浓度。

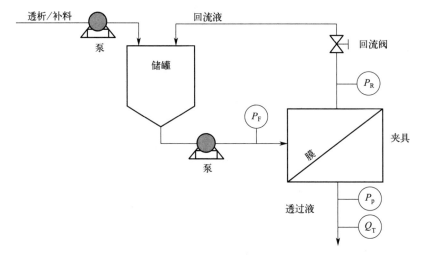

图 5-8　超滤设备示意图

P_F：膜前压力；P_R：回流压力；P_P：排放压力；Q_T：排放流量

2. 检查要点

① 关注超滤膜截流分子量、材质，是否进行完好性确认，是否有再确认的周期。

② 用于去除产品中如铝离子、乙醇等杂质时应关注透析缓冲液的用量。

③ 关注超滤过程中超滤膜的进/出压力（透膜压力）控制。

④ 关注超滤膜的清洗和保存是否能防止污染。

⑤ 关注在超滤过程中是否有监控滤过端蛋白质泄漏的措施。

⑥ 超滤膜的使用寿命与具体使用条件有关，关注是否有适宜的更换超滤膜的判断标准。

⑦ 关注超滤过程是否有最长允许工艺时间。

⑧ 病毒去除/灭活前、后使用的超滤设备应区分使用。

七、病毒去除/灭活设备

1. 设备工作原理

血液制品的原料来源于人血浆，因此存在传播病毒的风险。目前已知经血液制品传播的病毒主要有乙型肝炎病毒（HBV）、丙型肝炎病毒（HCV）、人类免疫缺陷病毒（HIV-1、

HIV-2)、人类嗜 T 淋巴细胞病毒（HTLV）和人类细小病毒 B19。为了提高血液制品的安全性，生产工艺要具有一定的去除/灭活部分病毒的能力，生产过程中应有特定的去除/灭活病毒方法。

目前常用的去除/灭活病毒工艺有巴氏灭活（60℃±0.5℃，10h）、低 pH 孵放（24±1℃，至少 21 天）、有机溶剂/清洁剂灭活 [0.3％磷酸三丁酯（TBP）和 1％吐温-80，25±1℃，6h]、干热病毒灭活（100℃±1℃，30min）、纳米膜过滤等，其中巴氏灭活、低 pH 孵放、有机溶剂/清洁剂灭活、干热病毒灭活属于病毒灭活步骤，纳米膜过滤属于病毒去除步骤。

人血清白蛋白去除/灭活病毒普遍采用巴氏灭活，使用的设备为带有温控功能的制品罐；人免疫球蛋白（含特异性人免疫球蛋白）和静注人免疫球蛋白去除/灭活病毒通常采用低 pH 孵放结合纳米膜过滤，低 pH 孵放使用的设备为带有温控功能的制品罐或使用一个带有温控功能的功能间，纳米膜过滤则采用纳米级滤芯进行过滤；凝血因子类产品如人凝血因子Ⅷ、人纤维蛋白原、人凝血酶原复合物等去除/灭活病毒通常采用有机溶剂/清洁剂灭活（S/D 法）结合干热病毒灭活，有机溶剂/清洁剂灭活（S/D 法）使用的设备为带有温控功能的制品罐，干热病毒灭活所使用的设备一般为水浴灭菌柜。水浴灭菌柜的检查点同小容量注射剂关键设备。

2. 检查要点

① 巴氏灭活：需关注血液制品在灭活过程中的温度分布均一性是否经过确认，灭活过程中的关键参数（如温度、时长等）是否连续记录，必要时该记录应附于产品批生产记录中。病毒灭活系统验证应覆盖最小及最大装量范围，并定期进行再验证。

② 低 pH 孵放：需关注血液制品病毒灭活期间温度、持续时间、pH 等工艺参数，需关注血液制品在病毒灭活期间防止污染的控制措施。

③ 纳米膜过滤：需关注血液制品过滤压力、过滤时长、过滤前/后滤膜完整性检测等情况；滤芯是否进行了编号管理，血液制品过滤滤芯是否存在重复使用的现象，是否有滤芯使用、清洁灭菌和更换的相关记录。

④ 有机溶剂/清洁剂（S/D）灭活：需关注血液制品蛋白质含量、有机溶剂浓度、温度、时间等工艺参数，同时需除去蛋白质溶液中可能存在的颗粒（颗粒可能藏匿病毒从而影响病毒灭活效果）。

⑤ 干热病毒灭活：需关注干热病毒灭活设备装载方式、灭活时间、温度，以及病毒灭活前、后如何防止混淆等。

八、除菌过滤设备

1. 设备工作原理

除菌过滤是指采用物理截留的方法去除液体或气体中的微生物，以达到无菌药品相关质量要求的过程。其所用的设备是含有微小孔径的滤菌器，主要用于血清、毒素、抗生素等不耐热生物制品及空气的除菌，常用的滤菌器有薄膜、折叠滤芯。

无菌制剂生产中使用的过滤器有多种形式，根据使用目的不同分为三种：澄清过滤器、预过滤器和除菌过滤器，只有除菌过滤器（孔径：0.2μm）才能起到终端无菌保证的作用。

在血液制品的除菌工艺中，大多数企业使用的过滤流程为：制品暂存罐→预过滤器→除菌过滤器（冗余过滤器）→缓冲装置→终端除菌过滤器→灌装。

过滤器具体的材质和滤径选择由企业根据药液性质决定，选择过滤器材质时，企业应充分考察其与待过滤介质的兼容性，不得与产品发生反应、释放物质或有吸附作用，除菌过滤器不得脱落纤维，严禁使用含有石棉的过滤器。

2. 检查要点

① 过滤工艺验证应包括细菌截留试验、除菌过滤试验、化学兼容性试验、可提取物或浸出物试验、吸附性试验等内容，可委托滤芯生产厂家针对具体的待过滤介质，结合特定的工艺条件实施验证。

② 是否制定了滤芯使用操作规程，是否规定了各类型滤芯完整性测试方法、测试频率以及更换原则，滤芯使用前/后是否进行了完整性测试。

③ 滤芯是否进行了编号管理，血液制品过滤滤芯是否重复使用。

④ 企业是否有滤芯使用、清洁灭菌和更换滤芯的相关记录。

第三节　典型缺陷及分析

【缺陷一】检查发现，某企业无菌分装间（B+A 级）与控制区走廊间的观察窗使用单层玻璃打胶密闭进行隔离，无菌生产区存在受到外界污染的风险。

分析：洁净厂房的设计应当尽量避免污染及交叉污染的产生。无菌分装区为无菌制剂生产的核心区域，按洁净厂房的压差设计由外到内逐渐递进的理念，无菌分装区与外围控制区的压差应在 40Pa 以上，如与控制区走廊的密封使用单层玻璃，则与彩钢板间的连接部分的密封胶在长期受力的情况下，很容易产生缝隙，使无菌洁净区的密封性遭到破坏，一旦压差出现波动，容易造成控制区与无菌洁净区之间发生交叉污染。

【缺陷二】检查企业洁净生产厂房现场，发现在 B 级更衣间内设置有两盏照明灯具，仅有一盏照明正常，房间内光线较暗，不能满足生产操作需求。

分析：生产区应当有适度的照明，目视操作的区域照明应当满足需求。制药工业生产厂房内要求有目视操作的房间内照度≥300Lx，在 B 级更衣间内，操作人员更衣过程中及更衣结束后，需对镜观察更衣细节，此房间的照度不能满足≥300Lx 的要求，操作人员不能有效观察无菌更衣执行细节情况，给无菌更衣过程带来污染及交叉污染的风险。

【缺陷三】检查某企业时发现，企业《搅拌罐确认方案和报告》的内容不完整，仅对搅拌罐的搅拌功能、清洗方法进行了确认，缺少 DQ、IQ 等相关内容确认，如对设备采购合同明确的罐体材质等的确认。

分析：与药品直接接触的生产设备应耐腐蚀，不得与药品发生化学反应，不得吸附药品或向药品中释放物质。药品生产中，与药品直接接触的容器具材质一般选用低碳的 316L 不锈钢，若在进行确认时，不对与制品直接接触的容器具的材质进行确认，则无法判断生产设备是否存在对药品质量产生不利影响的因素。

【缺陷四】检查企业反应罐所使用的润滑油时，发现企业不能提供润滑油的证明资料，现场有润滑油脂泄漏痕迹。

分析：药品生产中所使用的发酵罐、反应罐等带搅拌的设备应密封良好，应尽可能使用食用级或级别相当的润滑剂、冷却剂等。药品生产所使用的发酵罐、反应罐等带搅拌的设备，如密封不良会发生润滑油、冷却剂泄漏并混入药品造成污染的现象，因此要求此类设备必须采用可靠的密封方式，防止污染的发生，常用的机械密封结构无法做到零泄漏，故需使用食用级或级别相当的润滑剂。

GMP

第六章
中药检查要点

第一节　中药饮片

一、厂房设施检查要点

1. 基本要求

（1）生产区

① 厂房与设施应按生产工艺流程合理布局，并设置与中药饮片生产规模相适应的净制、切制、炮制、包装等操作间。同一厂房内的生产操作之间和相邻厂房之间的生产操作不得互相妨碍。

② 直接口服中药饮片的粗粉、微粉、过筛、内包装等生产区域应按照 D 级洁净区的要求设置，中药饮片进入洁净区之前应进行微生物控制，设置相应的微生物控制设施或措施。粗粉工序若设置在一般区，在粗粉进入洁净区之前，应设置对粗粉进行微生物控制的设施或措施。

③ 毒性中药材加工、炮制应使用专用设施和设备，并与其他中药饮片生产区严格分开，生产的废弃物应经过处理并符合要求。

④ 厂房地面、墙壁、天棚等内表面应平整，易于清洁，不易产生脱落物，不易滋生霉菌；应有防止昆虫或其他动物等进入的设施，灭鼠药、杀虫剂、烟熏剂等不得对设备、物料、产品造成污染。

⑤ 对于中药饮片炮制过程中产热产汽的工序，应设置必要的通风、除烟、排湿、降温等设施；对于净制、筛选、粉碎等易产尘的工序，应当采取有效措施，以控制粉尘扩散，避免污染和交叉污染，如安装捕尘设备、排风设施等。

⑥ 厂房设施的维护、清洁、消毒的管理规程及相关记录应完整。

（2）仓储区

① 仓库应有足够空间，面积与生产规模相适应。中药材与中药饮片应分库存放；罂粟

壳、毒性中药材及中药饮片等有特殊要求的中药材和中药饮片应当设置专库存放，并有相应的防盗及监控、报警设施。

② 仓库内应当配备适当的设施，并采取有效措施，对温湿度进行监控，保证中药材和中药饮片按照规定条件贮存；贮存易串味、鲜活中药材应当有适当的设施（如专库、冷藏设施）。

（3）质量控制区

① 质量控制实验室通常应与生产区分开，微生物限度检查实验室、阳性菌实验室应分开设置。

② 应设立试剂存放间，普通试剂与毒性化学试剂分开存放。对照品、标准物质按规定储存与发放，设专人管理。

③ 有温湿度储存要求的场所应有温度、湿度监测装置。

④ 应设立留样室，配备足够的留样存放设施，有温湿度监测装置和记录。根据留样的储存条件设置常温、阴凉留样室。

⑤ 中药标本室应当与生产区分开。

（4）辅助区

① 休息室的设置不应当对生产区、仓储区和质量控制区造成影响。

② 更衣室和盥洗室应当方便人员进出，并与使用人数相适应。盥洗室不得与生产区和仓储区直接相通。

③ 维修间应当尽可能远离生产区，存放在洁净区内的维修用备件和工具，应当放置在专门的房间或工具柜中。

2. 检查要点

（1）生产区

① 检查是否根据不同的中药饮片生产工艺，设置与其生产规模相适应的净制、切制、炮制、包装等操作功能间（区）及辅助间；是否便于物料进出及存放，能否避免混淆、差错和交叉污染。

② 检查生产、贮存区域是否为人流、物流通道。

③ 检查是否根据物料、中间产品、待包装品的性质和质量分别存放，并有明显的状态标识。

④ 检查中药材的净选操作是否设有拣选工作台，工作台表面是否平整、不易产生脱落物。

⑤ 检查净制、切制、炮制等操作间是否有相应的通风、除尘、除烟、排湿、降温等设施。

⑥ 检查产尘操作间是否设计为相对负压，捕尘设施能否有效防止空气倒灌。

⑦ 检查洁净区内表面是否光洁、平整、易清洁；洁净区的窗户、天棚以及进入室内的管道、封口、灯具与天棚的连接部位密封性是否良好。

⑧ 检查有毒性中药材生产操作的区域是否有防止污染的特殊控制措施的管理规定，毒性中药材生产设施是否独立设置；毒性中药材和毒性中药饮片专用设备、工具、容器等是否有明显的标识；是否有独立的捕、吸尘装置，排风系统排出的气体是否经过过滤、集尘；是否有处理含毒废气、废水、废弃包装物等的设施和处理措施。

⑨ 检查生产关键工序是否经工艺验证，是否能持续生产出合格的产品。

（2）仓储区

① 检查物料、产品储存区的面积和空间是否与生产规模相适应。

② 检查各类物料和产品是否按要求储存，不合格、退货或召回产品的存放是否符合要求。

③ 检查毒性中药材和毒性中药饮片是否分别设专库，是否为双人、双锁、专账管理。

④ 罂粟壳属于麻醉药品，是否设立专库或者专柜储存，专库是否设有防盗设施并安装报警装置；专库和专柜是否双人、双锁管理。

⑤ 仓库是否保持清洁和干燥，是否安装照明和通风设施，特殊储存条件是否符合要求。

⑥ 温度、湿度控制是否符合储存要求，是否按规定定期监测；温度、湿度监测设备位置是否适当，记录是否及时、准确。

（3）质量控制区

① 是否具备与所生产品种相适应的检验设施设备；对直接口服中药饮片的微生物检验是否符合现行版《中国药典》要求。

② 中药材和中药饮片留样室面积与企业生产规模是否相适应，留样环境是否符合规定的储存条件。

③ 标本室面积及保存条件是否与生产品种相适应；标本种类和数量是否涵盖企业所有在产品种。

④ 是否设置专门的仪器室，确保灵敏度高的仪器免受静电、震动、电磁波、潮湿等因素的干扰。

⑤ 是否设有专门的区域或房间用于清洗玻璃器皿、取样器具以及其他用于样品测试的器具。

（4）辅助区

① 生产人员休息室是否与其他区域分开。

② 进入生产车间前是否有人员净化的设施或措施；盥洗室是否有洗手和消毒设施。

③ 对于洁净区工作服的洗涤，是否在洁净区单独设置洗衣间；一般区工作服与洁净区工作服是否分室放置。

④ 各辅助功能间设置是否齐全，是否满足使用要求，是否存在对生产区、仓储区、质量控制区造成污染的风险。

二、设备检查要点

目前中药饮片生产设备主要包括风选机、筛选机、洗药机、色选机、润药机、切药机、炒药机、蒸煮锅、发芽发酵箱、煅炉、烘箱等，直接口服中药饮片生产设备主要包括粉碎机、热风循环烘箱、超微粉碎机等。

用于毒性饮片生产的设备应有毒性专用标识，符合医疗用毒性药品管理要求。

（一）中药饮片关键设备检查要点

1. 风选机

运用变频技术调节和控制电机转速与风机的风速和压力，使中药材与杂质分离。风选机有立式及卧式两种机型，生产中常用立式风选机。设备原理以立式风选机为例进行介绍。

（1）设备工作原理

风机产生的气流经立式风选机风管底部自下而上均匀进入风选箱，物料经输送机、振动器落入风管时，重物直接由风管底部排出，轻物被气流带进风选箱进行分级后排出。

（2）检查要点

① 检查风机运行频率是否在工艺规定及确认与验证范围内；

② 检查风选后药材的质量，是否达到一定洁净度；

③ 检查选出的杂质数量及物料平衡；

④ 检查现场待加工和已加工药材是否标识清楚，分开存放；

⑤ 检查现场称量器具是否经过校准并在效期内；检查校准的范围是否包含实际称量范围。

2. 筛选机

利用药材自身的质量和惯性，按筛网孔径分离物料，是筛选机的主要工作原理。常用设备包括柔性支撑斜面筛选机、往复振动式筛选机。设备原理以往复振动式筛选机为例进行介绍。

（1）设备工作原理

往复振动式筛选机由筛床、筛网、曲柄连杆机构、电机和机架等组成，筛网作往复定向振动，物料经各层筛网筛选被分离。

（2）检查要点

① 检查筛网的完好性；

② 检查设备运行频率是否在工艺规定及确认与验证范围内；

③ 检查筛选后的药材质量，是否达到洁净度要求；

④ 检查选出的杂质数量及物料平衡；

⑤ 检查现场待加工和已加工药材是否标识清楚，分开存放；

⑥ 检查现场称量器具是否经过校准并在效期内；校准的范围是否包含实际称量范围。

3. 洗药机

水洗类洗药机主要有喷淋式、循环式、环保式三种形式。喷淋式洗药机的水源由自来水管直接提供，洗后的废水直接排出；循环式洗药机自带水箱、循环泵，具有泥沙沉淀功能；环保式洗药机在循环式洗药机的基础上，通过增加污水处理功能，能将洗药用的循环水经污水处理装置处理后反复利用。设备原理以常用的循环式洗药机为例进行介绍。

（1）设备工作原理

水平放置的开有小孔的不锈钢筒体，内壁装有螺旋推进器，筒体的下部为贮水槽，另装有水泵和喷淋管。物料由进料斗送入，启动水泵、转动带孔的不锈钢筒体，物料被筒体内螺旋板推进，受高压水流喷淋进行冲洗，污水进入水箱经沉淀后重复使用，洗净的药材在筒体的另一端被自动送出。

（2）检查要点

① 检查清洗用水是否达到饮用水标准；

② 检查最后一次冲洗水是否洁净；

③ 检查清洗后的药材洁净度是否符合要求；

④ 检查清洗后药材盛放容器的洁净度是否符合要求；

⑤ 检查已清洗与未清洗药材是否分开存放并标识清楚；

⑥ 检查设备材质是否易产生脱落物，是否存在污染药品的风险，是否不与药品发生反应、吸附或释放物质。

4. 色选机

（1）设备工作原理

被选物料从料斗进入机器，通过振动器装置的振动，被选物料沿通道传送，进入分选室内的观察区，并从传感器和背景板之间穿过，在光源的作用下，根据光的强弱及颜色变化，系统产生输出信号驱动电磁阀工作吹出异色颗粒至废料斗，其余被选物料继续下落至成品料斗。

（2）检查要点

检查色选后的药材纯度是否符合要求。

5. 润药机

（1）设备工作原理

根据气体具有强力的穿透性的特点，向处于高真空下的药材通入水蒸气，水分即刻充满所有空间，使药材在低含水量的情况下，快速、均匀软化。

（2）检查要点

检查设定的润药时间是否在规定时间范围内；对于有温度要求的中药材，检查润药机内温度是否在工艺范围内。

6. 切药机

常用的切药机有往复式切药机、转盘式切药机、剁刀式切药机、旋料式切片机和高速万能截断机等。

（1）设备工作原理

① 往复式切药机：药材由输送带及压料机构按设定步进距离作间歇送进运动，作直线往复运动的切刀在输送带上切断物料，即切刀垫板式切制方式。输送带的步进运动由棘轮机构驱动，步进长度通过齿轮调节。

② 转盘式切药机：切药刀盘绕水平轴线旋转，物料由金属履带挤压并被输送至切刀口，旋转刀盘与固定切刀口的两个刀口相对运动形成"剪刀"，将物料剪切为片状。

③ 剁刀式切药机：该机采用金属履带将药材挤压并输送至切刀口，刀架作大弧线、往复摆动，在切刀口处将药材切片。

④ 旋料式切片机：物料从高速旋转的转盘中心孔被投入，在离心力的作用下滑向外圈内壁作匀速圆周运动，当物料经过装在切向的固定刀片时，被切成片状。

（2）检查要点

① 检查切药机运行的频率和刀距控制是否符合要求；

② 检查切制后药材的长度是否符合工艺要求；

③ 检查切制后药材的收集，是否进入洁净容器，标识是否清楚；

④ 检查切制后的药材是否因刀片钝或有缺口而出现不合格情况；

⑤ 检查设备材质是否易产生脱落物，是否污染药品，是否不与药品发生反应、吸附或释放物质。

7. 炒药机

炒药机的热源多以电加热、燃油、燃气为主，炒药机主要包括自动控温炒药机、鼓式炒药机等。

（1）设备工作原理

① 自动控温炒药机：该机热源可采用燃油、燃气或电加热三种形式，设有温度和时间自动控制系统，炒制过程能自动控温、计时。其中，燃油型炒药机、燃气型炒药机采用优质燃烧器，便于实现温度自动控制。炒药机炒筒旋转轴线呈水平布置，炒筒内壁装有"人字形"螺旋板，使其充填率高、炒制均匀并能快速出料，炒药机采用"三开门"结构，即可作上开门、下开门、整体开门。炒筒底部中心装有温度传感器，可测量和控制炒筒空间温度。炒筒转速无级可调，正转时为炒制作业，反转则可快速出料。

② 电磁炒药机：电机带动锅体转动，锅体通过电磁线圈进行加热，正转时物料在锅体内旋转均匀受热，反转时物料可从锅体内出料，烟尘从排烟装置中经喷淋装置后排出。

（2）检查要点

① 检查炒制温度、时间、转动频率等参数是否符合工艺要求；

② 检查用于炒制后药材摊晾的容器是否满足使用要求，是否洁净；

③ 检查炒制后药材与炒制前药材是否分别存放且标识清楚；

④ 检查现场称量器具是否经过校准并在效期内，校准的范围是否包含实际称量范围；

⑤ 检查设备材质是否易产生脱落物，是否污染药品，是否与药品发生反应、吸附或释放物质。

8. 炮制类设备

炮制类设备主要有炙药机、炙药锅和蒸煮锅。鼓式炙药机适用于醋、酒等低黏度液体辅料的炮制，炙药锅既适用于蜂蜜等高黏度液体辅料的炮制，也适用于低黏度液体辅料的炮制。设备原理以炙药锅和蒸煮锅为例进行介绍。

（1）设备工作原理

① 炙药锅：多为半球形，锅体内有搅拌装置，锅壁测温，锅体外侧是加热装置，锅体整体翻转出料，具有定时、恒温、控温、温度数显等功能。锅体中心安装有搅拌机构并与锅体密封，搅拌机构中心装有温度控制元件，以设定与控制锅体温度。操作时先将药材置于锅体内，预热并慢速搅拌，待温度适宜时喷淋液体辅料，恒温并继续慢速搅拌，充分浸润、闷透药材，再适当提高搅拌速度，升温炒至适当程度出料。

② 蒸煮锅：常用的蒸煮锅由锅体、锅盖、蒸汽夹套、支架和传动机构组成。除蒸汽夹套外，蒸煮锅其余部分为常压，蒸汽夹套外一般设有保温材料。锅体轴线垂直于地面，药材由人工从锅体的上部加入。出料时，由传动机构将锅体旋转90°，药材从锅体内自行排出。热源仅限于蒸汽，锅体中心装有蒸汽管，既可以由蒸汽夹套加热，也可以由锅体中心的蒸汽管加热。

（2）检查要点

① 检查炙药锅温度、时间、搅拌频率等参数是否符合工艺要求；检查蒸煮锅温度、时间等参数是否符合工艺要求；

② 检查用于盛放及摊晾加工后药材的容器是否满足使用要求，是否洁净；

③ 检查加工后药材与加工前药材是否分别存放且标识清楚；

④ 检查现场称量器具是否经过校准并在效期内；检查校准的范围是否包含实际称量范围。

9. 干燥类设备

干燥可以分为自然干燥和人工干燥。人工干燥主要采用的干燥设备包括热风循环烘箱、带式干燥机、敞开式烘干箱等。

（1）设备工作原理

① 热风循环烘箱：设备由长方形浅盘、箱壳、通风系统等组成。干燥的热源多为蒸汽加热管道，干燥介质为自然空气及部分循环热风，小车上的烘盘装载被干燥物料，新鲜空气由风机吸入，经加热器预热后沿挡板均匀地进入各层挡板之间，在物料上方掠过并起干燥作用，部分废气经排出管排出，余下的热风循环使用，以提高热利用率。废气循环量可以用吸入口及排出口的挡板进行调节。

② 带式干燥机：料斗中的物料由加料器均匀地铺在网带上，干燥机工作时，冷空气通过热交换器进行加热，采用科学合理的循环方式，使热空气穿过床面上的被干燥物料进行均匀的热交换，使机体各单元内热气流在循环风机的作用下进行热风循环，最后排出低温高湿的空气，平稳高效地完成整个干燥过程。

（2）检查要点

① 检查干燥温度、时间等参数是否在工艺规定范围内；

② 检查用于盛放加工后药材的容器是否满足使用要求，是否洁净；

③ 检查加工后药材与加工前药材是否分开存放且标识清楚；

④ 检查现场称量器具是否经过校准并在效期内；检查校准的范围是否包含实际称量范围；

⑤ 检查设备材质是否易产生脱落物，是否污染药品，是否与药品发生反应、吸附或释放物质；

⑥ 检查使用完毕后是否彻底清洁干燥类设备，是否留有死角。

10. 数控蒸煮锅

（1）设备工作原理

① 蒸汽加热：蒸煮锅设置中心气道和夹层保温层，利用蒸汽使生药改变药性，从而达到炮制规范要求。蒸药时，物料放蒸笼上方，将蒸汽直接从底部中心气管输入锅内蒸烧，同时夹层内放入适量蒸汽，使内胆保温，减少锅胆内壁回水，必要时将回水烧干；煮药时，锅内放水，中心气管输入蒸汽煮烧，夹层内放入的蒸汽只起保温作用。

② 电加热：该设备锅底装有导热油箱，锅底与锅体外层使用法兰连接，利用导热油发热使生药变成熟药，从而达到炮制规范要求。蒸煮药时，将底部中心管阀门关闭，锅内放水，开启开关，锅底电热管产生热量，通过导热油开始工作将热量传递给内胆使筒内升温。

（2）检查要点

① 检查数控显示屏设定的工艺参数，是否与工艺规定要求一致；

② 检查设备材质是否易产生脱落物，是否污染药品，是否与药品发生反应、吸附或释放物质。

11. 发酵罐/发酵箱

（1）设备工作原理

① 发酵罐：发酵罐是利用机械搅拌使物料产生轴向和径向流动，从而使罐内物料混合良好。液体中的固形物保持悬浮状态，有利于固体和营养物质充分接触，便于营养吸收。

② 发酵箱：包括恒温箱、喷雾辊轴和发酵承台。恒温箱内部为中空结构并安装有加热管，上部和下部分别设有进水口和出水口，通过进水口和出水口构成的水循环系统让热量均匀分散，实现对发酵箱温度的控制。恒温箱底部为金属板，金属板中部开有小孔并贯穿有集水管，集水管的顶部与喷雾辊轴底部连接。喷雾辊轴顶部连接有电动机和高压泵，通过高压泵给气体、液体加压，电动机旋转扩大喷洒范围，实现箱体内通风、排气以及温度控制的目的。发酵承台底面中部安装有温湿度传感器，并与恒温箱外部的处理器、显示器通过电路连接，构成对箱内的温湿度监控系统。

（2）检查要点

① 检查发酵罐发酵温度是否在规定范围内；

② 检查设备材质是否易产生脱落物，是否污染药品，是否与药品发生反应、吸附或释放物质。

12. 煅药炉

（1）设备工作原理

通过对炉膛内硅碳棒的加热，升高炉内温度至要求范围，测量、指示和调节自控系统由温度控制仪来完成。

（2）检查要点

① 检查煅药温度是否在规定范围内；

② 检查设备材质是否易产生脱落物，是否污染药品，是否与药品发生反应、吸附或释放物质。

（二）直接口服中药饮片关键设备检查要点

目前企业生产直接口服中药饮片的设备主要包括粉碎机、热风循环烘箱、超微粉碎机组等。

1. 粉碎机

（1）设备工作原理

电机通电后带动粉碎主轴旋转，主轴上的甩块对进入粉碎室的物料进行打击，物料受打击后与粉碎室内壁碰撞破裂，合格的物料通过箩底漏下，不合格的物料继续被甩块打击，直至物料全部被粉碎完毕。

（2）检查要点

① 检查粉碎过程中是否有异物混入。

② 检查设备材质是否易产生脱落物，是否污染药品，是否与药品发生反应、吸附或释放物质。

2. 热风循环烘箱

（1）设备工作原理

物料进入烘箱后，温度由自动控制装置设定，蒸汽通过管道对烘箱内空气加热，以达到烘干要求。

（2）检查要点

① 检查烘箱温度是否控制在规定范围内。

② 检查设备材质是否易产生脱落物，是否污染药品，是否与药品发生反应、吸附或释放物质。

3. 超微粉碎机组

（1）设备工作原理

物料经人工投入粗粉机料斗，再由喂料绞龙输送进入粗粉机粉碎室，通过改变喂料绞龙电机转速改变喂料量。粉碎后的物料经筛网筛分，落入粗粉机下壳体，通过风力输送吸送到中药粉碎机内部；进入中药粉碎机粉碎室的物料在锤头和齿圈的打击和剪切作用下被粉碎。粉碎后的物料被上升气流带至分级区进行分级，小于切割粒径的物料通过叶轮经管路进入后续设备，大于切割粒径的物料由于惯性被甩出，并沿导流圈内圈滑落至粉碎区重新粉碎。粒度合格的物料经管路进入旋风分离器实现固体颗粒与空气的分离，经过风机落入气流筛；经气流筛筛分后合格的成品由气流筛成品口落入收集料桶，筛上物经气力输送管道由细粉碎主机进风口进入主机重新粉碎。少量旋风分离器无法处理的超细粉尘进入旋风分离器后的脉冲除尘器由过滤布袋捕获，落入脉冲粉收集袋，处理后的干净空气通过管路经风机排放到环境或排风管道中。

（2）检查要点

① 检查粉碎不同物料是否有专用的过滤布袋以防止不同物料之间的交叉污染。

② 检查设备材质是否易产生脱落物，是否污染药品，是否与药品发生反应、吸附或释放物质。

三、典型缺陷及分析

【缺陷一】检查某企业中药饮片车间内包间时，发现该企业同时进行白术、茯苓的内包操作，两条包装线之间无有效物理隔离，存在产品混淆、差错的风险。

分析：用于药品包装的厂房或区域应当合理设计和布局，以避免混淆或交叉污染，包装生产区域有多条生产线时，每条生产线之间应有有效隔离。该企业内包间同时进行白术、茯苓的内包操作，存在产品混淆、差错的风险，应当采取有效的隔离措施，避免两品种在包装过程中发生混淆和差错。

【缺陷二】检查某企业中药饮片生产车间时发现，一般中药饮片车间蒸煮区产汽夹层锅未安装排气除湿设施；毒性中药饮片车间雄黄（水飞）生产区粉碎间生产设备表面有粉尘，捕尘除尘效果不佳；毒性中药饮片车间炒药间烟尘未有效排出。

分析：中药饮片炮制过程中产热、产汽的工序，应设置必要的通风、除烟、排湿、降温等设施；拣选、筛选、切制、粉碎等易产尘的工序，应当采取有效措施，以控制粉尘扩散，避免污染和交叉污染，如安装捕尘设备、排风设施等。对于毒性中药饮片排风而言，考虑到其烟尘的毒性，还应在排风口装有收集毒性尘埃的网罩及处理措施。

【缺陷三】检查某企业检验室时发现，企业微生物检验室设在车间内，与生产车间无有效隔离。

分析：质量控制实验室通常应当与生产区分开，生物检定、微生物和放射性同位素的实验室应分开设置。微生物检验室设在车间内且与生产车间无有效隔离，易发生污染和交叉污染。

【缺陷四】检查某企业储存鲜活中药材的冷库时发现，设置温度范围为2～8℃，该冷库验证报告内容不完善，验证时间为3月，不具备代表性，确认方案中"确定温湿度布点位置及布点数量"未附仓库验证点布点图。

分析：《药品生产质量管理规范》（2010年修订）"中药饮片"附录第二十五条中规定：贮存易串味、鲜活中药材应当有适当的设施（如专库、冷藏设施）。冷库的温湿度应能持续满足相应物料的贮存要求，企业应经过确认证明冷库在全年各个时期都能保证温湿度等参数在规定范围内。企业在制定验证方案时应明确布点位置和数量，在全年最热和最冷的时间内收集数据进行统计分析，证明冷库的关键要素能够得到有效控制，能够持续提供符合标准的贮存条件。

【缺陷五】检查某企业成品仓库时发现，其阴凉库面积不能满足现有产能规模，导致个别应阴凉保存的成品放置在常温库，如㮀桃仁、佛手。

分析：《药品生产质量管理规范》（2010年修订）"中药饮片"附录第二十四条中规定：仓库应有足够空间，面积与生产规模相适应。仓储区域应有足够的空间确保有序存放各类物料和产品，仓储面积应与企业产能规模相适应，阴凉库面积不够，应阴凉保存的产品放置在常温库，不能满足物料贮存条件，易对产品质量造成影响。

【缺陷六】检查某企业天平室时发现，天平室紧邻高温室，布局不合理；十万分之一电子天平（JYSB-30）摆放在窗户下，且侧上方对着空调。

分析：实验室的设计应确保其适用于预定的用途，必要时，应当设置专门的仪器室，使灵敏度高的仪器免受震动或其他外界因素的干扰。电子天平是精密仪器，应安装在平稳、具有温湿度调节设施的房间内，避免震动、气流、温湿度对检验结果的影响。电子天平摆在空调出风口侧下方，在称量时，气流会对电子天平的示数产生影响，易造成称量数据不稳定、不准确。企业应合理摆放称量设备，保证电子天平的准确度。

【缺陷七】检查发现某企业液相色谱仪未配备排风设施，原子吸收分光光度计未安装排风罩，乙炔钢瓶柜无报警和排风装置。

分析：厂房应当有适当的通风，确保生产和贮存的产品质量以及相关设备性能不会直接或间接地受到影响，还应当考虑尽量降低对操作人员的安全风险。质量控制实验室使用易挥发、有毒有害溶剂较多，应当配备适当的通风、浓度监测报警等设施，防止对操作人员健康甚至生命安全造成伤害，防止对仪器性能产生影响。仪器检测使用的易燃易爆气体存放间或存放柜应安装报警装置及排风设施。

【缺陷八】检查某企业仪器检验室时发现，高效液相色谱仪（SPD-16）配备的柱温箱仅能将柱温的最低温度控制为23℃，但丹参原料含量检测要求柱温控制在20℃，因此不能保证检验数据的准确性。

分析：高效液相色谱仪的柱温箱是高效液相色谱仪在检测分析过程中控制色谱柱温度保持恒定的装置，柱温高于要求温度则会加快分离过程，减少样品保留时间，使分辨率降低，降低检测结果的准确性。企业应当确保检验所使用的仪器性能满足产品检验条件，所得出的数据准确、可靠。对于仪器的关键指标或参数企业应当重点关注。

【缺陷九】检查某企业直接口服中药饮片洁净区时，发现超微粉碎机组的清洁标识未标明有效期。

分析：设备清洁后应根据评估及验证制定适当的清洁有效期，并通过现场标识予以明确，方便操作人员对设备清洁状态及效期进行准确的掌握，生产设备使用完毕应及时清洁，标明清洁状态，注明清洁日期、清洁有效期，确保设备再次使用时在清洁有效期内。若设备清洁状态标识内容缺失，则不能正确地指导生产，给生产带来一定的风险。

【缺陷十】检查某企业洁净区时，发现洁净区清洗间配备的清洗池较小，不利于清洁操作。

分析：设备的设计、选型、安装等必须符合预定用途，应当尽可能降低产生污染、交叉污染的风险。生产操作完毕应及时进行清洁，清洗间面积及配备的设施、设备应能满足该区域配备的生产设备及容器具的清洁要求，以保证使用的设备、容器具符合生产使用要求。清洗池作为器具或零部件清洗的关键设备，其选型直接影响了清洗效果，若清洗池小，则直接影响大型器具或零部件的清洗效果，存在交叉污染的风险。

【缺陷十一】检查某企业"热风循环烘干机（SCSB-41）废气开关失灵"偏差报告单（编号为PC010）时发现，偏差描述酒黄精（批号1701003）烘干时间为5小时45分钟，工艺要求烘干时间为3~4小时，质量保证人员未对该批产品质量进行风险评估。

分析：《药品生产质量管理规范》（2010年修订）第二百四十九条规定：任何偏差都应当评估其对产品质量的潜在影响。企业可以根据偏差的性质、范围、对产品质量潜在影响的程度将偏差分类（如重大、次要偏差），对重大偏差的评估还应当考虑是否需要对产品进行额外的检验以及对产品有效期的影响，必要时，应当对涉及重大偏差的产品进行稳定性考察。烘干温度及时间是影响中药饮片质量的主要因素，酒黄精烘干时间超出工艺要求时，企业应对偏差进行充分的风险评估，经评估后采取相应的控制措施，确保中药饮片质量可控。

【缺陷十二】检查某企业一般中药饮片车间干燥间时发现，HG-35型网带式烘干机使用时通过调整转速来改变网带传输速度和平铺厚度，从而控制干燥时间和中药材的干燥质量，但转速的调整未在使用规程中予以描述。

分析：文件是质量保证系统的基本要素，企业必须有内容正确且具有可操作性的操作规程，文字应当确切、清晰、易懂。若文件未规定设备的具体操作，会造成不同员工或不同时间操作不能统一，不同的操作可能会对产品质量造成不同的影响。

第二节　中药前处理及提取

一、厂房设施检查要点

1. 基本要求

（1）生产区

① 中药前处理：中药前处理应当设立满足生产工艺要求的各功能操作间，如拣选间、洗药间、切药间、炒药间、粉碎间等。中药材的拣选、切制、粉碎等易产生粉尘的操作，应当安装捕尘设施、排风设施等。

② 中药投料、提取、浓缩：中药投料、提取、浓缩、收膏等整体工艺布局应合理；提取、浓缩厂房应当与其生产工艺要求相适应，有良好的排风、水蒸气控制及防止污染和交叉污染的设施。提取溶媒为乙醇等有机溶剂时，厂房设施应有防爆措施。中药提取、浓缩、收膏工艺采用密闭系统生产时，其操作环境可在非洁净区；采用敞口方式生产时，其操作环境应当与其制剂配制操作区的洁净度级别相适应。中药提取后的废渣如需暂存、处理时，应当有专用区域，且有控制措施。

③ 直接入药中药饮片：中药饮片经粗粉、微粉、过筛、混合后直接入药的，上述操作的厂房应当密闭，有良好的除尘设施，人员、物料进出及生产操作应当按洁净区管理。

④ 若粗粉工序设置在一般区，则在粗粉进入洁净区之前，应设置对粗粉进行微生物控制的设施；若粗粉、微粉工序均在设置在洁净区，则在粗粉之前应对中药饮片进行微生物控制。

⑤ 厂房应设有挡鼠板、蚊蝇灯等防止昆虫和其他动物进入的设施。

⑥ 生产操作间应配备适当的照明，目视操作区的照明应当满足操作要求。

（2）仓储区

① 原药材仓库应当根据中药材性质设置不同的存放间，如常温库、阴凉库。毒性中药材等有特殊要求的中药材和中药饮片应专库存放，并有相应防盗及监控设施。

② 易串味、鲜活中药材应当有适当的设施（如专库、冷藏设施）。

③ 中药饮片库应当有足够的空间，确保有序地存放各种加工后的中药饮片，避免物料的混淆、交叉污染。

④ 库房应配置合适的空调通风设施，满足库房内物料对环境温湿度的要求，有防止阳光直接照射的措施。

⑤ 中药材和中药饮片仓库应配备合适的取样工具及称量器具。

⑥ 库房照明设施应满足使用要求。

⑦ 库房应安装挡鼠板、蚊蝇灯等防虫鼠设施。

⑧ 仓库应设立接收区和发放区。

⑨ 如有浸膏剂需冷藏存放的，应设立符合存放条件的冷库。

（3）质量控制区

① 应有足够的空间以满足各项实验的需要，化学分析实验室、仪器分析实验室、微生

物实验室等均应有独立的检验操作区域，并根据样品检验实际需求，遵循布置原则：干湿分开便于防潮、冷热分开便于节能、恒温集中便于管理、天平集中便于称量。

② 应设立试剂存放间，普通试剂与毒性化学试剂分开存放。对照品、标准物质按规定储存与发放，设专人管理。

③ 有温湿度储存要求的场所应有温度、湿度监测装置。

④ 应设立留样储存、观察区域，配备足够的留样存放设施，有温湿度监测装置和记录。根据留样的储存条件设置便于观察的常温、阴凉留样室。

⑤ 中药标本室应当与生产区分开。

（4）辅助区

① 办公室、休息区应远离生产区，不得对生产区、仓储区、质量控制区造成污染。

② 盥洗室不得与生产区、仓储区直接相通。

③ 维修间应远离生产区，维修用备件和工具应存放在专门的房间或工具柜中。

2. 检查要点

（1）生产区

① 生产功能间是否能满足生产规模需求。

② 中药材及中药饮片的筛选、称重、粉碎等操作是否易产尘，产尘的操作间是否安装了捕尘设备、排风设施。

③ 中药提取、浓缩等厂房设计布局是否能满足企业所生产的中药制剂品种提取工艺的要求。

④ 产品生产中有利用乙醇等易燃易爆有机溶媒提取工序的，其厂房设计是否为防爆区域。

⑤ 中药提取、浓缩等厂房是否设有排风、水蒸气控制等措施，其措施是否有效，能否防止房间发霉、污染产品；检查中药提取、浓缩、收膏工序是否采用密闭系统，其在线清洁消毒是否有效，有无验证。

⑥ 中药提取、浓缩、收膏采用敞口方式生产的，其收膏工序是否与制剂配制工序洁净度级别相适应。

⑦ 中药废渣处理规定中，是否有明确的中药废渣处理方式，是否设置储存及处理的设施、设备及处理记录，废渣储存及处理是否能防止对环境或产品造成污染。

⑧ 直接入药的中药饮片的粉碎处理操作间是否按洁净区控制，人员、物料、容器等进出是否按洁净区管理，操作间是否定期清洁消毒等。

⑨ 中药饮片粉碎处理后进行除菌处理的，其中药饮片粉碎等处理是否在按洁净区管理的操作间进行；如中药饮片除菌处理后进行粉碎处理，粉碎后不再进行除菌处理的，则中药饮片的粉碎处理过程是否与制剂配制工序洁净度级别一致。

⑩ 生产厂房操作区门窗是否密闭，通风良好，能有效防止啮齿类动物、昆虫、尘土等进入。

⑪ 物料暂存间、冷库等贮存区内物料和产品是否做到有序存放。检查进入生产区的原辅料是否有清洁措施。

⑫ 是否制定洁净区定期监测的文件，检查监控记录，包括高效过滤器完整性测试，压

差检查及过滤器更换的记录。

⑬ 洁净区是否密闭，包括窗户、顶棚、进入洁净区的管道、风口、灯具与墙壁或天棚的连接部位等。检查厂房清洁、消毒的文件规定及相关记录。

（2）仓储区

① 库存区域大小和布局是否与其生产规模相匹配，能否满足其使用要求，是否设有常温库、阴凉库、毒性药材库、易串味库等。

② 仓库内是否有温湿度监控设施，并进行记录。检查仓库储存条件是否满足要求。检查在库物料质量状态标识是否齐全，账卡物是否相符。

③ 冷库的配备是否满足生产需求，是否进行温度验证。冷库温度控制是否符合验证要求，是否安装温湿度超标报警设施。

④ 是否设立物料接收区，是否有防护措施，确保物料接收时不受天气影响。

⑤ 不合格物料和产品是否有效隔离存放，标识明显、清楚。

（3）质量控制区

① 中药材及中药饮片的取样等操作是否有合适的取样工具和称量器具。

② 实验室布局是否合理，各分区之间和内部是否能够避免混淆和交叉污染。

③ 企业是否设置中药标本室，是否与生产区分开，面积是否满足需求，环境条件是否符合标本储存条件；中药标本的种类及数量是否涵盖企业在产品种所涉及的中药材、中药饮片。

④ 各实验室是否有足够的空间以满足各项实验的需要。

⑤ 试剂、对照品、标准物质、培养基等的存放及储存条件是否符合要求；特殊管理试剂，如易制毒试剂、剧毒试剂等，是否设置独立的存放间或专柜，并有防盗、监控、报警等设施。

⑥ 对有温湿度储存要求的场所是否配备温度、湿度监测装置，是否正确记录。

⑦ 检查留样存放条件是否满足要求，是否有合适的留样观察区。

（4）辅助区

检查各辅助功能间是否齐全，是否满足使用要求，是否存在对生产区、仓储区、质量控制区造成污染的可能。

二、设备检查要点

（一）中药前处理关键设备检查要点

目前中药前处理关键生产设备包括风选机、筛选机、洗药机、色选机、润药机、切药机、炒药机、蒸煮锅、发酵罐/发酵箱、煅药炉、烘箱粉碎机、热风循环烘箱、超微粉碎机等。检查要点同前文"第一节　中药饮片"设备检查要点。

（二）中药提取关键设备检查要点

中药提取设备包括提取、浓缩、干燥设备等。下文选取代表性中药提取设备进行介绍。

1. 中药多功能提取罐

中药多功能提取罐是目前生产中普遍采用的一种可调压力、温度的密闭间歇式多功能提取设备。其可用于水煎煮提取、热回流提取、溶剂回收、强制循环提取等多种操作，按照罐体形状不同可分为底部正锥式、底部斜锥式、直筒式、倒锥式等多种样式。中药多功能提取罐按照提取方法可分为静态提取和动态提取两种。动态多功能提取罐的基本结构和设备原理与静态多功能提取罐十分相似，但其在罐体内装有搅拌桨。设备原理以静态多功能提取罐为例进行介绍。

（1）设备工作原理

中药多功能提取罐一般由罐体、出渣门、提升气缸、出料口、夹套等部件组成。出渣门上方设不锈钢丝网，用于药渣与提取液分离。底部出渣门和上部投料门的启闭均为气动控制。工作时，饮片经上部加料口加入罐内，按照工艺规定的煎煮时间和温度进行提取，提取结束后，提取液从底部滤板过滤后排出，并被收集于药液储罐存放。提取过程中，可进行强制循环提取，将下部的滤液通过泵再次强制循环回罐体，直接提取结束。

（2）检查要点

① 检查加水量准确性的保证措施，如果采用流量计，检查流量计的检定合格证书及效期；

② 检查提取次数、升温时间、煎煮温度等工艺参数是否在工艺规定范围内；

③ 检查运行确认的内容是否主要包括水压试验、出渣门测试、仪表显示、气缸动作、机械密封性等；检查性能确认的内容是否主要包括仪表示数与实际参数的符合性、罐体密封性、放药通畅性、冷凝或冷却效果等；

④ 检查药渣处理措施是否符合要求。

2. 浓缩器

浓缩器根据设备结构不同分为循环型蒸发器、模式蒸发器、多效蒸发器。其中单效外循环蒸发器、双效浓缩器为生产常用设备，下文以双效浓缩器为例阐述设备原理。

（1）设备工作原理

双效浓缩器是由一效列管加热器、蒸发室、二效列管加热器、浓缩锅、冷凝冷却器、真空溶媒回收罐、板式换热器、真空缓冲罐等组成，采用外加热自然循环与真空负压方式进行浓缩。双效浓缩器由一效外循环浓缩锅的二次蒸汽口通过气动阀分别连接二效加热室和冷凝冷却器，根据不同的生产规模及要求采用不同的生产方式（双效或单效）。在双效生产时利用一效的二次蒸汽供应二效浓缩加热，充分达到节能的作用。药液在列管加热器中的温度高于蒸发室下降物料的温度，药液受热变为高压气液混合体，从加热管上部的管道喷入蒸发室，在喷出管道的瞬间，压力降低为负压，体积迅速扩大，物料由气液混合体变成雾状，在蒸发室的空间中气液分离，气态的溶剂被真空带走，溶质被冷凝器冷凝成液态后收集到受液罐，定时排出。蒸发室的其余药液温度降低，回落到加热室，进入下一轮的蒸发。蒸发时间越长，药液密度越大，直至达到工艺要求后停止蒸发。

（2）检查要点

① 检查收膏浓缩器的排空管路是否能确保空气洁净度；

② 如果浓缩器具有在线监测密度功能，检查在线密度计的检定校准情况；如果采用离线密度检查，检查离线密度计的校准情况及离线检测密度时的温度控制措施；

③ 具有自控系统的设备，检查企业是否建立计算机化系统管理规程、数据备份与恢复

的操作规程；检查登录账号及授权权限；检查数据是否备份；

④ 检查收膏环境是否满足至少 D 级洁净区要求；

⑤ 检查运行确认的主要内容是否包括密封性、蒸汽压力、真空度、循环水温度、蒸发量、蒸发器保温性能等；检查性能确认的主要内容是否包括密封性、蒸汽压力、药液温度、蒸发量、冷却能力、密度测试等。

3. 干燥设备

（1）设备工作原理

① 真空干燥箱：干燥室为钢制外壳，内部安装有多层空心隔板，分别与进气支管和冷凝液支管相连接。干燥时用真空泵抽走由物料中汽化的水汽或其他蒸气，从而维持干燥器中的真空度，使物料在一定的真空度下达到干燥。真空箱式干燥器的热源为低压蒸汽或热水，热效率高，被干燥药物不受污染。

② 带式干燥器：将湿物料置于连续传动的传送带上，用红外线、热空气、微波辐射对运动的物料加热，使物料温度升高，物料中的水分汽化而被干燥。运行时，湿物料从进料端被加料装置连续均匀地分布到传送带上，传送带具有用不锈钢丝网或穿孔不锈钢薄板制成的网目结构，以一定速度传动，空气经过滤、加热后，垂直穿过物料和传送带，完成传热传质过程，物料干燥后被传送至卸料端，循环运行的传送带将干燥物料自动卸下，整个干燥过程是连续的。由于干燥有不同阶段，干燥室往往被分隔成几个区间，这样每个区间可以独立控制温度、风速、风向等运行参数。

（2）检查要点

① 检查干燥温度、真空度是否符合工艺要求。

② 检查装料厚度、干燥时间是否符合工艺要求。

③ 检查物料暴露区域是否满足 D 级洁净区要求，是否根据物料特性设定相应的温湿度要求。

④ 具有自控系统的设备，检查企业是否建立计算机化系统管理规程、数据备份与恢复的操作规程；检查登录账号及授权权限；检查数据是否备份。

⑤ 检查确认与验证：真空干燥箱主要关注设备及烘盘材质、死角、仪表精度、密封性、配套设施（真空系统、蒸汽系统、电力系统等）、干燥温度、真空度、干燥后浸膏剂性状等；带式干燥器主要关注设备及烘盘材质、死角、仪表精度、密封性、配套设施（真空系统、蒸汽系统、电力系统等）；运行确认主要关注空载热分布测试；性能确认主要关注负载热分布测试、烘干时间、铺料厚度、干燥效果、生产能力等。

三、典型缺陷及分析

【缺陷一】检查某企业时发现，企业只有一台发酵箱，其设备验证（编号：YB-SB-002-01）只对发芽温度（20～30℃）进行确认，缺少对发酵温度（30～35℃）确认的数据。

分析：性能确认应当证明设施设备在正常操作方法和工艺条件下能够持续符合标准，设备性能确认项目及参数应涵盖所有使用该设备操作的品种工艺参数。发酵箱设备验证参数未涵盖所有发酵品种涉及的发酵温度，不能保证生产过程中设备性能可靠，对产品质量影响存在风险。

【缺陷二】检查某企业时发现，GYJ-1 型炒药机性能验证中选用蜜枇杷叶作为代表品种，该品种生产时每批分成两锅进行炒制，该企业《蜜枇杷叶生产工艺规程》（SOP-SC-301）规定每锅炒制时间为 15～20min，但验证报告中记录的该参数数据为自投料到两锅均完成炒制的总时间，其中批生产记录（批号 150401）总时间记录为 104min。无法追溯该参数与《蜜枇杷叶工艺规程》（SOP-SC-301）规定标准的符合性。

分析：批生产记录应当依据现行批准的工艺规程的相关内容制定，每批产品均应有相应的批生产记录，可追溯与产品质量有关的情况，药品生产工艺验证及生产操作过程，也应及时记录每一步生产操作的结果数据，确保生产过程可追溯。该企业未分锅次记录炒制时间，不可追溯关键工艺参数是否按照工艺规程控制。

【缺陷三】现场检查时发现，提取车间醇沉罐（6 号）清洁不彻底，有物料及药液残留，状态显示已清洁。

分析：设备使用完毕应及时按照详细规定的操作规程清洁生产设备，确保前一批次产品生产结束后及时清洁。设备清洁不到位，提取灌内有物料及药液残留，会对后续生产造成污染或交叉污染。

第三节　中药制剂

一、厂房设施检查要点

1. 基本要求

（1）生产区

① 设立配料、称量、制粒、干燥、整粒与总混、压片、包衣、内外包装等功能间，各功能间的配置和布局应当满足药品工艺要求。

② 配料工序中应设置原辅料暂存间、称量间，称量间应设有除尘设施。

③ 压片间、胶囊灌装间等应配有检测片重、装量的称量装置。

④ 厂房应具有挡鼠板、蚊蝇灯等防止昆虫和其他动物进入的设施。

⑤ 生产操作间应配备适当的照明，目视操作区的照明应当满足操作要求。

（2）仓储区

① 应设立取样间，取样间的洁净度级别应与生产区配料工序一致。

② 原辅料仓库应当根据物料性质设置不同的存放间，如常温库、阴凉库。仓库应设置合格区、退货区等，不合格、退货或者召回的物料或产品应隔离存放。各仓储区应当有足够的空间，确保有序地存放各种物料和产品，避免物料和产品的混淆、交叉污染。

③ 仓库应配置合适的空调通风设施，满足库内物料对环境温湿度的要求。

④ 仓库照明设施应满足使用要求。

⑤ 仓库应安装挡鼠板、蚊蝇灯等防虫鼠设施。

⑥ 应设立物料及产品的接收区、发货区。

（3）质量控制区

① 应有足够的空间以满足各项实验的需要，化学分析实验室、仪器分析实验室、微生物实验室等均应有独立的检验操作区域。

② 应设立试剂存放间，普通试剂与毒性化学试剂分开存放。对照品、标准物质按规定存放，专人管理。

③ 有温湿度储存要求的场所应有温度、湿度监测装置。

④ 应设立留样室，进行留样和观察，配备足够的留样存放设施，有温湿度监测装置和记录。根据留样的储存条件设置常温、阴凉留样室。

⑤ 根据制剂的稳定性考察要求，配备稳定性考察设施，稳定性试验箱的数量能够满足使用要求。

2. 检查要点

（1）生产区

① 各功能间的配置和布局是否满足药品工艺流程及相应洁净度级别要求，操作间环境控制及操作文件规定，对制剂操作是否能有效控制，防止污染。

② 各功能间是否有足够空间，确保有序存放设备、物料、中间产品、待包装产品和成品。

③ 原辅料的称量是否在专用称量间内，并有效控制粉尘扩散、防止交叉污染。

④ 生产厂房是否密闭，通风良好，能有效防止啮齿类动物、昆虫、尘土等的进入。

⑤ 物料暂存间、中间产品存放间等贮存区内物料和产品是否做到有序存放。

⑥ 进入生产区的浸膏剂、原辅料是否有清洁措施和记录。

⑦ 检查洁净区定期监测的文件规定，检查监控记录，包括高效过滤器完整性测试，压差检查及过滤器更换的记录。

⑧ 检查洁净区的密封性，包括窗户、顶棚、进入洁净区的管道、风口、灯具与墙壁或天棚的连接部位等。

⑨ 是否制定厂房清洁、消毒的文件规定及相关记录。

（2）质量控制区

① 实验室的布局是否满足物料与产品的检验需求。

② 仪器实验室的布局是否与检验品种相适应，空间是否满足仪器摆放和实验空间的需求。

③ 仪器室环境条件是否满足仪器需求。

④ 称量室能否避免外界干扰。

⑤ 是否设立独立气瓶室，并符合相关要求。

⑥ 试剂、对照品、标准物质、培养基等的存放及管理是否符合要求。

⑦ 对有温湿度储存要求的场所是否配置温湿度监测装置。

⑧ 留样室是否配备足够的留样存放设施及检查设施。

⑨ 留样存放条件是否满足要求。

⑩ 稳定性试验装置是否满足使用要求。

（3）仓储区

① 库存区域大小和布局是否与其生产规模相匹配，能否满足其使用要求，是否设有常

温库、阴凉库等。

② 仓库内是否有温湿度监控设施，并进行记录。

③ 仓库储存条件是否满足要求，如物料与地、墙面的距离，温湿度监控装置、遮光设施等。

④ 在库物料质量状态标识是否齐全，账卡物是否相符。

⑤ 是否设立物料接收区，确保物料接收时不受外界天气影响。

⑥ 退货、召回、不合格物料和产品是否有效隔离存放，标识明显、清楚。

（4）辅助区

检查休息室、更衣室、盥洗室、维修间的设置是否能够避免对生产造成污染，并满足使用要求。

二、设备检查要点

（一）设备概况

中药制剂生产设备包括中药前处理、中药提取和中药制剂各剂型生产设备。

1. 中药前处理生产设备

中药前处理生产工艺主要包括净制、切制、炮制。药材净制一般通过挑选、筛选、风选、水选、剪、切、刮、削、剔除、酶法、剥离、挤压等方法进行。除鲜切、干切外，药材切制前须经过软化处理，使其软硬适度。便于切制的传统软化方法包括浸润、泡润、淋润、堆润等，可使药材吸水、软化。炮制专指用火加工处理药材的方法，例如炒、炙法、制炭、煅、蒸、煮、炖等常用炮制方法。中药前处理涉及的主要生产设备有：净制类生产设备（风选机、筛选机、洗药机、干洗机、色选机、磁选机等）、切制类生产设备（切药机、粉碎机、润药机、浸润罐等）、炮制类生产设备（炒药机、炙药锅、蒸煮锅等）、干燥设备（带式干燥机、热风循环烘箱）等。

2. 中药提取生产设备

中药提取生产工艺主要包括提取、浓缩、收膏、干燥等工序。中药浸膏剂主要生产设备有多功能提取罐、双效浓缩器、单效浓缩器等；中药干膏粉主要生产设备有多功能提取罐、双效浓缩器、喷雾干燥机带式干燥机、真空干燥箱等。

3. 中药制剂各剂型主要生产设备

① 片剂：喷雾干燥制粒机、振荡筛、混合罐、压片机、包衣机、包装机等。

② 颗粒剂：喷雾干燥制粒机、振荡筛、混合罐、包装机等。

③ 胶囊剂：包括硬胶囊、软胶囊，硬胶囊主要设备包括喷雾干燥制粒机、振荡筛、混合罐、胶囊填充机、包装机等。软胶囊主要生产设备包括化胶罐、胶体磨、配液罐、压丸机、干燥机、抛光机、包装机等。

④ 丸剂：中药丸剂包括蜜丸、水蜜丸、水丸、糊丸、蜡丸、浓缩丸和滴丸等。制备工艺主要包括塑制法、泛制法和滴制法等。涉及的生产设备主要包括：制丸机、滴丸机、筛丸机、选丸机、真空干燥箱、包衣锅、包装机等。

⑤ 合剂：配液罐、洗瓶机、口服液灌轧机、灭菌柜、包装机等。

⑥ 散剂：粉碎机、振荡筛、包装机等。

⑦ 糖浆剂：配液罐、洗瓶机、灌封设备、灭菌柜、包装机等。

由于设备更新较快，如有新设备，现场检查时，以设备说明书为依据，检查说明书内容与企业对设备参数的确认、工艺验证参数是否相适应。

（二）关键设备检查要点

中药前处理设备检查要点见前文"第一节　中药饮片"有关内容，中药提取设备检查要点见前文"第二节　中药前处理及提取"有关内容。中药制剂设备检查要点根据剂型选取代表性设备进行介绍。

1. 片剂

（1）制粒设备（喷雾干燥制粒机）

① 设备工作原理

各种辅料加在气体分布板上，热空气由气体分布板底部吹入，自下而上的热气流使物料在流化状态下混合均匀后，再将药物浓缩液送至喷嘴，利用经过滤的洁净压缩空气将药液雾化喷入流化制粒室中，混合均匀的各种辅料与药液粘结成粒，干燥后出料。

② 检查要点

a. 检查设备是否进行了确认或再确认，安装确认应至少对设备材质、喷嘴直径、配套设施（真空系统、压缩空气系统、蒸汽系统、电力系统等）、安全防护装置等进行确认；运行确认应至少对引风温度、出风温度、压缩空气压力、喷嘴角度、滤袋抖动间隔等进行确认；性能确认应至少对药液流量、干燥时间、雾化及干燥效果等进行确认。

b. 检查设备安装的空气净化过滤器是否规定更换周期，是否定期检测空气过滤器的过滤效果。

c. 检查文件是否针对不同产品制定相关工艺参数；批生产记录是否有工艺过程的记录；设备运行过程中的仪表参数（引风量、引风温度、出风温度等）是否符合满足工艺要求。

d. 检查带有自控系统的设备，是否建立计算机化系统管理规程、数据备份与恢复等操作规程；操作系统是否设定分级管理权限，人员操作是否符合分级管理权限规定；数据是否定期备份。

（2）振荡筛

振荡筛主要利用振动使物料通过筛网，根据物料在设备中的不同运动方式，分为旋涡式振荡筛和直线式振荡筛。下文以旋涡式振荡筛为例介绍。

① 设备工作原理

振荡筛的主要结构包括筛网、振动室、联轴器、电机等。在电机的上下两端安装有偏心重锤，电机转动时受偏心重锤的作用，旋转运动转变为水平、垂直、倾斜的三次元运动，之后电机将这个运动传递给筛面。通过调节上、下两端的相位角，可以改变物料在筛面上的运动轨迹，筛网的振荡使物料强度改变并在筛网内形成轨道漩涡，粗料由上部排出口排出，筛分的细料由下部排出口排出。

② 检查要点

a. 检查设备是否进行了确认或再确认，安装确认应至少对设备材质、筛体外尺寸、进出料口尺寸、筛孔直径、配套设施等进行确认；运行确认应至少对设备运行平稳性、有无异响、牢固性、振幅控制、频率调节、捕尘设施运行等进行确认；性能确认应至少对筛网的完好及更换情况进行确认。

b. 检查运行中筛面是否完好，检查振动幅度与频率、加料层厚度、筛面倾角、筛网面积是否符合要求。

（3）混合设备

容器旋转型混合机依靠容器本身的旋转作用带动物料上下运动而促使物料混合。其通过混合容器的旋转形成垂直方向的运动，使被混合物料在容器壁或者容器内部安装的固定抄板上引起折流，造成上下翻滚及侧向运动，并不断进行扩散，从而达到混合的目的。常见的容器旋转型混合机有水平圆筒型混合机、倾斜圆筒型混合机、双锥形混合机、V型混合机、三维运动混合机等。下文以倾斜圆筒型混合机、三维运动混合机为例介绍。

① 设备工作原理

a. 倾斜圆筒型混合机：该类混合机盛料圆筒的回转轴线与圆筒轴线错开呈一定角度，筒体在轴向旋转时带动物料向上运动，并在重力作用下往下滑落，粉末运动时有三个方向的速度。

b. 三维运动混合机：混合圆筒被两个带有万向节的轴连接，其中一个作为主动轴，另一个作为从动轴，主动轴转动时带动混合容器运动。由于混合圆筒具有多方向运转动作，利用三维摆动、平移转动和摇滚设备原理，产生强大的交替脉动，并且混合时产生的涡流具有变化的能量梯度，加速了物料在混合过程中的流动和扩散，同时避免了一般混合机因离心力作用所产生的物料比重偏析和积累现象。

② 检查要点

a. 检查设备是否进行了确认或再确认，安装确认应至少对设备材质、安装空间位置、配套设施、安装后的水平度与垂直度、进料口与罐体的密封隔离措施、出料口与储料仓的密封隔离措施等进行确认；运行确认应至少对转速调节、摆动调节、吸料出料调节、过载保护功能、故障报警功能、密闭性、机械性能（灵敏度、准确度）等进行确认；性能确认应至少对物料适应性、混合均一性、运行安全性、控制系统有效性等进行确认。

b. 计量器具是否经过校准并在有效期内，校准范围是否涵盖称量范围。

c. 文件是否针对不同物料制定工艺参数，是否规定不同物料的一次混合量；批生产记录是否记录相应的工艺参数。

d. 混合时间及转速等是否符合工艺要求。

（4）高速压片机

① 设备工作原理

高速压片机系统由压片机主机、真空上料器、筛片机、吸尘器等组成。真空上料器在机器的顶部，通过负压状态将颗粒物流先吸入，再加到压片机的加料器内。筛片机将压出的片剂除去静电及表面粉尘，以清洁片剂表面，利于包装。吸尘器的功能是将机器内和筛片机内的粉尘吸去，以保持机器的清洁。

压片机的上部分是密封的压片室，包括给料系统、出片装置、冲压组合、吸尘系统等。下部分装有主传动系统、润滑系统、液压系统、手轮调节机构。高速压片机工作时，主电机通过无级调速，并经蜗轮减速后带动冲盘逆时针旋转。冲盘带动冲模一起旋转，并使上、下冲头沿固定的上、下导轨做上、下相对运动，完成压片工作。颗粒经过加料装置、充填装置、预压装置、压片装置等机构完成加料、定量、预压、主压成型、出片等过程。控制系统通过对压力信号的检测、传输、计算、处理等实现对片重的自动控制、废片自动剔除，以及自动采样、故障显示等。

② 检查要点

a. 检查设备是否进行了确认或再确认，安装确认应至少对设备材质、冲模材料、冲模尺寸、冲模口、冲模表面粗糙度、设备安装质量、配套设施、空间环境、安全装置等进行确认；运行确认应至少对运行平稳性、灵活性、调节装置的有效性、仪表显示、噪声、转台工作端面跳动量、除尘运行情况、废片剔除装置、报警装置等进行确认；性能确认应至少对压片外观质量、片重差异、硬度、崩解时限、脆碎度、除尘有效性、密闭性、调节装置的有效性和灵活性等进行确认。

b. 压力传感器是否经过校验并在校验有效期内。

c. 文件是否针对不同产品制定工艺参数，批生产记录是否记录相应的工艺参数。

d. 运行前是否检查冲模完好性，金属检测仪的连接是否到位。

e. 压片机运转过程中的压力值是否保持稳定并符合工艺要求；片重差异是否在质量控制范围内；压片完毕是否对各类残次品统计称重，对金属检测仪剔除的产品，是否按文件规定进行分析调查。

f. 集油环及集油杯是否定期清洁；冲模清洁后，是否涂食用级润滑油保养。

g. 具有自动化操作系统的设备是否纳入计算机化系统管理，系统是否进行验证，文件是否有人员操作权限的规定。

（5）高效包衣机

① 设备工作原理

片芯在包衣机洁净密闭的旋转锅体内，不停的作轨迹运动，翻转流畅，由恒温搅拌桶搅拌的包衣介质，经过蠕动泵的作用，从喷枪喷洒到片芯，同时经过滤的热风在排风造成的负压下进入锅内，热空气穿过片芯间隙再排出，包衣介质在片芯表面快速干燥，形成表面薄膜。

② 检查要点

a. 检查设备是否进行了确认或再确认，安装确认应至少对设备材质、外观、安装质量、安装环境、配套设施、安装装置等进行确认；运行确认应至少对设备运行平稳性、操作系统灵活性、调节装置的有效性、仪表显示、噪声等进行确认；性能确认应至少对包衣质量（外观、包衣层、内在质量）、最大装载重量、最小装载重量、除尘有效性、运行平稳性、风量、风速、转速及喷枪的喷速、喷液量等进行确认。

b. 蒸汽阀门是否完好，是否开关正常，无内漏等现象；蒸汽、压缩空气等是否无泄漏、压力达到规定范围。

c. 压缩空气是否经终端过滤，终端滤芯的使用及更换是否进行记录，压缩空气洁净度是否定期检测。

d. 文件是否针对不同产品制定工艺参数，批生产记录是否记录相应的工艺参数；设备参数设置是否与工艺规程一致。

e. 设备是否安装报警装置，报警是否按要求进行记录。

f. 检查有自动化操作系统的设备是否纳入计算机化系统管理，系统是否进行验证，文件是否有人员操作权限的规定。

2. 硬胶囊剂

胶囊填充机

① 设备工作原理

设备由空胶囊下料装置（贮囊斗）、排序与定向装置、拔囊装置、定量充填装置、计量盘机构、胶囊封合机构、剔除装置、清洁装置、箱内主传动机构和电器控制系统等组成。工作时，回转台将胶囊输送至各工作区域，在各区域短暂停留的时间内，各种作业同时进行。自贮囊斗落下的空胶囊经排序与定向装置后，均被排列成胶囊帽在上的状态，并逐个落入主工作盘上的胶囊板孔中。在拔囊区，拔囊装置利用真空吸力使胶囊帽留在上囊板孔中，而胶囊体则落入下囊板孔中。在体帽错位区，上囊板连同胶囊帽一起被移开，胶囊体的上口被置于定量充填装置的下方。在充填区，药物被定量充填装置充填进胶囊体。在废囊剔除区，未拔开的空胶囊被剔除装置从上囊板孔中剔除出去。在胶囊闭合区，上、下囊板孔的轴线对正，并通过外加压力使胶囊帽与胶囊体闭合。在出囊区，出囊装置将闭合胶囊顶出胶囊板孔，并经出囊滑道进入包装工序。在清洁区，清洁装置将上、下囊板孔中的胶囊皮屑、药粉等清除。随后，进入下一个操作循环。

② 检查要点

a. 检查设备是否进行了确认或再确认，安装确认应至少对设备材质、设备组件、安装环境、配套设施等进行确认；运行确认应至少对机器转速、转速显示、模具与主机的配套性、模具的配合性、真空度、除尘运行情况、安全保护等进行确认；性能确认应至少对空胶囊梳理、空胶囊壳开启、成品推出、封口、剔废功能、上机率、真空度等进行确认。

b. 文件是否针对不同产品制定工艺参数，批生产记录是否记录相应的工艺参数；设备参数设置是否与工艺规程一致，参数实际值与设置值偏差是否在合格范围内。

c. 设备的生产能力是否满足生产工艺需求。

d. 设备模具的管理是否符合规定并有相关记录。

e. 具有自控系统的设备是否纳入计算机化系统管理，系统是否进行验证，文件是否有人员操作权限的规定。

3. 软胶囊剂

（1）研磨粉碎设备

研磨粉碎设备主要是通过研磨体、头、球等介质的运动对物料进行研磨，使物料被研磨成符合工艺要求的均质混合物的机器，包括球磨机、乳钵研磨机和胶体磨等，设备原理以胶体磨为例进行介绍。

① 设备工作原理

胶体磨（图6-1）的工作部件是由一个可高速旋转的磨体（转子）与其相配的固定磨体（定子）组成。转子和定子之间有一个可以调节的细微缝隙。当物料由自重或加压进入胶体磨，通过间隙时，在高速旋转的转子作用下产生向下的螺旋冲击力，一部分物料会附着在转子面上，而另一部分则附着在定子面上。附着在转子面上的物料运动速度最大，附着在定子面上的物料速度为零，产生巨大的速度梯度，从而使物料受到强烈的剪切、摩擦和高频振动等物理作用，最终完成粉碎、分散、乳化、均质等过程。定子、转子间的高速相对运动是胶体磨研磨细度的重要保证。

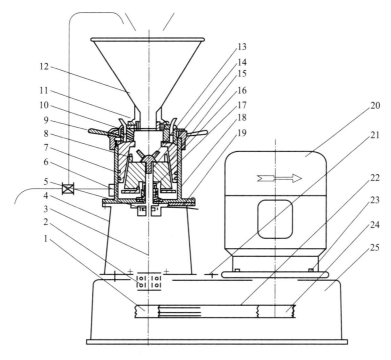

图 6-1　胶体磨示意图

1—从动带轮；2—轴承；3—主轴；4—机座；5—端盖；6—调节盘；7—冷却水管接头；

8—加料斗；9—旋叶刀；10—动磨盘；11—定位螺丝；12—料斗；13—冷却通道；14—机械密封组件；

15—O 型圈；16—主轴轴承；17—组合密封；18—壳体；19—排漏管接头；20—电动机；

21—调节螺钉；22—三角带；23—电机座；24—主动带轮

② 检查要点

a. 设备生产能力是否满足生产工艺需求。

b. 研磨后药液使用质量情况是否符合要求。

（2）软胶囊灌装机

① 设备工作原理

保温桶中的胶液经过输胶管涂布在鼓轮上，胶液随鼓轮的转动而定型成一定厚度的明胶带并沿着胶带导杆和送料轴送入两滚模之间，同时药液由贮液槽经导管流入具有保温装置的楔形注射器中，借助供料泵的推动，定量地注入两胶带之间，连续转动的滚模将胶带与药液压入两模的凹槽中，在机械压力下使两条胶带呈两个半囊形并将药液包封其内，剩余的胶带被切断分割成网状。胶囊依次落入导向斜槽内，并由输送机送出。填充的药液量由供料泵准确控制。

② 检查要点

a. 检查设备是否进行了确认或再确认，安装确认应至少对设备材质、模具、安装平稳性、配套设施、安装环境等进行确认；运行确认应至少对供料泵齿条升降轴灵活性、供料泵与滚模的同步性、滚模与模孔的协调性、两滚模的平行度、径向圆跳动、胶皮厚度调节的灵活度、温控功能、滚模运行平稳性、转笼运转灵活性、噪声等进行确认；性能确认应至少对胶囊装量差异、胶皮厚度均一性、喷体温度温差、明胶盒温度差异、明胶桶温度差异、转笼运转情况、胶囊合格率等进行确认。

b. 文件是否针对不同产品制定工艺参数，批生产记录应记录相应的工艺参数；设备参数设置是否与工艺规程一致。

c. 设备的生产能力是否满足生产工艺需求；设备运行参数是否符合工艺规定。

d. 设备模具的管理是否符合规定并有相关记录。

e. 具有自控系统的设备是否纳入计算机化系统管理，系统是否进行验证，文件是否有对人员操作权限的规定。

4. 丸剂

（1）滴丸机（滴丸剂）

① 设备工作原理

药物供应系统将配制好的药液输送到调料罐内，加热搅拌恒温后，通过洁净压缩空气将药液输送到滴液罐内。滴液罐内的液位通过液位传感器控制并与供料系统联结，使滴液罐内保持一定的液位，通过压力和真空度的调节，使罐内处于恒压状态，保证均匀稳定的滴速。滴制时药液由滴头滴入到冷却液中，冷却柱上部装有加热器和冷却装置，使液滴在温度梯度降低的同时，在表面张力作用下收缩成丸。收集滴丸后通过离心去油，然后通过旋转式筛选机进行擦油、小丸筛选、大丸筛选。

② 检查要点

a. 检查设备是否进行了确认或再确认，安装确认应至少对设备材质、仪表精度、安装环境、配套设施等进行确认；运行确认应至少对滴丸滴液罐的加温保温控制、滴头与滴液罐的匹配性、上料系统的温度及上料时机控制、设备运行的稳定性、设备自控的有效性等进行确认；性能确认应至少对滴制设备系统的滴制能力、丸重差异、色泽差异和圆整度、设备运行稳定性等进行确认。

b. 压缩空气是否经终端过滤，终端滤芯的使用及更换是否进行记录，压缩空气洁净度是否定期检测。

c. 文件是否针对不同产品制定工艺参数，批生产记录是否记录相应的工艺参数；设备参数设置是否与工艺规程一致。

d. 设备的生产能力是否满足生产工艺需求；设备运行参数是否符合工艺要求。

e. 具有自控系统的设备是否纳入计算机化系统管理，系统是否进行验证，文件是否有对人员操作权限的规定。

（2）制丸机（浓缩丸、蜜丸）

① 设备工作原理

将已混合均匀的药料投入到锥型料斗中，在螺旋推进器的挤压下，推出一条或多条相同直径的丸条，在自控导轮的控制下，丸条经导向架进入相向旋转的制丸刀轮中，两个相向旋转的制丸刀轮同时作轴向的相对往复运动，将丸条切割并搓圆，连续制成大小均匀的中药丸。

② 检查要点

a. 检查设备是否进行了确认或再确认，安装确认应至少对设备材质、安装环境、配套设施等进行确认；运行确认应至少对控制灵活性和有效性、安全功能、设备运行稳定性等进行确认；性能确认应至少对丸形外观、丸重差异等进行确认。

b. 设备仪表是否定期校验，在校验效期内使用。

c. 文件是否针对不同产品制定工艺参数，批生产记录是否记录相应的工艺参数；设备参数设置是否与工艺规程一致。

d. 设备的生产能力是否满足生产工艺需求。

e. 具有自控系统的设备是否纳入计算机化系统管理，系统是否进行验证，文件是否有对人员操作权限的规定。

（3）包衣锅（水丸、水蜜丸）

在中药的水丸或者水蜜丸制造过程中，利用一定量黏合剂在转动、振动、摆动或搅拌下，使固体粉末黏附成球形颗粒的操作称为泛丸。包衣锅是常用的泛制设备。

① 设备工作原理

当水丸或水蜜丸的母核在锅内随锅转动到一定高度时，颗粒以曲线路径下落并与逐次加入锅内的粉末进行撞击和摩擦，经间隔喷入锅内的雾化状态的黏合剂，使粉末附着于颗粒上，泛制成小丸。

② 检查要点

a. 检查设备是否进行了确认或再确认，安装确认应至少对设备材质、安装环境、配套设施等进行确认；运行确认应至少对设备运行稳定性、噪声、控制有效性、转速等进行确认；性能确认应对丸形外观、丸重差异等进行确认。

b. 检查文件是否针对不同产品制定工艺参数，批生产记录是否记录相应的工艺参数；设备参数设置是否与工艺规程一致。

c. 检查设备的生产能力是否满足生产工艺需求；锅体转速、黏合剂加入量及加入频率等是否符合验证要求。

5. 合剂

合剂的主要生产设备中，洗瓶机、隧道烘箱的设备原理和检查要点同粉针剂关键设备；高压蒸汽灭菌器的设备原理和检查要点同无菌粉针剂关键设备湿热灭菌柜；配液罐/自动配液系统的设备原理和检查要点同冻干粉针剂关键设备；口服液灌轧机的设备原理和检查要点同小容量注射剂关键设备灌封线；水浴灭菌柜的设备原理和检查要点同小容量注射剂关键设备。下文仅介绍快速冷却灭菌器的设备原理和检查要点。

快速冷却灭菌器

① 设备工作原理

通过饱和蒸汽冷却放出的潜热对口服液瓶进行灭菌，并通过冷水喷淋冷却，快速降温。灭菌时间、灭菌温度、冷却温度均可调，柜内设有测温探头，可测灭菌物内部的温度，并由温度记录仪显示并记录，自动控制器按预选灭菌温度、时间、压力自动检测控制，以完成升温、灭菌、冷却等全过程。

② 检查要点

a. 检查设备是否进行了确认或再确认，安装确认应至少对设备材质、死角、仪表精度、密封性、配套设施（工艺用水系统、蒸汽系统、电力系统等）等进行确认；运行确认应至少对空载热分布测试、温度、柜体密封性等进行确认；性能确认应至少对负载热分布测试、装载方式、灭菌温度、时间等进行确认。

b. 温度计、压力表是否定期校验且在校验效期内使用。

c. 文件是否针对不同产品制定工艺参数，批生产记录是否记录相应的工艺参数；设备参数设置是否与工艺规程一致。

d. 设备的生产能力是否满足生产工艺需求；设备的运行参数（温度、压力、时间）是否符合产品工艺要求。

e. 具有自控系统的设备是否纳入计算机化系统管理，系统是否进行验证，文件是否有对人员操作权限的规定。

6. 散剂

散剂生产中主要包括粉碎、过筛、混合等工序，过筛、混合设备同前，此处重点阐述粉碎工序。根据粉碎方式的不同，粉碎设备包括机械式粉碎设备、气流式粉碎设备等。机械式粉碎设备是通过机械方式对物料进行粉碎，设备原理和检查要点以锤式粉碎机为例介绍；气流式粉碎设备是利用粉碎室内的喷嘴将压缩空气（或其他介质）变成高速的气流束，物料在高速气流的作用下与粉碎室壁之间或物料与物料间产生强烈的冲击、摩擦而被粉碎，设备原理和检查要点以循环管式气流粉碎机为例介绍。

（1）锤式粉碎机

① 设备工作原理

物料从加料斗进入粉碎室中，遭受到高速回转锤头的冲击而粉碎，经粉碎的物料同时从锤头处获得动能，会高速冲向架体内的挡板和筛条，并且物料之间会相互撞击。经过多次撞击破碎，小于筛网间隙的物料会从间隙中排出，未达到粉碎粒度的个别较大的物料，在筛网上再次经锤头的冲击、研磨、挤压而粉碎，最后被锤头从筛网孔隙中挤出。锤头的形状、大小、转速以及筛网的目数决定粉碎粒度的大小。

② 检查要点

a. 检查设备是否进行了确认或再确认，安装确认应至少对设备材质、筛孔直径、配套设施、安装防护装置等进行确认；运行确认主要对运行平稳性、噪声、转速等进行确认；性能确认主要对粉碎加料量、粉碎时间、粉碎质量（色泽均匀度、粒度范围）、损耗量等进行确认。

b. 设备的生产能力是否满足生产工艺需求。

c. 设备的运行参数是否符合产品工艺要求。

（2）循环管式气流粉碎机

① 设备工作原理

物料由送料器进入粉碎室，气流则经由底部的一组喷嘴高速喷入不等径变曲率的环形粉碎室内，气流会加速颗粒的运动，使物料颗粒之间相互冲击、碰撞、摩擦而粉碎，同时旋流还会带动被粉碎的颗粒沿上行管向上运动进入分级区，在分级区离心力场的作用下，物料被分流，内层的细粒经百叶窗式惯性分级器分级后排出，而外层的粗粒受重力作用，沿下行惯性返回继续循环粉碎。

② 检查要点

a. 检查设备是否进行了确认或再确认，安装确认应至少对设备材质、筛孔直径、配套设施、安装防护装置等进行确认；运行确认应至少对运行平稳性、噪声、压力、分级板位置调节、布袋除尘喷吹间隔、粉碎时间等进行确认；性能确认应至少对进气压力、加料压力、吸料量、粉碎时间、粉碎质量（色泽均匀度、粒度范围）、损耗量等进行确认。

b. 检查设备的生产能力是否满足生产工艺需求。

c. 检查设备的运行参数是否符合产品工艺要求。

7. 糖浆剂

超声波洗瓶机同粉针剂关键设备洗瓶机。

灌封设备的设备原理和检查要点以直线式液体灌装旋盖机为例进行介绍：

① 设备工作原理

设备集灌装、上盖、旋盖、出瓶于一体，主要由传送带、拨盘、旋盖箱体、灌装头、料槽、转盘、电磁振荡器、计量泵等组成。瓶子通过传送带输送至灌装头下方受挡于拨盘停止向前，此时灌装头经过凸轮同步下压至瓶子内部，由定量活塞泵控制装量完成灌装。瓶盖通过电磁振荡器产生振动，使盖子沿着料槽向上输送，通过下滑轨道送至瓶口上，再由压盖头压紧瓶盖。灌装完毕的瓶子通过传送带送至转盘上，转盘通过槽轮箱作间歇运转。当载有上盖的瓶子转至旋盖箱体底部作间歇停顿时，旋盖头通过凸轮下压并且顺时针旋转，从而旋紧瓶盖。

② 检查要点

a. 检查设备是否进行了确认或再确认，安装确认应至少对设备材质、死角、仪表精度、配套设施（工艺用水系统、蒸汽系统、电力系统）等进行确认；运行确认应至少对设备运行稳定性、噪声、无级调速功能、无瓶止灌功能、无瓶不加盖功能、旋盖合格率、自动安全功能等进行确认；性能确认应至少对设备负载运行稳定性、噪声、控制稳定性和有效性、生产能力、落塞合格率、破瓶率、装量差异、轧盖质量、旋盖质量、真空捡漏率等进行确认。

b. 设备的生产能力是否满足生产工艺需求。

c. 具有自控系统的设备是否纳入计算机化系统管理，系统是否进行验证，文件是否有对人员操作权限的规定。

8. 中药包装关键设备检查要点

根据中药饮片形状、质地的不同，通常可采取自动、半自动、抽真空和人工四种包装方法。下文以真空包装机、多列背封自动粉剂包装机为例介绍。

（1）真空包装机

① 设备工作原理

真空包装机是一种利用真空泵获取真空状态，并在额定的真空环境（指真空室形成的真空状态）中完成对塑料袋热封口的设备。塑料袋须是专用真空包装袋。

② 检查要点

检查产品包装的外观、袋口热合程度是否符合要求。

（2）多列背封自动粉剂包装机

① 设备工作原理

包装材料由位于机体后侧的放卷机构导出，经放卷辊后打印批号、纵切、热封成型并在此阶段完成物料充填及封合，然后通过横封、横切最后形成成品输出。

② 检查要点

a. 检查批号印制及产品包装是否符合要求。

b. 检查设备材质是否易产生脱落物，是否污染药品，是否能保证不与药品发生反应、吸附或释放物质。

三、典型缺陷及分析

【缺陷一】检查某企业时发现，现有长期稳定性考察样品放置在常温留样室，不能满足长期稳定性考察条件（现行《中国药典》规定温度25℃±2℃，相对湿度60%±5%或温度30℃±2℃、相对湿度65%±5%）的要求。

分析：长期稳定性考察的目的是为制定药品的有效期提供依据，并在有效期内监控已上市药品的质量，以及时发现货架期产品质量风险。根据《中国药典》（2020版）要求，长期稳定性试验应符合控制温度25℃±2℃，相对湿度60%±5%或温度30℃±2℃、相对湿度65%±5%的要求。

【缺陷二】检查某企业时发现，个别设施、设备维护不到位。如制剂二车间粉碎间（CF 07-45）为冰片生产专用，地面腐蚀严重，且房间门关闭不严，存在对其他产品污染的风险；制剂一车间K5空调机组机箱漏风，可能造成风速、风量或房间压差不够；粉碎机旋风分离设备与下料口间密封胶条密封效果欠佳，有漏粉现象，制剂车间粉碎室二维混合机出料口漏粉，容易对在产品种产生污染和交叉污染。

分析：设施设备应制定预防性的维护检修计划，以确保设施设备符合药品生产使用要求。个别设施、设备维护不到位，可能会对生产的产品造成污染的风险，从而影响产品质量，需定期做好设备、设施的维护保养。

【缺陷三】检查某企业沸腾干燥制粒机确认与验证报告发现：（1）风险评估表中缺少空气洁净度项；（2）确认与验证报告结论无审核人、批准人签字。

分析：采用洁净空气进行干燥的设备确认，应对空气洁净度进行监测，洁净区干燥物料用空气未监测，可能污染干燥的物料，导致微生物不符合标准要求；确认与验证报告应进行签批后生效，验证的结果用于生产操作过程中。

【缺陷四】检查某企业新建片剂车间时发现，中药、化药多品种共线生产风险评估不充分，缺少对共用产尘功能间、中转站和器具清洗间，以及现有清洁方法能否有效避免污染和交叉污染和清洁效果的评估。

分析：厂房设施和设备应当根据所生产药品的特性、工艺流程合理布局和使用。对于中药、化药共线生产操作间，应根据实际生产情况对质量风险进行全面评估，以降低污染与交叉污染的风险，保证产品质量。共线生产风险评估应至少包含共用人员、区域、设备、容器具、空调净化系统等的相互交叉污染。

【缺陷五】检查某企业时发现，《HZ-3转筒式混合机清洁验证方案》中评估所生产的品种共有33个品规，其中朱砂安神丸中含有朱砂成分，企业制定的可接受标准仅为目检无残留，未考虑硫化汞成分引入其他品种的风险，目检的检查方法缺少有效性；《制剂五车间颗粒剂固体制剂设备清洁验证方案》中选择的清洁验证品种为复方氨酚那敏颗粒，清洁验证效果仅考察微生物限度和 pH 并作为最终的判定指标，缺少专属性和有效性。

分析：对多品种共线生产设备的清洁验证应根据设备生产涉及到的所有物料特性、清洁难易程度等通过风险评估确定代表品种进行，清洁效果的检验项目应具有专属性和有效性，检测方法应经过方法学验证。多品种共线生产，一般情况下应选择共线品种中最难清洁的产品为目标产品进行清洁验证。选择最难清洁品种时应从产品特性、品种生产批量来考虑，包括毒性（LD50）、产品溶解性、清洁难易程度、批投料量、日服用剂量等。企业应当根据所涉及的物料性质，合理地确定活性物质残留、清洁剂和微生物限度的标准。

GMP

GMP

第七章

特殊药品检查要点

第一节　放射性药品

放射性药品是指用于临床诊断或者治疗的放射性核素制剂或者其标记化合物，包含即时标记放射性药品及正电子类放射性药品等种类。即时标记放射性药品是指利用放射性核素发生器淋洗得到洗脱液，然后将其加入放射性药品配套药盒中制备而得到的一类放射性药品，生产过程主要包括淋洗、标记、分装和包装等工序。正电子类放射性药品是指含有发射正电子的放射性核素的药品，生产过程主要包括加速器辐照、自动合成、分装和包装等工序。与其他无菌药品相比，放射性药品有如下特点：

① 产品及其工艺过程具有放射性；

② 产品有效期短；

③ 生产规模小，厂房面积、产品批量均很小，人员配备数量少。

一、厂房设施检查要点

1. 基本要求

（1）通用要求

① 鉴于放射性药品的特性，除满足药品GMP对厂房与设施的通用要求外，还应根据生产工艺及辐射安全等各方面的要求，综合考虑进行合理布局。

② 厂房应与生产工艺相适应，符合国家辐射防护的有关规定，取得中华人民共和国生态环境部核发的辐射安全许可证明文件。

③ 放射性药品的生产操作应当在相应级别的洁净区内进行，根据《药品生产质量管理规范》（2010版）"放射性药品"附录的要求，生产操作环境可参照表7-1中内容设计。

表 7-1　放射性药品生产操作示例

洁净度 级别	放射性药品生产操作示例
C级背景下的局部	未采用除菌过滤工艺的非最终灭菌的反应堆和加速器放射性药品（小容量注射剂）的制备、过滤。

洁净度级别	放射性药品生产操作示例
A 级	非最终灭菌的反应堆和加速器放射性药品(小容量注射剂)的灌装; 医用放射性核素发生器的灌装及配套无菌产品的生产; 放射性药品配套药盒(冻干粉针剂)的灌装、冻干和转运; 正电子类放射性药品(小容量注射剂)的灌装; 即时标记放射性药品(小容量注射剂)的标记和灌装; 无菌体内植入制品的分装与密封; 无菌药品直接接触药品的包装材料、器具灭菌后的装配以及处于未完全密封状态下的转运和存放。
C 级	采用除菌过滤工艺生产的非最终灭菌的反应堆和加速器放射性药品(小容量注射剂)的制备和过滤; 最终灭菌的反应堆和加速器放射性药品(小容量注射剂)的灌装; 医用放射性核素发生器的物料准备和组装; 放射性药品配套药盒(冻干粉针剂)的物料准备、产品配制; 正电子类放射性药品自动合成环境(操作箱); 即时标记放射性药品(小容量注射剂)的淋洗; 采取密闭方式(操作箱)生产无菌放射性药品的环境; 无菌体内植入制品的清洁和灭菌以及使用前需灭菌的体内植入制品清洁、分装与密封; 直接接触无菌药品的包装材料和器具的最终灭菌。
D 级	口服制剂的物料准备、产品配制和灌装或分装; 正电子类放射性药品制备的密闭设备外环境; 无菌体内植入制品的焊封; 直接接触非无菌药品的包装材料、器具的最终清洗、装配或包装; 放射免疫药盒的生产。

（2）生产区

① 放射性药品中即时标记放射性药品生产区域的典型布局如图 7-1 所示，各功能间的洁净度级别如下。

一般区：外包间、传递间、包材清洗间、包材暂存间、去污间;

洁净送风/D 级区：一更、检测间;

C 级区：二更、气锁间、洁具间、洁净走廊、淋洗间、标记分装间;

A 级区（C 级背景）：单向流工作台或单向流连体柜。

② 放射性药品中正电子类放射性药品生产区域的典型布局如图 7-2 所示，各功能间的洁净度级别如下。

一般区：外包间、外清传递间、包材清洗间、包材暂存间、去污间、加速器大厅、加速器控制间等;

洁净送风/D 级区：一更、检测间;

C 级区：二更、气锁间、洁具间、洁净走廊、准备间/化学配制间、热室间、合成热室设备、热室后区;

A 级区（C 级背景）：分装热室设备。

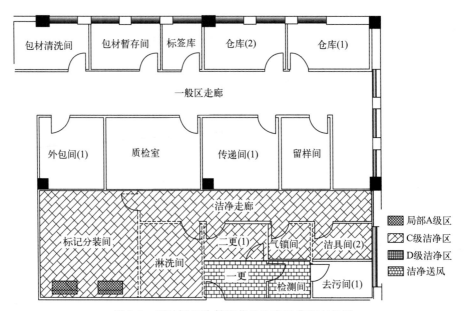

图 7-1 即时标记放射性药品生产区典型布局图

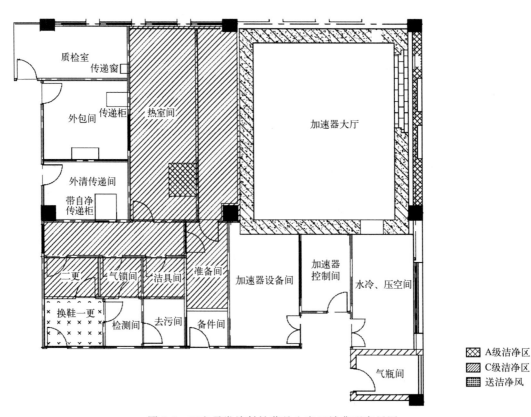

图 7-2 正电子类放射性药品生产区域典型布局图

（3）仓储区

放射性药品仓储区应注意放射性安全，贮存放射性物质的场所应安全可靠，具有防火、防盗、防泄漏等安全防护措施。

2. 检查要点

（1）基本要点

① 企业是否取得中华人民共和国生态环境部颁发的《辐射安全许可证》。

② 企业取得的《辐射安全许可证》中规定的活动种类与范围是否包含认证申请品种及范围。

③ 放射性工作区与非放射性工作区是否有效隔离。不同放射性核素生产操作区是否严格分开，防止混淆：

● 企业是否将放射性工作区与非放射性工作区严格有效隔离，将放射性工作区划分控制区与监督区。

● 放射性区域入口是否有明显放射性标识，控制区与监督区应有不同颜色区域标识以示区别。

● 检查参观人员进入放射性区域前，企业陪同人员是否提醒并提示佩戴辐射监测仪器；进入放射性区域前，是否有措施使检查参观人员知悉安全信息与相关要求，如在放射性操作区域入口处设置《外来人员安全告知》或现场进行辐射防护与安全培训等。

● 不同放射性核素生产操作区是否严格分开，是否在同一操作箱生产。

● 生产含有同一核素的不同品种和规格的药品时，是否采取有效防止污染和混淆的措施，如分时段进行并设置明显的生产状态信息标识等。

（2）生产区

① 放射性药品生产区出入口是否设置去污洗涤和更衣的设施，出口是否设置放射性污染检测设备。

● 放射性工作区与非放射性工作区的工作服是否混用。

● 放射性药品生产区出口除设置放射性污染检测设备外，是否设置专门的去污区域及符合要求的去污用具，去污区域是否能避免放射性污染扩散。

② 无菌放射性药品生产是否在专门区域内进行，并符合洁净度级别要求。操作放射性核素是否在相对负压、具备辐射防护措施的封闭环境下进行。操作挥发性放射性核素是否具有专用设施，排风口是否具备有效的去污处理措施。即时标记生产中使用的单向流工作台可在正压的情况下操作。无菌放射性药品的操作区，其周围是否是相对正压的洁净区。

● 企业对各生产工序的生产操作环境设计是否符合表 7-1 中内容，如正电子类放射性药品自动合成环境（操作箱）与即时标记放射性药品（小容量注射剂）的淋洗操作应至少为 C 级洁净环境，正电子类放射性药品（小容量注射剂）的灌装与即时标记放射性药品（小容量注射剂）的标记和灌装应至少为 C 级背景下的局部 A 级洁净环境。

● 因动态监测可能造成尘埃粒子计数器损坏、环境污染等危害，故放射性操作区域一般不进行在线监测及动态监测。检查企业是否在设备调试、维护和模拟操作期间（如无菌模拟灌装验证期间）进行净化空气悬浮粒子和微生物动态测试，此外是否进行适当频次的静态环境监测。

● 放射性药品生产洁净区域是否有相应措施（如送风、压差等）使放射性挥发物质不传播到非放射性区域。

- 因即时标记放射性药品不产生放射性挥发物质，故即时标记生产中使用的单向流工作台可在正压的情况下操作。

- 正电子类放射性药品生产区域（热室设备）是否密闭且相对周围环境呈负压，排风口处是否有高效过滤器和活性炭过滤器。

③ 除有充分风险评估依据，来自放射性洁净区的空气不可循环使用。放射性洁净区的空气如循环使用，是否采取有效措施避免污染和交叉污染。

- 即时标记放射性药品洁净区空气可以循环使用。

- 正电子类放射性药品放射性操作洁净区空气不可循环使用，如：准备间/化学配制间、热室间、热室设备、热室后区、检测间等房间应设置排风，工况下禁止使用回风。

④ 对于放射性药品的生产，企业是否应用风险评估确定生产环境的洁净度级别及适当的压差梯度。

- 除表 7-1 规定的操作区域外，其他生产区域的洁净度级别是否由风险评估确定或经风险管理程序评价。

- 放射性药品生产洁净区域的压差梯度设置，是否由风险评估确定或经风险管理程序评价。

（3）仓储区

① 仓储区是否保持清洁和干燥，并安装照明和通风设施，放射性物质和非放射性物质是否严格分开储存。

② 企业设置的放射性原料库、放射性成品库、放射性废物库及其他保存区域或容器是否进行上锁管理且专人保管并设置监控以免放射性物质丢失或被窃。

③ 放射性物质是否保存在符合要求的容器内（铅制品等），存放或暂存区域是否有环境辐射监测仪器，以防放射性物质泄漏。

④ 不同核素在同一空间内存放或暂存的，是否划分区域保存，不得存于同一容器内。

⑤ 放射性物质接收、贮存、转移等操作是否均记录，建立台账专册登记且保证账物相符。

（4）质量控制区

除通用检查要点外，放射性药品质量控制区还应根据放射性药品的特殊性注意检查以下方面：

① 放射性检验区域与一般检验区域是否严格分隔开，为避免样品传递过程产生放射性污染，放射性检验区域可与放射性生产区域邻近。

② 放射性留样是否与普通留样严格分开放置，放射性药品在检验前可贮存一段时间使其衰变到适合实验操作后尽快完成所有检验。

（5）辅助区

除通用检查要点外，放射性药品辅助区还应根据放射性药品的特殊性注意检查以下方面：

① 放射性物质包装容器如需重复使用，是否有专用的去污处理场所（如设置包材清洗间）。

② 企业是否根据生产需要配备制药用水制备系统或外购灭菌注射用水。外购灭菌注射用水的企业，是否对供应商进行审计，确定其资质和产品质量符合要求后方可购入。制药用

水的贮存和使用是否有防止微生物滋生的措施。

二、设备检查要点

放射性药品生产设备除应满足通用要求外，还应注重辐射防护；放射性药品的生产操作、包装与运输应具有与放射性剂量相适应的防护装置。

即时标记放射性药品关键设备包括：单向流工作台或单向流连体柜。

正电子类放射性药品主要生产设备包括：回旋加速器、合成仪、分装仪、热室设备，其中合成仪、分装仪、热室设备为关键设备。

回旋加速器工作原理：回旋加速器也称之为电磁回旋加速器，是利用磁场使带电粒子作回旋运动，在运动中经高频电场反复加速的装置。

带电粒子在电场力的作用下加速，进入磁场，受到洛仑兹力使其运动方向改变转过180度，再次进入电场，使带电粒子再次加速，穿过电场后进入另一个磁场再次转过180度回到电场，循环这个过程就达到对粒子反复加速的目的。粒子经过反复加速，其运行的速度越来越大，轨道的半径也相应增大，在粒子达到最大动能处，粒子束将被束流提取装置提取引出，通过剥离后成为 H^+ 粒子束，然后轰击靶内的重氧水（打靶），从而产生放射性核素。放射性核素可通过传输管道从回旋加速器转移至合成装置。

打靶和从回旋加速器到合成装置的转移系统可以认为是活性物质生产的第一个步骤，此过程属于非 GMP 过程。

1. 设备通用检查要点

（1）设备验证

放射性药品关键生产设备除应满足通用要求外，还应注意设备的辐射防护功能与结构，如：单向流工作台与热室设备，其铅屏蔽体及铅玻璃屏蔽体应有材质证明且符合要求，应在性能确认中测试其辐射屏蔽效果。

（2）清洁验证

因放射性药品生产工艺流程中，不同核素分区域分设备生产，一般不存在共用现象，又因放射性药品生产工器具（包括清洁抹布等清洁用具）多为一次性用品，故清洁验证方面内容涉及不多。

正电子类放射性药品生产中使用的合成仪，在药品合成中可能涉及反应管和试剂或药品传输管道，这些部件可能为非一次性使用部件，需进行清洁验证。若只生产一种产品，则仅进行微生物方面清洁验证即可；若同时生产核素相同的不同产品，则需注意传输管道等的共用情况，若存在共用管道现象，还应进行化学残留方面的清洁验证。

（3）其他验证

使用自动合成设备和计算机软件控制系统生产放射性药品的企业，应进行确认和验证，一年至少验证一次，发生变更时，应进行重新验证。放射性药品关键设备中，涉及计算机化系统验证的有合成仪及分装仪，计算机化系统验证检查要点如下：

① 是否对系统硬件及软件信息予以记录；

② 对控制设备的计算机是否进行了登录权限设置；

③ 对控制合成仪及分装仪的软件是否均进行了登录权限设置；

④ 是否进行了通信测试，合成仪及分装仪与控制计算机断开及重连后，是否分别有不同提示；

⑤ 是否进行了程序运行确认，程序是否能够按照设定参数顺利完成；

⑥ 是否进行了记录完整性测试，分装仪控制软件生成的记录应能完整记录操作者、操作时间及其他重要参数等；

⑦ 是否进行了数据备份恢复确认，分装仪所生成数据应不可编辑，可拷贝且拷贝后亦不可编辑，拷贝导出后重新导入数据，数据恢复后应仍然可被系统软件读取；

⑧ 是否进行了打印测试，分装仪控制软件应具备数据打印功能且打印出的记录内容完整且与电子记录无差别；

⑨ 是否进行了断电测试，切断电源，重新供电后，系统数据应未丢失，参数设置应未改变。

2. 单向流工作台或单向流连体柜

（1）设备原理

单向流工作台是用于提供标记分装操作 A 级洁净环境和辐射防护的重要设备。前置铅玻璃屏可以对标记分装操作人员形成有效的电离辐射防护。

（2）检查要点

① 风机运行是否正常，高效上下游压差是否符合要求；

② 均流膜是否完整、清洁；

③ 风速、尘埃粒子、微生物是否能符合 A 级标准，照度、紫外线照度是否合格；

④ 设备确认中是否含有铅屏蔽体及铅玻璃屏蔽体的合格材质证明；

⑤ 设备确认中是否进行了高效过滤器完整性测试及气流流型测试；

⑥ 设备确认中是否对设备辐射防护性能进行了测试。

3. 热室设备

（1）设备原理

热室设备分为 C 级合成热室与 A 级分装热室，正电子类放射性药品合成与分装工艺过程分别在两者中进行，热室设备在生产过程中保持负压密闭，具有单独排风系统，提供相应洁净环境且防止放射性物质外泄。

（2）检查要点

热室设备的检查要点及典型缺陷与单向流工作台大致相同，此外还应注意：

① 热室设备上是否设有指示相对背景环境压差值的压差计，压差为相对负压且范围示数应符合要求；

② 热室设备是否均能密闭，且在生产状态时应均为密闭状态。

4. 合成仪及分装仪

（1）设备工作原理

① 合成仪：以合成 18F-氟代脱氧葡萄糖（18F-FDG）为例，回旋加速器生成的 F 离子被 QMA 柱捕获，其他液体进入富集水收集瓶，用 K2.2.2/碳酸钾溶液将 QMA 柱上的 F 离子洗脱进入反应管后通过亲核、取代、水解等反应过程最终生成 18F-FDG。

合成仪及其系统的组成包括电脑、控制单元、合成模块、电缆、气体管道、真空泵、氮气瓶等，如图 7-3、图 7-4 所示。

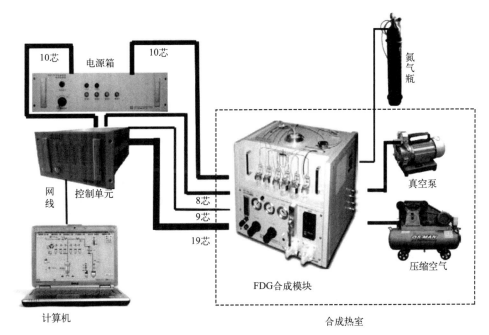

图 7-3　正电子类放射性药品合成仪及系统各部分的连接示意图

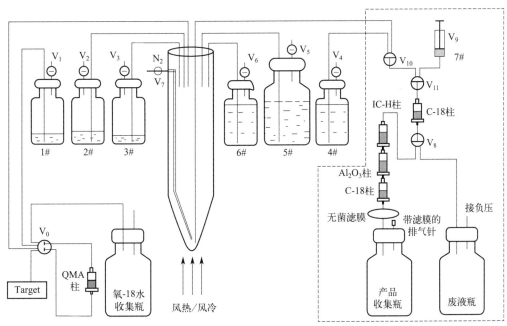

1#：1.5mL K2.2.2/K₂CO₃　　2#：2mL 无水乙腈　　3#：1mL 无水乙腈溶解的前体
4#：10mL水　　5#：30mL 水　　6#：10～30mL 水　　7#：1mL 2N NaOH溶液

图 7-4　正电子类放射性药品合成流程管道示意图

② 分装仪：自动分装仪是将合成后的成品通过自动分装的形式分装至产品瓶的自动设

备，其分装流程为取瓶→移除铝盖→移除橡胶盖→注射药物→盖回橡胶盖→测量活度→盖回铝盖→固定铝盖→出药。

分装仪及其系统的组成包括电脑、控制单元、分装模块、电缆、氮气瓶、起泡点测试仪等。其与合成仪通过药液输送管道相连，为合成仪的下游工艺设备。其主要功能结构为分装模块，如图 7-5 所示。

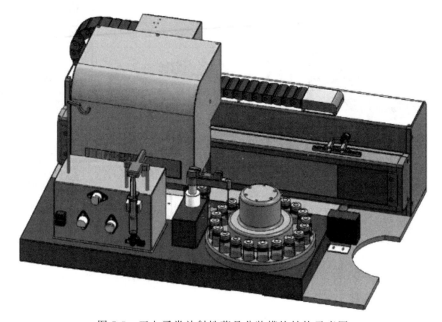

图 7-5　正电子类放射性药品分装模块结构示意图

（2）检查要点

① 是否能够顺利完成合成仪及分装仪管线配件组装，仪器是否能够按照设置参数顺利完成相关动作与操作（包括压塞、轧盖）；

② 是否能够顺利完成正电子类放射性药品合成与分装工艺过程，合成及分装后产品装量、活度等是否符合工艺要求；

③ 完成过滤后，是否可顺利进行滤膜完整性测试；

④ 是否进行了计算机化系统验证。

三、典型缺陷及分析

【缺陷一】生产含有同一核素的不同品种和规格的药品时，企业未采取有效防止污染和混淆的措施。某企业标记分装间设有 2 台相同型号的标记分装用超净台（编号：06100100A、06100200A），设备之间设有不锈钢桌，现场检查时发现同时进行不同品种药品的生产时，设备之间无有效隔离；分装后的不同产品（锝 [99mTc] 双半胱乙酯注射液、锝 [99mTc] 甲氧异腈注射液）临时存放在同一不锈钢货架小车。锝标记药物生产车间部分工序缺少防止混淆的措施。

分析：该企业拥有 2 台相同型号的标记分装用超净台，可同时进行锝标记药物的生产，另外有不锈钢桌作为物料临时存放的辅助设备，但位于两台超净台间的不锈钢桌存在共用现象且中间无有效的物理隔离；两台超净台分别配有不锈钢货架小车作为产品临时存放的辅助设备，但不同产品存放于同一小车上；根本原因在于企业对药品 GMP 要求认识存在不足，关于防止混淆等的安全生产管理意识淡薄。

【缺陷二】企业热室房间及设备洁净空气经回风后重新送回洁净区。正电子类放射性药品放射性操作洁净区空气循环使用。

分析：此为空调净化系统设计错误，正电子类放射性药品生产过程中可能产生的放射性挥发物质经回风后并不能有效去除，将可能对洁净区操作人员产生放射性辐射伤害及造成放射性污染。除有充分风险评估依据，来自放射性洁净区的空气不可循环使用。

【缺陷三】检查发现，某企业单向流工作台或热室设备的确认中：①未收集含有铅屏蔽体及铅玻璃屏蔽体的合格材质证明；②未进行高效过滤器完整性测试及气流流型测试；③未对设备辐射防护性能进行测试。企业设备确认程度未经风险评估确定，内容不完整。

分析：确认或验证的范围和程度应当经过风险评估来确定。企业未对关键设备进行风险评估或风险评估不足，未充分认识到设备的关键部件或对产品关键工艺参数的影响，故导致设备确认内容不完整。

【缺陷四】企业合成仪与分装仪的性能确认每三年进行一次，未按照周期进行合成仪与分装仪的性能确认及计算机化系统验证。

分析：使用自动合成设备和计算机软件控制系统生产放射性药品的企业，应进行确认和验证，一年至少验证一次，发生变更时，应进行重新验证。对于此类设备的确认/验证，药品 GMP "放射性药品" 附录有明确规定。

【缺陷五】氟 $[^{18}F]$-脱氧葡糖注射液合成工序中 F300E 合成模块 RI2 活度探头于 2017 年 10 月出现失真漂移情况，因设备为国外供应商提供，未能及时更换，直至 2019 年 10 月进行更换。在此期间无活度数据曲线，企业对此关注不够且未对可能存在的风险进行分析。企业的设备关键部件维修过程未得到有效控制。

分析：对于放射性药品，其合成模块活度的监测应当准确，出现探头失真后应及时进行维修或更换。企业应当制定设备的预防性维护计划和操作规程，设备的维护和维修应当有相应的记录。

第二节　特殊管理药品
（麻醉药品、精神药品和药品类易制毒化学品）

一、厂房设施检查要点

1. 基本要求

特殊管理药品的生产厂房、仓库、质量控制实验室及其设施和设备，应当符合安全管理要求，能够最大限度地降低生产过程中产生污染、交叉污染的风险以及非受控的损耗，防止特殊管理药品和特殊活性物质丢失或流入非法渠道，企业应根据特殊管理药品的特性和安全风险，采用适当的储存设施、设备和安全管理措施。

2. 检查要点

① 检查生产特殊管理药品企业的厂房、仓库、质量控制实验室及其设施，是否符合安全管理要求，是否能够最大限度地降低生产过程中产生污染、交叉污染的风险以及非受控的损耗，并能防止特殊管理药品和特殊活性物质丢失或流入非法渠道。

② 检查特殊管理药品的原料和制剂以及企业取样样品、留样样品、稳定性考察样品等是否在专库或专柜储存。

③ 检查专库是否设有防盗设施并安装报警装置，是否有紧急照明系统并符合相关要求；是否位于库区建筑群之内，不靠外墙；仓库是否采用无窗建筑形式，整体为钢筋混凝土结构，具有抗撞击能力，入口采用钢制保险库门，具有相应的防火设施。

④ 检查生产过程中需要在车间暂存的特殊管理药品的原料和中间产品，是否设立专用暂存库（柜），并有适当的安全管理措施。

⑤ 检查专库和专柜是否实行双人双锁管理，钥匙是否有领取记录，密码是否定期更新。

⑥ 检查生产麻醉药品、第一类精神药品、药品类易制毒化学品以及使用麻醉药品、第一类精神药品生产普通药品的企业，是否配备监控系统和报警装置，并建有监控中心。监控是否覆盖生产区四周、生产场地、特殊管理药品和特殊活性物质储存场所等区域。检查关键生产岗位、仓库和样品储存场所内部及其出入口等关键区域是否有监控死角。仓库是否安装自动报警装置并与所在地公安机关报警系统联网。

⑦ 生产第二类精神药品以及使用第二类精神药品、药品类易制毒化学品生产普通药品的企业，是否在关键生产岗位、仓库和样品储存场所内部及其出入口等关键区域安装监控，仓库是否安装自动报警装置。

⑧ 检查企业的监控设施和报警装置是否能够正常运行，是否定期对监控系统和报警设施进行检查。不同监控点是否依据安全风险等级对监控探头和报警装置进行分级管理，并建立监控管理的操作规程。

⑨ 检查定点生产麻醉药品企业是否将麻醉药品原料药和制剂分别存放。

二、设备检查要点

① 企业生产特殊管理药品是否使用专用生产设备，如采用阶段性生产方式与其他药品共用生产设备，是否采取适当的风险控制措施并经过必要的验证。

② 对于特殊管理药品生产过程中产尘大和具有较强活性的生产暴露工序，是否采用了适当的设备，确保生产操作区域符合环境控制要求，并有适宜的人员防护措施。

③ 检查专柜是否使用保险柜，对于贮存条件要求使用冰箱等特殊设备的药品，是否有防盗措施，是否置于监控之下。

④ 检查特殊活性物质是否使用密闭容器储存，并有适当的安全管理措施。

三、典型缺陷及分析

【缺陷一】检查某特殊药品生产企业时发现，其存放罂粟壳的特殊药品库缺少视频监控，且人员需穿越特殊药品库进入贵细库，特殊药品管理存在较大风险。

分析：对特殊管理的药材（如罂粟壳等）应设置特殊药品库或专区物理隔离存放，配有相应的防盗、监控设施，并安装报警装置。特殊药品库缺少监控，且人员进入贵细库时需经过特药库，不能保证罂粟壳的储存和使用安全，存在物料管理风险。

【缺陷二】检查某第二类精神药品生产企业时发现，其生产过程中使用的咖啡因原料在车间暂存间存放，未受控管理，存在物料管理风险。

分析：特殊药品生产使用的原料应全程受控管理。咖啡因属于第二类精神药品，应该按照特殊药品受控管理，在专柜或专库存放，存储区安装报警装置。

【缺陷三】检查某企业化学实验室时发现，其试剂库中存放的易制毒化学品盐酸未在专柜中存放并上锁管理，存在易制毒化学品管理风险。

分析：易制毒化学品应受控管理。对于生产或检验过程中所使用的易制毒化学品，应该在专柜中进行存放并上锁管理。

第三节　医疗用毒性药品

一、厂房设施检查要点

1. 基本要求

医疗用毒性药品严禁与其他药品混杂，企业应做到划定仓间或仓位，专柜加锁并由专人保管，毒性药品的包装容器上必须印有毒药标志，在运输毒性药品的过程中，应当采取有效措施，防止发生事故。

2. 检查要点

① 检查毒性药品是否与其他药品混杂，是否严格单独划定房间或货位，是否专柜加锁并由专人保管，并配备监控设施。

② 检查毒性饮片生产现场，若其现场产生蒸汽等，是否有有效的排风设施，确保蒸汽能及时排放。

二、设备检查要点

检查运输毒性药品的包装容器是否印有毒药标志，运输过程中采取的控制措施是否有效。

三、典型缺陷及分析

【缺陷一】检查某毒性药品生产企业时发现，其毒性饮片生产车间干燥间、毒性饮片成品库、毒性药材原料库摄像头监控存在死角，无法进行全方位实时监控。

分析：毒性中药材和饮片等有特殊要求的中药材和中药饮片应当设置专库存放，并有相应的防盗措施，措施要确保起到相应的效果。存放毒性药品或饮片的区域应配备监控设施，并确保监控无死角。

【缺陷二】 检查某毒性药品生产企业时发现，毒性饮片生产车间洗润间等操作间作为进入其他功能间的通道，未进行有效隔离，有造成混淆的风险。

分析：毒性药品生产过程中所用的毒性物料（如毒性饮片等）应严禁与其他物料混淆。用于毒性饮片生产区的功能间应独立，若作为进入其他功能间的通道，有造成污染和混淆的风险。

【缺陷三】 检查某毒性药品生产企业时发现，其生产制草乌现场所产生的蒸汽不能随时通过排气管道排出，有对人员危害、对环境造成污染的风险。

分析：毒性饮片车间蒸煮间排风设施应能满足排气要求。对于毒性饮片炮制过程中产热产汽的工序，如会产生大量蒸汽的蒸煮工序，企业应设置必要的通风、排湿、降温等设施，并保证相关设施能力充足，确保不会对人员造成危害，对环境不会造成污染。

第四节　其他
（如激素类、高致敏性、细胞毒性等特殊要求产品）

一、基本要求

① 对于生产高致敏性药品，如青霉素类药品的生产企业：必须采用专用和独立的厂房、生产设施和设备，排风口与其他空调净化系统的进风口要保持一定的距离，避免污染其他产品，排至室外的废气应当经过净化处理使其符合要求，并有净化处理的验证。

② 生产β-内酰胺结构类药品、性激素类避孕药品必须使用专用设施（如独立的空调净化系统）和设备，并与其他药品生产区严格分开。

③ 生产某些激素类、细胞毒性类、高活性化学药品应当使用专用设施（如独立的空调净化系统）和设备。特殊情况下，如采取特别防护措施并经过必要的验证，上述药品制剂可通过阶段性生产方式共用同一生产设施和设备。

④ 普通品种剂型如与一般激素类、抗肿瘤品种共用生产线，应当考察其生产设备、工器具及空调净化系统的防护措施及其不产生妨害的相关验证。产尘量大的操作区域应当保持相对负压，排至室外的废气应当经过净化处理使其符合要求，排风口应当远离其他空调净化系统的进风口。

二、检查要点

① 检查生产特殊性质药品的企业，如生产高致敏性药品（如青霉素类药品）或生物制品（如卡介苗或其他用活性微生物制备而成的药品）的企业，是否采用专用和独立的厂房、生产设施和设备。

② 检查生产青霉素类药品的企业产尘量大的操作区域是否保持相对负压，排至室外的废气是否经过净化处理并符合要求，排风口是否远离其他空调净化系统的进风口。

③ 检查生产β-内酰胺结构类药品、性激素类避孕药品的企业是否使用专用设施（如独

立的空调净化系统）和设备，并与其他药品生产区严格分开。

④ 检查生产某些激素类、细胞毒性类、高活性化学药品的企业是否使用专用设施（如独立的空调净化系统）和设备。如通过阶段性生产方式共用同一生产设施和设备生产这些药品制剂，是否采取特别防护措施并经过必要的验证。

三、典型缺陷及分析

【缺陷一】检查某企业生产青霉素的车间时发现，其空调净化系统排风仅采取中效过滤处理方式，不能达到净化效果，有青霉素类粉尘外泄至环境中，对外界造成污染的风险。

分析：生产特殊性质的药品，如高致敏性药品（如青霉素类药品）的厂房，产尘量大的操作区域排至室外的气体应当经过高效净化处理并符合要求，排风系统没有安装高效过滤器，不能有效隔离青霉素粉尘，对外界有青霉素污染的风险。

【缺陷二】检查某青霉素类生产企业时发现，其青霉素类药品生产车间规定废弃的过滤器需要经过碱液浸泡，破坏活性成分后再交具有环保资质的单位处理，而现场未见到碱液浸泡装置。

分析：对于青霉素类药品等高致敏性产品生产过程中产生的废弃物，企业应对废弃物活性成分进行灭活后再进行处置。该企业对青霉素类高致敏性产品生产过程中废弃物处理存在不足，废弃物有对外界环境造成污染的风险。

GMP

第八章
仪器仪表检查要点

第一节　检查要点

依据《药品生产质量管理规范》（2010 年修订）正文第九十条～第九十五条，仪器仪表在检查过程中需关注以下内容。

一、校准

仪器仪表在药品生产、检验过程中至关重要，企业应对仪器仪表进行分类管理，并按照国家相关要求进行校准。校准工作分为周期性校准和日常校准。

①查看相关校准的管理规程，检查校准操作规程是否与国家的相应计量规程要求一致，并按规程进行校准；对不同类型的测量设备的校准方法是否便于操作。

② 是否结合生产实际建立了合适的计量校准管理体系，并按照仪器仪表的可靠性和使用设备的重要性确定分类和校准周期，用于指导企业内计量校准工作的实施；是否设立校准管理规程、校准操作规程、校准记录、校准台账等。

③ 查阅保留的所有校准活动的原始记录，包括定期校准管理规定、台账、操作规程、校准记录和原始数据或检定证书；检查校准记录内容是否详细、保存是否完好。

④ 是否对在生产、包装、仓储过程中使用的自动或电子设备建立校准和检查操作规程，是否在规程中规定出现异常情况的处置方法或预案。

⑤ 是否定期校准，抽查仪器仪表的校准档案、计量检定证书和计量检定合格证。

⑥ 校准的量程范围是否涵盖了实际生产和检验的使用范围。现场查看相关设备和计量器具是否有明显的合格标识，标明校准有效期，必要时核对国家市场监督管理总局计量司或国家法定授权单位定期检定的合格证书。

⑦ 结合校准台账、设备日志等，查看企业是否有使用未经校准、超过校准有效期、失准的衡器、量具、仪表以及用于记录和控制的设备、仪器。检查企业对发生失效、失准的情

况是否有偏差处理程序并认真执行，如发生，应调查前次校准合格后至发现偏差期间，偏差对药品质量的影响。

⑧ 从事校准工作的人员是否经过适当培训，并取得资格证书，具有足够工作能力。

二、计量标准器

① 现场应核准计量标准器是否比被校准仪表有更高的精度，并能够溯源到国家、国际或认可组织的标准。

② 现场查阅所有的计量标准器是否有对应的唯一的仪表、器具编号。

第二节　典型缺陷及分析

【缺陷一】检查发现企业干燥设备校准范围不准确：（1）电热鼓风干燥箱显示校准温度为 60℃、80℃ 和 105℃，企业标定硫代硫酸钠滴定液用到的基准物质重铬酸钾需要在该设备中 120℃ 干燥至恒重，校准范围未涵盖实际检验使用范围；（2）101 型电热恒温干燥箱校准证书显示校准设定温度为 37℃，检验常用温度为 105℃、120℃，最高使用温度为 160℃，校准的量程范围未涵盖使用范围；（3）实验室真空干燥箱未标明检测点的位置，实验室也未做确认。

分析：为保证干燥箱等加热设备能够满足操作需要，在使用前需要对设备进行温度校准，避免使用过程中实际温度不符合设定温度。设备校准范围应涵盖拟使用该设备的所有参数，校准温度范围应覆盖实际使用过程中的温度范围，同时在设备确认过程评估出设备中温度的最低点和最高点，标明其所在位置，确保验证结果符合设备实际需求。

【缺陷二】检查企业发现：（1）电子天平有 0.1mg、0.01mg 两个分度值，检定证书中只给出了 0.1mg 的检定结果，该天平仅适用于相应精度要求的称量，但天平的标识中未体现该限制使用要求；（2）药用级仓库取样称量药用炭 0.06kg（60g）时，使用的电子台秤最小量程为 200g，量程未覆盖称量范围。

分析：称量重量应在称量仪器的量程和精度范围内，超出仪器量程可能会导致称量所得重量不准确。天平称量精度不同，对应的称量范围亦不相同。

GMP

第九章

公用系统检查要点

第一节　空调净化系统

一、检查要点

本部分主要围绕空调净化系统的布局设计、确认与再确认、日常运行、维护及保养、监测结果、在线控制和监测系统、空调净化系统年度质量回顾、环境监测、偏差管理、变更管理、计算机化系统等方面介绍检查要点。

1. 布局设计检查要点

① 洁净区的工艺布局是否按生产流程及各工序要求的洁净度级别设计，做到布局合理、紧凑，既有利于生产操作和管理，又有利于空气洁净度的控制。

② 空调净化系统的布局图是否与设计要求一致，是否有效地防止污染和交叉污染，符合药品 GMP 要求。

③ 检查空调分区图：共有几组空调机组，分别控制哪些区域。检查压差图、人流物流图、空调（送风、回风、排风风口）平面布局图、空调风管（新风、送风、回风、排风）布局图等是否符合设计要求，是否与设计要求一致，能有效地防止污染和交叉污染，符合药品 GMP 要求。

④ 是否根据药品品种、生产操作要求配置空调净化系统。

⑤ 是否能确保洁净区与非洁净区之间、不同洁净区之间压差不低于 10 帕斯卡。

⑥ 相同洁净度级别的不同功能区域（操作间）之间是否能够保持适当的压差梯度。

2. 确认与再确认检查要点

① 是否有确认与验证主计划，是否对空调净化系统的确认与验证工作做了明确要求，并且由专门的组织机构负责实施。

② 新建厂房的空调净化系统是否符合 DQ、IQ、OQ、PQ 的要求。

③ 是否明确规定了系统再确认的周期，并按要求进行再确认；在性能再确认时，是否对温湿度、压差、风量/风速/换气次数、关键区域气流流型（调阅相关气流流型的影像资料）、过滤器完整性、照度、自净时间、噪声、洁净度等级悬浮粒子/微生物（浮游微生物/沉降微生物/表面微生物）等进行确认，结果是否符合要求。

④ 在空调净化系统发生变更之后，是否进行了适当的再确认。

⑤ 是否对空调净化系统的消毒或灭菌效果进行确认，结果是否符合要求。

3. 日常运行、维护及保养检查要点

① 是否建立相关的管理规程、操作记录等，是否严格按照文件规定执行。

② 是否对洁净区及洁净区设备进行了定期的消毒和检测，是否有相关记录。对于无菌药品暴露的 A 级区域是否进行了灭菌，记录是否可追溯。

③ 是否有经过质量部门审批的空调净化系统维护和保养计划，计划是否明确维保内容、负责人、追踪人、完成情况反馈，是否有特殊原因未按计划执行的变更说明。空调净化系统是否有定期维护保养程序、设备设施清洁规程等，并按标准操作规程执行，有相关记录存档。

④ 空调净化系统各机组运行记录是否完整；是否按照相关规定对初、中、高效过滤器进行清洗、更换，是否有相关记录存档。

⑤ 是否制定了空调净化系统维护保养的 SOP。

⑥ 是否制定了空调净化系统维护保养计划。

⑦ 是否按照计划执行维护保养并有相关的记录。

4. 在线控制和监测系统（BMS 和 EMS）检查要点

① 在线控制和监测系统（BMS 和 EMS）是否进行了相关确认。

② 是否有文件规定并有记录证明如何进行权限分级、如何进行数据备份。

③ 在线控制和监测系统（BMS 和 EMS）是否有报警功能，检查报警记录和日志，确认参数设置是否合理且数据可靠。

5. 空调净化系统年度质量回顾检查要点

① 是否有相应的文件规定对空调净化系统进行年度质量回顾。

② 是否按要求对监测和运行数据进行年度统计分析，异常趋势是否进行了调查和处理。

6. 环境监测检查要点

① 是否建立了相应的环境监测操作规程和记录并实施，是否规定了生产操作过程中悬浮粒子、微生物等环境监测的经过风险评估的布点位置，是否包含了与产品、直接接触产品的包装材料暴露的风险最大的位置点，且有明确图示与编号。

② 是否建立了日常环境监测（悬浮粒子、微生物、湿度、温度、A 级风速、压差等）的监测频次、接受标准，并有相关记录。是否对悬浮粒子、微生物等建立警戒限。

③ 是否定期对监测数据进行趋势分析，是否对超警戒限度的异常情况进行记录和审核，是否对每次纠偏限的超标进行调查，以确定发生问题的根本原因，以及会对产品质量和生产过程产生的潜在影响。

④ 是否包括对系统趋势的调查，以确定该超标是单次（独立的）事件，还是表明系统已失控或恶化的结果。

7. 偏差管理检查要点

偏差管理涉及《药品生产质量管理规范》（2010 年修订）正文第二百四十七～第二百五十四条。

① 是否把 HVAC 的偏差管理列入偏差管理体系当中，明确 HVAC 系统偏差的种类和分级。

② 是否有文件规定空调净化系统异常的处理措施，例如若干次报警、多点发生异常情况等。

③ 是否对所有的偏差都进行原因分析，如果属于重大偏差以上的，是否有纠正和预防措施并合理关闭。

8. 变更管理检查要点

变更管理涉及《药品生产质量管理规范》（2010 年修订）正文第二百四十条～第二百四十六条。

① 是否将空调净化系统变更列入企业变更管理文件，包括变更的发起、评估、分级、批准等要求，相关变更前后图纸、文件、资料等信息是否长期妥善保存。

② 变更评估时是否关注影响参数，如温湿度、压差、风量、风速、换气次数、关键区域气流流型流向、过滤器完整性、照度、自净时间、噪声、洁净度等级悬浮粒子、微生物（浮游微生物/沉降微生物/表面微生物）等。

③ 空调系统是否发生过变更，是否在变更台账中体现，是否有记录并由质量部门批准实施。

9. 计算机化系统检查要点

① 空调自控系统是否根据系统影响评估结果进行分类，是否包括在计算机系统清单中。

② 是否遵循计算机化系统验证执行了验证策略，并在 DQ、IQ、OQ、PQ 中进行了确认。

③ 是否符合电子记录、电子签名评估要求，是否证实控制系统的访问及安全有足够的保护（如分级权限管理、自动控制确认等），空调净化系统的计算机化系统分配权限在相关文件中是否有规定，权限清单中各级操作人员的操作是否与规定的权限相符。

④ 是否证实计算机化系统可以进行数据备份及恢复。

二、典型缺陷及分析

【缺陷一】检查某企业空调机组时发现，其空调机组依据过滤器的前后压差对初、中效过滤器进行更换，但文件中未对压差的警戒限和行动限进行规定，不能确保在过滤器过滤效果达不到要求之前做好更换准备并及早更换，有对洁净区造成环境污染的风险。

分析：空调机组的初、中效过滤器应按照要求及时进行更换，确保空调净化系统的过滤效果。企业应对空调机组初、中效过滤器前后压差进行警戒限和行动限的规定，以便于提前发现过滤器需更换并做好更换准备，避免过滤器超期使用，对过滤效果造成影响。

【缺陷二】检查发现某企业无菌原料药生产车间环境监测存在不足：在 B 级洁净走廊，表面微生物监测点有 4 个，但是没有对高风险点位"门把手"位置进行表面监测，对气闸间传递窗附近的区域未进行监测，环境监测不充分，当洁净区出现污染，存在不能及时发现的风险。

分析：企业应该根据风险评估的结果确定洁净区环境监测点位，门把手属于人员接触较为频繁的位点，应作为监测位点；气闸间传递窗对物品传入的污染控制很关键，其附近区域应进行表面微生物监测，企业对环境监测点位的风险评估不充分。

【缺陷三】检查某企业口服固体制剂车间空调净化系统时发现，其回风设置在初效过滤器之前，《空调净化系统验证方案》中未包含由于外界风压过大、停电等因素造成空调机组新风倒灌的风险评估，也未进行风险控制，存在新风倒灌污染洁净区的风险。

分析：空调净化系统如采用回风，应对使用回风的风险进行评估并进行控制。空调净化系统的回风如回到初效过滤器之前，企业应在空调净化系统确认时进行风险评估，并采取措施（如安装止回阀），以避免在外界风压过大或发生停电等突发情况时，新风通过回风管道进入洁净区，对洁净区环境造成污染。

【缺陷四】检查某企业《A 车间空调系统消毒验证方案》时发现，方案中未对开启臭氧发生器后，直至达到洁净区消毒臭氧浓度所需时间进行验证，只设定臭氧消毒 30 分钟，自净 30 分钟，也无臭氧消毒时洁净区湿度及臭氧浓度监测要求，洁净区消毒验证不完整。

分析：空调净化系统在进行臭氧消毒验证时，需要对臭氧消毒时的重要指标进行监测，如：达到消毒浓度时所需时间、臭氧浓度、消毒保持时间、环境湿度等，且在消毒过程中应对臭氧浓度进行采集测试，以确保达到消毒效果。

第二节　制药用水系统

一、检查要点

本部分主要围绕制药用水系统的布局设计、确认与再确认、日常运行、维护及保养、水质监测、在线连续监测系统、制药用水及纯蒸汽系统年度质量回顾分析、偏差管理、变更管理、计算机化系统、呼吸器管理等方面介绍检查要点。

1. 布局设计检查要点

① 是否按照 URS 的相关要求进行了制药用水系统相应的设计。

② 纯化水、注射用水的制备、储存和分配是否能防止微生物的滋生。

③ 水处理设备及其输送系统的设计、安装、运行和维护是否确保制药用水可达到设定的质量标准。

④ 按图纸进行现场检查：制备工艺过程是否符合规范要求，评估制药用水系统竣工图，检查泄漏、管道坡度（轴测图、坡度、角度的检查）、死角、分配系统中非卫生配件等是否符合要求。

⑤ 是否有工艺流程示意图标明纯化水、注射用水制备、储存和使用回路；规程是否标出各处理功能的配置。

⑥ 用于灭菌的纯蒸汽质量确认的参数是否包括：不凝性气体，干度值和过热值。

⑦ 纯化水是否进行了循环；注射用水是否采用了 70℃以上保温循环。

⑧ 纯化水储罐的通气口是否安装了不脱落纤维的疏水性过滤器，过滤器是否定期进行完整性测试与更换。

⑨ 水处理的运行能力是否能达到生产要求；运行能力是否超出了设计能力。

⑩ 是否定期对制药用水及原水的水质进行定期监测，是否有相应的记录。

2. 确认与再确认检查要点

① 年度验证计划是否包括制药用水、纯蒸汽系统。

② 企业对制药用水系统、纯蒸汽系统再验证/再确认是否有明确规定，或者基于风险评估的结果确定持续监测要求。

③ 与验证相关的仪器和仪表，是否按照国家有关规定进行了定期校准。

④ 验证工作完成后是否完成验证报告，并由验证工作负责人审核、批准，特别注意偏差处理和评估意见。

⑤ 检查系统验证报告或水质数据年度回顾结果，验证周期是否经验证结果及风险评估确定，特别要检查验证期间使用回水的微生物监控结果，储罐呼吸过滤器的完整性等。

⑥ 设计确认是否按照 URS 的相关要求进行了制药用水系统、纯蒸汽系统相应的设计。

⑦ 安装确认的检查要点如下。

• 管道工程的钝化是否满足相应的粗糙度要求，管路的连接方式是否为卫生型连接，是否存在死角。

• 关键仪表是否为卫生型连接，材质、精度、误差是否满足 URS 和药品 GMP 要求，与产品接触的材料是否有材质证书。

• 现场安装的仪表是否完成校准，并在有效期内。

• 现场检查焊点图、焊接记录、焊工资质、焊机的校验等，根据焊点图检查焊接记录是否真实、完整。

• 水平管路坡度是否满足要求；储罐过滤器是否安装正确并且有完整性测试证书。

⑧ 运行确认的检查要点如下。

• 制药用水系统设备的运行，例如启动、关机、报警、连锁等工作是否正常。

• 安全措施是否正常工作：如出现急停、断电失电等情况时，系统报警是否能够正确触发，连锁功能是否符合设计要求，急停后系统是否有文本报警信息，确认报警后，系统是否可正常工作等。

• 生产参数/生产能力确认：温度、电导率、压力、流速等是否满足需求标准/设计规格。正常启动设备后，在线监测或取样确认各单元运行及产水是否能达到设计要求，在线电导率以及 TOC 的监测是否正常运行。

• 数据储存和传输：确认系统运行参数是否按照 URS 要求进行存储和传输。

• 消毒/灭菌确认是否满足要求。

⑨ 性能确认的检查要点如下。

• 是否分三个周期进行了水质监测。

• 出水口、总送水口、总回水口和各用水点是否按照要求进行取样并检验。

• 各用水点的检测结果是否合格。

• 是否制定了制药用水系统关键监测项目的警戒限和纠偏限。

⑩ 验证完成后是否有系统操作规程及监控计划，生产一定周期后是否进行再验证/再确认，检查企业再验证实施情况。

3. 日常运行、维护及保养检查要点

① 对于制药用水制备系统的使用操作，是否建立相关的 SOP，检查系统的管理文件，是否制定了岗位操作、系统清洗、消毒以及异常处理等程序。

② 确认制药用水系统、纯蒸汽系统维护保养记录、维护保养周期是否与规定一致。

③ 分配系统是否建立了相关操作规程，明确了系统工作以及异常处理程序，并确认警戒限和纠偏限。

④ 控制系统应关注用户登录与退出是否符合规范要求，操作权限分配方式是否合理，报警信息的处置是否符合规范要求，应明确报警产生的原因以及处置方法。

⑤ 是否建立钝化、清洗、灭菌等相关规程，检查清洗、灭菌周期，确认实际操作与规范的一致性。

4. 水质监测检查要点

① 是否制定了取样程序，明确制药用水和纯蒸汽系统取样点、取样频次、监测项目以及标准，是否规定了如何进行取样、不同项目的取样量以及取样注意事项等。

② 是否有取样计划以及周期制定依据等。

③ 是否明确了样品的放置时间以及规定的存储条件。

④ 是否进行了制药用水系统趋势分析统计。

⑤ 是否规定了系统以及水质异常后的处置措施，如水质监测结果超出警戒限、纠偏限是否进行了调查、分析、评估和处理等。

⑥ 对于注射用水系统、纯蒸汽系统水质出现异常的情况，产品放行是否受到相应的影响评估，是否充分执行了偏差调查后所采取的行动或措施。

5. 在线连续监测系统检查要点

① 在线监测 TOC 和电导率的水质是否能满足要求。

② 在线连续监测系统（TOC 分析仪和电导率仪）安装位置是否合理；水质异常时系统是否能够使不合格的制药用水及时排放至系统外，且不会污染到储罐内的水质。

③ 是否进行了相关确认及系统的监测数据管理。

④ 是否有文件规定并有记录证明如何进行权限分级、如何进行数据备份。

⑤ 在线连续监测系统是否有报警功能，检查报警记录和日志，确认参数设置是否合理且数据可靠。

6. 年度质量回顾分析检查要点

① 是否有对制药用水系统和纯蒸汽系统进行定期回顾分析的规定。

② 是否按照规定进行了定期的回顾和分析，异常趋势是否进行了调查和处理。

③ 检查年度回顾报告，确认系统运行是否稳定可靠。

7. 偏差管理检查要点

① 是否明确将制药用水、纯蒸汽系统中出现的偏差纳入至偏差管理规程中，偏差的分级是否合理；纯化水、注射用水、纯蒸汽系统在运行过程中是否出现过偏差，偏差是否进行

了调查并有相关的处置措施。

② 当水质超出纠偏限是否按照偏差管理规程处理，并采取微生物鉴别等措施判断污染物来源。

③ 所分析的原因是否准确，所采取的措施是否合理，系统的清洁消毒是否根据评估的结果正确执行；是否对产品批放行有相关影响。

8. 变更管理检查要点

① 变更管理规程中是否包括了制药用水、纯蒸汽系统的管理范围，变更的分级管理是否基于评估结果合理进行。

② 纯化水、注射用水、纯蒸汽系统是否发生过变更，变更是否由质量部门批准实施。

③ 关于变更对产品质量的潜在影响，企业是否进行了风险评估并进行了必要的确认或验证。

9. 计算机化系统检查要点

① 纯化水、注射用水、纯蒸汽制备、储存、分配自控系统中是否根据系统影响评估结果进行分类，是否包括在计算机化系统清单中。

② 是否遵循计算机化系统验证执行了验证策略并在 DQ、IQ、OQ、PQ 中进行了确认。

③ 是否符合电子记录、电子签名评估要求，是否证实控制系统的访问及安全有足够的保护（如分级权限管理、自动控制确认等），纯化水、注射用水、纯蒸汽系统的计算机化系统分配权限在相关文件是否有规定，权限清单中各级操作人员的操作是否与规定的权限相符。

④ 是否证实计算机化系统可以进行数据备份及恢复。

10. 呼吸器管理检查要点

① 储罐是否安装有呼吸器，呼吸器是否有完整性测试接口；注射用水储罐呼吸器是否带有电加热装置，并对加热套有监测要求，如温度记录使其能够保持滤芯的干燥。

② 呼吸器是否制定更换周期，是否有相关的维护保养记录。

③ 是否定期进行呼吸器完整性测试，是否规定了呼吸器的灭菌次数及使用周期。

④ 微生物限度不合格时，呼吸器是否进行消毒操作。

二、典型缺陷及分析

【缺陷一】检查某企业制水岗位时发现，操作员级权限可对制药用水分配系统的消毒温度、时间等参数进行更改设置，计算机权限设置不合理。

分析：只有经允许的人员才能进入和使用计算机化系统，计算机化系统应按照规定进行权限设置。操作人员具有对消毒参数、时间等进行更改设置的权限，在进行系统操作时，如对这些参数误更改可能导致系统不能正常运行，或消毒过程发生异常。

【缺陷二】检查某企业原料药车间纯化水系统时发现，纯化水系统经改造后，产水能力未变，分配系统管路延长，新增用水点 8 个，《纯化水系统风险评估报告》中对供水及产水能力是否能够满足车间最大用水量未进行评估，也未对改造后纯化水系统能否满足车间最大用水量进行测试，存在纯化水系统供水不足的风险。

分析：制药用水系统的产水能力应能满足生产需求。水处理设备及其输送系统的设计、安装、运行和维护应当确保制药用水达到设定的质量标准，水处理设备的运行不得超出其设计能力，当纯化水系统新建或改造时，要重点关注供水及产水能力能否满足生产最大用水量，并测试在最大用水量时，产水量是否仍符合要求。

【缺陷三】检查某企业注射用水系统时发现，其注射水储罐呼吸器未安装电辅助加热装置，储罐内注射用水产生的水蒸气会导致呼吸器潮湿堵塞，影响呼吸器的过滤效果，有导致注射用水系统污染的风险。

分析：企业应采取有效的污染防控措施，防止制药用水系统遭受污染。注射水储罐呼吸器应使用电加热套，并定时检测加热套的温度，使呼吸器能够持续干燥，防止储罐内水蒸气凝结堵塞过滤器，甚至导致微生物的滋生。

【缺陷四】在检查某企业纯化水系统验证时发现，企业未对反渗透系统进水水质进行确认，未监测反渗透系统的流量、压力、浓水排放率等指标，纯化水系统验证存在不足。

分析：在进行纯化水系统验证时，对于关键处理部件前的水质应制定检测指标并进行检测，以确认该步骤后水质符合要求，应对制水过程中的工艺参数进行监测并记录。纯化水系统验证时应对各个关键部件进行测试，对制水过程中各个步骤的工艺参数及控制标准进行规定和确认。

【缺陷五】检查某企业纯化水《纯化水系统标准操作程序》时发现，文件中未对纯化水制备系统的石英砂过滤器、活性炭过滤器内介质更换周期进行规定，可能会导致介质更换不及时，对纯化水水质造成影响的风险。

分析：企业应对纯化水制备系统各个部件内的水处理介质制定更换周期，并按照周期进行更换，以确保各水处理步骤后的水质符合要求。企业应根据水质监测情况，对纯化水制备系统中的石英砂过滤器和活性炭过滤器内的介质进行更换条件的规定，以确保过滤器的过滤效果，能够满足制药用水系统的水质要求。

第三节　压缩空气及其他气体

一、检查要点

本部分主要围绕压缩空气的布局设计、工艺过程、确认与再确认、日常运行、维护及保养、监测、在线连续监测系统、偏差管理、变更控制、计算机化系统等方面介绍检查要点。

1. 布局设计

① 查阅压缩空气制备系统工艺图纸，根据图纸标识设备型号，现场检查空压机、缓冲罐、冷冻式干燥器或吸附式干燥器以及各级过滤器的配置，判断能否满足产品洁净度要求。

② 查阅《压缩空气系统运行记录》，判定记录频次，检查空压机、缓冲罐系统压力、冷冻式干燥器或吸附式干燥器、各级过滤器色标指示装置等参数是否在正常范围。

③ 查阅《压缩空气系统维护保养记录》，检查空压机制备系统的除水装置与除油装置

是否定期维护。

④ 查阅《压缩空气系统过滤器更换记录》，确认各级过滤器是否按照相关规定进行更换。

⑤ 检查储气罐（缓冲罐）安全阀等附件是否在校验期内。

⑥ 检查氮气系统配置以及运行维护记录是否符合要求。

⑦ 查阅相关确认与验证文件，确认在验证周期内，各使用点取样的药用压缩空气、氮气的质量符合相应品种要求。

⑧ 进入无菌生产区的生产用气体（如压缩空气、氮气，但不包括可燃性气体）是否经过除菌过滤，是否定期检查除菌过滤器和呼吸过滤器的完整性。

⑨ 是否定期监测压缩空气及其他气体的质量。

2. 制备、储存、分配等工艺过程

① 企业是否建立了相关管理规程、操作规程，是否建立了相应的记录，是否按照文件规定进行记录，运行记录是否完整。

② 检查要点应包括以下内容：

- 空压机是有油还是无油，是否满足预定的用途；
- 除水、除油的方式是否合理；
- 是否配置了露点仪；
- 空压机制备系统的除水装置与除油装置是否定期维护；
- 除水装置的处理能力是否与空压机的能力相匹配；
- 储气罐是否有排水装置，安全附件是否在校验期内；
- 制备过程中的关键参数是否检查并记录；
- 压缩气体的水含量与油含量的取样点的设置、检测项目、检测方法、接受标准及记录是否符合要求；
- 是否有洁净压缩空气与氮气的预过滤器及除菌过滤器的管理。

3. 确认与再确认

① 企业是否把压缩空气系统验证列入公司的验证主计划，并且由专门的人员负责实施。

② 是否根据压缩气体使用要求和使用环境，通过风险评估确认检测项目和接受标准。

③ 运行期间各项参数是否在规定的范围内。

④ 设计确认（DQ）的检查要点如下。

- 分配系统中的减压阀、安全阀的安装位置、选型是否合理。
- 系统材质的要求：压缩空气的管道是否采用316L或304L不锈钢。
- 焊接要求：分配系统的焊接规程是否得到批准，压缩空气的管道是否采用自动焊接。
- 控制系统的要求：对于压缩空气质量要求较高的系统，是否设计必要的在线参数监测及报警功能，对露点、压力等参数实施监测；在监测到参数超标时是否可以报警或切断气体供给。

● 日常取样要求：系统取样设计是否满足日常监测的要求，是否在总供气口和系统最远点安装取样阀，在总供气口取样监控制备系统的状态，防止不合格压缩空气进入分配系统，在最远点取样了解系统的最差点状况，监控系统状态。

⑤ 安装确认（IQ）的检查要点如下。

● 文件确认：所需文件是否已具备，并完整。

● 部件确认：关键部件与已批准的设计文件是否一致。

● 压缩空气系统图确认：压缩空气系统图与设计要求是否一致，是否是竣工图。

● P&ID图确认：P&ID图与设计要求是否一致，是否是竣工图。

● 仪器仪表校验：所有的关键仪表是否已校验，且在有效期内。

● 储气罐材质控制：所有与产品接触的金属和非金属与URS和设计说明是否一致。

● 焊接质量的检查：焊接质量是否合格，焊接相关文件是否有效、完整、可读。

● 公用设施检查：所有的公用设施是否已经正确连接和标识，运行数据是否符合设计要求。

● 控制系统检查：控制/电气柜的布局，控制/电气设备和接线图与已经安装的设备是否一致，是否是竣工状态。

● I/O测试：检查连线，所有PLC输入、输出工作是否正常。

⑥ 运行确认（OQ）的检查要点如下。

● 文件确认：系统运行所需的文件是否已具备，是否完整。

● 测试用仪器仪表校验检查：所使用的仪器仪表是否经过了检验，是否校验合格。

● 空压机系统访问：是否只有输入预先授权的口令才可以进入控制系统相应的界面。

● 空压机报警测试：当达到设定条件时，是否报警。

● 空压机人机界面控制流程检查：各界面显示与控制流程是否相符。

● 断电恢复测试：设备在正常工作时如果断电超过2分钟再重新给设备供电，设备是否恢复；断电前运行的程序且设备是否无异常情况发生。

● 运行检查：各参数（包括水含量、油含量、悬浮粒子等）是否符合设计标准。

● 空压机动态噪声水平检查：是否在设备运行状态下检查噪声。

⑦ 性能确认（PQ）的检查要点如下。

● 文件确认：压缩空气系统所需要的文件是否已具备，是否完整。

● 仪器仪表校验：压缩空气系统所有关键仪表和测试仪器是否均经过校验，是否在有效期内。

● 压缩空气质量确认：压缩空气分配系统是否能持续提供符合质量要求的压缩空气。

⑧ 再确认/年度质量回顾的检查要点如下。

● 是否对压缩空气系统进行了定期的再确认或回顾。

● 是否对监测数据进行趋势分析。

● 年度质量回顾：是否每年进行压缩气体年度质量回顾；回顾范围是否包括系统确认/验证文件、仪器仪表校验记录、预防性维护记录、监测数据趋势、报警记录、日志、变更记录、偏差记录等。

4. 日常运行、维护及保养

① 企业是否建立了相关的管理规程、操作规程以及维护保养记录，维护保养记录是否

在检查范围内。过滤器是否定期更换，运行记录是否完整。过滤器的压差是否监测并记录，如果使用色标指示装置，色标区域的指针位置是否进行记录。

② 压缩气体的制备设备是否进行了日常维护、预防性维护保养等。以螺杆式空压机为例：

- 空压机的日常维护是否包括冷却水的维护、微热再生吸附式干燥机的维护、管道过滤器的维护。
- 当空压机累计运行时间达到要求时，是否对油过滤器、润滑油、过滤器滤芯、吸附塔填料及其他必要的部件进行更换。
- 按照要求检查系统各安全阀及其他安全附件，预防性维修保养时是否定期检查机组地脚螺栓是否松动、检查是否存在跑冒滴漏、检查电气控制系统是否操作正常，接线是否牢固等。

5. 监测

① 日常运行中，是否定期巡检；运行中的各项主要参数，是否及时填写巡检记录。
② 检查运行过程中的各项主要参数。

- 空压机的运行状态：如压力、油位、油温、循环水温度、出气温度等是否进行了监测并记录。
- 冷冻式干燥器运行状态：露点压力、露点温度等是否进行了监测并记录。
- 各级过滤器的压差状况：如预过滤器（C）、精密过滤器（T）、超精密过滤器（A）、活性炭过滤器（H）、使用点除菌过滤器压差是否正常。
- 按照确认与验证周期规定，是否对成品气体的质量进行了确认，如含油量、含尘量、露点温度、微生物限度等，各项检测是否合格。

③ 运行过程中是否定期操作和关注储罐定时排水、管道过滤器污物排放等。

6. 在线连续监测系统（BMS 和 EMS）

如果进行在线连续监测，监测项目是否包括露点、纯度、压力。

7. 偏差管理

① 是否将压缩气体纳入了企业的偏差管理系统，是否建立偏差台账。
② 是否根据对压缩气体的质量影响程度进行偏差分级。
③ 是否按照药品生产企业的偏差流程进行调查，找到根本原因或可能的根本原因，制定纠正预防措施，确保不重复发生。

8. 变更控制

是否按照药品生产企业的变更流程进行变更，确保不影响产品质量，例如：

- 增加使用点时，是否关注压缩空气系统的制备能力，是否重新进行性能确认。
- 使用压力变更，是否关注压缩空气系统的制备能力，评估现有检测指标及标准的适用性。
- 当用途发生变更时，是否对现有检测指标及标准的适用性进行了评估。

9. 计算机化系统

压缩气体设备是否包含计算机化系统，如包含，"4Q"验证中是否对计算机化系统进行确认，如分级权限的确认、自动控制的确认、报警的确认、审计追踪的确认、数据备份和恢复确认等，应符合药品 GMP "计算机化系统" 附录的要求。

二、典型缺陷及分析

【缺陷一】 检查某企业动力车间时发现，其未将冷冻式干燥器的露点温度、吸附式干燥器的露点温度和各级过滤器色标指示装置状态等参数纳入运行记录，压缩空气制备系统运行记录不完整。

分析：压缩空气制备过程中的重要参数应进行记录。压缩空气制备系统运行记录不完整，不能确保日常运行均在确认的参数范围内，不能对压缩空气制备系统日常运行情况进行追溯。

【缺陷二】 检查某企业口服固体制剂车间时发现，其片剂生产线直接接触药品的压缩空气管道未安装终端高效过滤装置，不能确保与药品直接接触的气体的质量，产品有被污染的风险。

分析：直接接触药品的压缩空气应当经过高效过滤，并对气体定期进行检测，以确保气体质量符合要求，以减少可能的颗粒或微生物对药品所造成的污染的风险。

【缺陷三】 检查发现某企业氮气制备机总送气管路安装 2 个 $0.01\mu m$ 过滤器，维护措施为每 6 个月更换，未设压力表，不能确认使用过程中的压力变化，存在发生泄漏不能发现的风险。

分析：公用系统所安装的过滤器也应按照生产用过滤器管理要求进行管理，企业应规定过滤器的更换条件，在使用过程中，对过滤器前后压力进行监测，根据过滤器前后压差情况对过滤器进行及时更换。

第四节 其 他

本部分主要围绕电力系统、冷却系统、工业蒸汽系统的日常运行、维护及保养、变更控制、退出管理等方面介绍检查要点。

一、电力系统检查要点

1. 安全性和稳定性要求

① 工厂是否配置了备用电力系统。

② 检查相关电气设备设计、安装及运行是否符合规范要求，进线电源是否采用双路电源（也可以采用多路电源），互为备用，一路电源故障时可以由另一路电源转代。

③ 检查重要电气设备是否采用双路电源供电，故障时可以互为备用，自动投切（例如消防电源、应急照明等）。

④ 检查精密设备及对电源质量要求较高的设备（例如液相色谱仪、PLC 等）是否配有

不间断电源（UPS）等。

⑤ 检查重要场所（例如关键生产工序）照明灯具布置是否符合规范及现场照度要求，并配有应急照明。

⑥ 检查设备供电是否采用三相五线制，零线与地线分开，所有设备是否有接地保护。

⑦ 检查高压电气设备是否定期进行预防性试验，低压设备是否定期检修和保养，保证设备运行稳定，各项保护动作精准、可靠。

⑧ 检查重要工业控制点变频器是否定期保养，保证控制点精度在要求范围内，更好保证产品质量。

⑨ 检查所有插座是否有漏电保护，漏电动作电流是否符合规范要求（一般为 30mA），保证人员和设备安全。

⑩ 检查防爆区域电气设备（包括各种电气仪表）与区域防爆等级是否相符，电气配电及接线是否符合防爆规范及要求。

⑪检查防爆区设备接地是否符合规范要求（采用双路与接地干线连接）。

⑫检查与设备匹配的开关和线缆是否满足设备最大负载长期运行的要求。

2. 日常运行、维护及保养

① 检查各项电气图纸是否清晰、准确，与设备实际相符，尤其隐蔽工程是否有图可查。

② 检查电气巡检是否有记录，重点查看负载是否正常（电压、电流在正常范围），杜绝超载；开关触点、线缆的温度是否符合相关规定。运行声音是否正常，例如：开关、变压器、电气元件无异响、电机等转动设备转动灵活无噪声。

③ 电力供应是否持续稳定，工况是否满足生产要求，如果不能满足供应，是否正确记录并执行公司的质量管理文件，例如进行偏差的控制。

3. 电器的变频控制

运转设备如果采用变频控制以满足工艺要求，检查变频控制是否在操作规程中明确，并作为工艺控制点。

4. 变更控制

① 电气设备更新或增加时，是否考虑了潜在风险；更新设备、增加容量时，系统是否满足要求，在系统允许范围内，增加后系统工作是否稳定。

② 变更的同时是否对图纸进行了更新。

5. 退出管理

① 闲置设备是否已经切断电源，是否悬挂明显标识，是否做好记录。

② 长期停电设备再次启用，是否先进行检修（包括外观、环境、绝缘等），符合送电要求后进行送电，送电后进行调试（如有缺陷及时排除），符合要求再投入运行，并进行了记录。

二、冷却系统检查要点

1. 日常运行、维护及保养

① 以现场检查为主，检查各项管道分布图纸是否清晰、准确，与设备实际相符，尤其

隐蔽工程是否有图可查。

② 企业是否制定了冷却循环水的合格标准，定期检测，定期对凉水塔风机及循环水泵进行维护保养。

③ 是否定期对机组及循环泵进行维护保养，更换冷水机油、油过滤器、氟干燥器等。

④ 是否定期检测载冷剂浓度，如定期检测乙二醇和水的比重等。

⑤ 是否定期清洗蒸发器及冷凝器，是化学清洗还是物理清洗。

⑥ 是否定期检测制冷剂有无泄漏。

⑦ 日常巡检是否有记录，记录了哪些项目（例如：冷水机油位、油温、制冷剂液位、蒸发压力、冷凝压力、循环泵出口压力、机组出口压力、水箱液位、机组出口温度、蒸发器温差、冷凝器温差等）。

⑧ 冷却系统制备能力是否满足生产需求。

2. 变更控制

① 设备更新或增加时，是否考虑了潜在风险；更新设备、增加用点时是否根据设备用量核算主管道、各分支管道流量，冷却能力是否满足要求，在系统允许范围内，增加后系统工作是否稳定；如冷却能力不能满足要求，是否采取相应措施。

② 变更的同时是否对图纸进行了更新。

3. 退出管理

① 现场闲置设备是否切断电源，悬挂明显标识，是否做好记录。

② 拆除设备与之相应的电气管路是否已经拆除，拆除是否彻底，没有隐患。

三、工业蒸汽系统检查要点

1. 日常运行、维护及保养

① 以现场检查为主，检查各项管道分布图纸是否清晰、准确，与设备实际相符，尤其隐蔽工程是否有图可查。

② 是否定期检查管网的疏水、排水和排气问题，定期检测蒸汽质量等。

③ 工业蒸汽供应是否稳定，满足生产要求。

2. 变更控制

① 蒸汽管网作为公用系统易对生产造成影响，尤其是利用蒸汽灭菌的设备，可直接影响到生产的正常进行，蒸汽管网的改造应履行公司的变更程序。并检查变更的同时是否对图纸进行了更新。

② 检查管道和部件更新或增加，是否考虑了潜在风险。增加使用点时是否根据设备用量核算主管道、各分支管道流量，加热能力是否满足要求，在系统允许范围内，增加后系统工作是否稳定。如加热能力不能满足要求，应选择换热效率高的换热器或更换管径更大的管道。是否设置阀门，进行局部的流量调节或者关停。

3. 退出管理

检查长时间停用时，是否切断管道连接，放空管道内的冷凝水，是否做好管道防腐、定期维护保养等。

四、典型缺陷及分析

【缺陷一】检查企业公共设施系统管理文件时发现，缺少冷却系统中的冷却水塔管理规程，也无设备运行记录。当设备出现异常时，不能按照规定进行规范处理，也不便于对问题进行追溯。

分析：企业对药品生产过程中的非直接影响系统（如辅助设备）的运行情况也应进行管理。冷却水塔是一种将水进行冷却的装置，水在其中与流过的空气进行热交换，使水温下降，应有相关的管理规程指导操作，并做记录。

【缺陷二】检查某公司冻干制剂等无菌制剂生产车间发现，其未能按照产品生产的工艺要求，配置双路电源或自备供电装置，如遇突发停电，产品质量缺少有效保障。

分析：对于生产过程中的关键工序或设备应配备双路电源或连续不间断电源（UPS）。冻干制剂等无菌制剂生产车间，有连续不间断生产和限时完成灌装等生产工艺特点，要求相关产品的生产必须连续供电。冻干产品的冻干过程、无菌工艺产品限时灌装过程中，如遇突发断电，又不能及时恢复供电的情况，极易造成产品生产失败，或因恢复供电时间较长，超出验证时限，使产品质量风险不可控。

参考资料

[1] 全国人民代表大会常务委员会，《中华人民共和国药品管理法》，中华人民共和国主席令第三十一号，2019-08-26.

[2] 全国人民代表大会常务委员会，《中华人民共和国疫苗管理法》，2019-07-02.

[3] 中华人民共和国国务院令第 442 号，根据 2013 年 12 月 7 日《国务院关于修改部分行政法规的决定》第一次修订 根据 2016 年 2 月 6 日《国务院关于修改部分行政法规的决定》第二次修订，《麻醉药品和精神药品管理条例》（2016 修订），2016-2-6.

[4] 中华人民共和国应急管理部，2005 年 8 月 26 日中华人民共和国国务院令第 445 号公布 根据 2014 年 7 月 29 日《国务院关于修改部分行政法规的决定》第一次修订 根据 2016 年 2 月 6 日《国务院关于修改部分行政法规的决定》第二次修订 根据 2018 年 9 月 18 日《国务院关于修改部分行政法规的决定》第三次修订，《易制毒化学品管理条例》.

[5] 中华人民共和国国务院令第 23 号，《医疗用毒性药品管理办法》，1988-12-27.

[6] 国家食品药品监督管理局，《麻醉药品和精神药品生产管理办法（试行）》，2005-10-31.

[7] 国家市场监督管理总局，《药品生产质量管理规范》（2010 年修订）及其附录，2011 年 1 月 17 日卫生部令第 79 号公布 自 2011 年 3 月 1 日起施行.

[8] 国家药典委员会编，《中华人民共和国药典》（2020 年版），中国医科科技出版社，2020.

[9] 《Annex 4：WHO Guideline on data integrity》（《附录 4：WHO 数据完整性指南：良好的数据和记录规范》）

[10] 《ASTM E2500-20 Standard Guide for Specification，Design，and Verification of Pharmaceutical and Biopharmaceutical Manufacturing Systems and Equipment》（《ASTM E2500-2020 制药和生物制药生产系统和设备的规范，设计与验证的标准指南》6.2 Risk-Based Approach）

[11] 《ISPE Baseline Guide：Sterile Product Manufacturing Facilities（Third Edition）》（《ISPE 无菌生产设备（第三版）》）

[12] 《ISPE GAMP 5：A Risk-Basde Approach to Compliant GxP Computerized Systems（Fifth Edition）》（《ISPE GAMP 5：良好自动化生产实践指南（第五版）》）

[13] 《ISPE Baseline Guide Volume 4：Water and Steam Systems》（ISPE 制药工程基本指南第四卷：水和蒸汽系统）

[14] 《ISPE GPG HVAC 系统》（《ISPE 基本指南 空调系统》）

[15] 《ISPE Baseline Guide Volume 5：Commissioning and Qualification（Second Edition）》（《ISPE 基本指南第 5 卷：调试与确认（第二版）》）

[16] 《EU GMP》（《欧盟 GMP》）

[17] 《EU GMP Annex 1：Manufacture of Sterile Products》（《欧盟 GMP 附录 1：无菌药品的生产》）

[18] 《EU GMP Annex 3：Manufacture of Radiophrmaceuticals》（《欧盟 GMP 附录 3：放射药品的生产》）

[19] 《EU GMP Annex 15：Qualification and Validation》（《欧盟 GMP 附录 15：确认与验证》）

[20] 《ISO 14644-2：2015 第 2 部分用粒子浓度监测提供与空气洁净度相关的洁净室性能的证据》

[21] 《ISO 14644-4：2001（GB 25915.4—2010-T）洁净室及相关受控环境 第 4 部分：设计、建造、启动》

[22] 《ISO 14644-5：2004（GB 25915.5—2010-T）洁净室及相关受控环境 第 5 部分：运行》

[23] 国家市场监督管理总局、国家标准化管理委员会.GB 8599—2023 大型压力蒸汽灭菌器技术要求［S］.北京：中国标准出版社，2023.

[24] 中华人民共和国住房和城乡建设部.GB 50591—2010 洁净室施工及验收规范［S］.北京：中国建筑工业出版社，2010.

[25] 国家市场监督管理总局、中国国家标准化管理委员会.GB/T 25915.1—2021 洁净室及相关受控环境［S］.北京：中国质检出版社，2021.

[26] 国家市场监督管理总局、中国国家标准化管理委员会.GB 5749—2022 生活饮用水卫生标准［S］.北京：中国水利水电出版社，2022.

[27] 中华人民共和国住房和城乡建设部、国家市场监督管理总局.GB 50457—2019 医药工业洁净厂房设计标准［S］.北京：中国计划出版社，2019.

[28] 中华人民共和国住房和城乡建设部、中华人民共和国国家质量监督检验检疫总局.GB 50346—2011 生物安全实验

室建筑技术规范［S］．北京：中国建筑工业出版社，2011.

［29］　国家药品监督管理局食品药品审核查验中心组织编写．药品GMP指南：空调净化系统［M］．2版．北京：中国医药科技出版社，2023.

［30］　国家药品监督管理局食品药品审核查验中心组织编写．药品GMP指南：厂房设施与设备［M］．2版．北京：中国医药科技出版社，2023.

［31］　马义岭，郭永学．制药设备与工艺验证［M］．北京：化学工业出版社，2019.

［32］　何国强．制药工艺验证实施手册［M］．北京：化学工业出版社，2012.

［33］　何国强．制药流体工艺实施手册［M］．北京：化学工业出版社，2013.